水运工程施工安全风险辨识与评估

张 霞 夏 庆◎著

西南财经大学出版社
Southwestern University of Finance & Economics Press

图书在版编目(CIP)数据

水运工程施工安全风险辨识与评估/张霞,夏庆著.
成都:西南财经大学出版社,2024.10. --ISBN 978-7-5504-6445-2

Ⅰ.U615

中国国家版本馆 CIP 数据核字第 2024K15W40 号

水运工程施工安全风险辨识与评估

SHUIYUN GONGCHENG SHIGONG ANQUAN FENGXIAN BIANSHI YU PINGGU

张霞　夏庆　著

策划编辑:李邓超
责任编辑:余　尧
责任校对:乔　雷
封面设计:夏梦思
责任印制:朱曼丽

出版发行	西南财经大学出版社(四川省成都市光华村街 55 号)
网　　址	http://cbs.swufe.edu.cn
电子邮件	bookcj@swufe.edu.cn
邮政编码	610074
电　　话	028-87353785
照　　排	四川胜翔数码印务设计有限公司
印　　刷	郫县犀浦印刷厂
成品尺寸	170 mm×240 mm
印　　张	17.75
字　　数	272 千字
版　　次	2025 年 4 月第 1 版
印　　次	2025 年 4 月第 1 次印刷
书　　号	ISBN 978-7-5504-6445-2
定　　价	88.00 元

前　　言

随着我国水运工程技术的不断发展和应用的不断深化,施工安全风险辨识与评估日益受到广泛关注。水运工程施工安全风险辨识与评估有助于提前发现和预测潜在的安全隐患,为建设单位和施工单位制定具有针对性的安全防护措施提供科学依据。通过对施工过程中可能存在的安全风险进行系统分析,有助于提高施工过程中的安全性,降低安全事故发生的概率。水运工程施工安全风险辨识与评估强调了风险管理的重要性,有助于增强各参与方的风险管理意识。在项目实施过程中,通过对安全风险的辨识与评估,建设单位、施工单位、监理单位及政府部门等各方能够更加重视施工安全,从而形成共同参与的风险管理格局。水运工程施工安全风险辨识与评估有助于优化施工方案,通过对安全风险的系统分析,施工单位可以针对性地制订施工计划,采取相应的安全技术措施,提高施工方案的安全性。同时,评估结果可以为施工单位提供有益参考,使其在施工过程中合理配置资源,提高施工效率。此外,水运工程施工安全风险辨识与评估还有助于提高应急救援能力。在评估过程中,通过准确地识别安全风险的可能性和危害程度,可以制定出更具针对性的应急预案。

综上所述,水运工程施工安全风险辨识与评估的研究具有十分重要的意义,可以不断促进和完善安全风险管理体系,推动水运行业实现安全、高效、可持续的发展。

张　霞　夏　庆

2025 年 1 月

目　　录

第一章　水运工程施工安全风险基本理论

第一节　施工安全风险的内涵

一、施工安全风险的定义

（一）施工安全风险的概念

施工安全风险是指在施工过程中，由各种不确定因素导致的可能对人员、设备和环境造成损害的可能性。这些不确定因素可能包括但不限于：施工现场的环境条件、施工设备的性能和状态、施工人员的技能和素质、施工方法和技术、施工材料等。

施工安全风险的辨识和评估是施工安全管理的重要环节。施工单位应对施工现场进行全面、深入地调查和分析，以准确识别和评估施工安全风险。辨识和评估施工安全风险的方法多种多样，如现场观察、专家评审、工程类比等。

辨识和评估施工安全风险的目的是制定有效的风险防范措施，降低风险发生的可能性，以及减少风险发生后造成的损失。风险防范措施主要包括：风险规避、风险减轻、风险转移和风险接受等。

施工安全风险的管理是一个持续的过程，它包括风险识别、风险评估、风险防范、风险监控和风险应对等环节。施工单位应根据施工现场的实际情况，开展风险监控，并及时调整风险防范措施。

在我国，人们越来越重视施工安全风险管理。从政策法规的制定，到施工现场的实际操作，都体现了施工安全风险管理的重要性。施工单位应建立健全风险管理体系，提高施工安全管理水平，确保施工现场的安全与稳定。

针对施工安全风险的管理，我国政府和相关部门出台了一系列的政策法规，以规范和指导施工单位进行安全风险管理。例如，《建设工程安全生产管理条例》明确规定了施工单位在进行施工建设时，应当制订施工安全生产计划，进行安全风险评估，并采取相应的风险防范措施。

此外，为了提高施工单位的安全风险管理能力，我国还鼓励施工单位积极参与安全生产培训和教育，以培养施工人员的安全意识，并提升他们的管理技能。同时，施工单位也应当积极采用先进的安全管理技术和方法，如智能化监测、大数据分析等，以提高安全风险管理的精准度和有效性。

在实际施工过程中，施工单位应根据工程项目的特点和风险评估结果，制定针对性的安全风险防范措施。例如，对于高空作业、深基坑施工等高风险环节，施工单位应采取严格的安全防护措施，确保施工现场的安全和稳定。同时，施工单位还应建立健全应急预案，及时应对突发情况。

总之，施工安全风险管理事关施工现场的安全生产，事关人民群众的生命财产安全。施工单位应高度重视施工安全风险管理，切实加强安全风险识别、评估、防范和监控，不断提高施工安全管理水平。

（二）施工安全风险的特性

1. 隐蔽性

在施工过程中，由于施工环境复杂、施工环节众多，涉及的设备、人员和材料繁多，加之复杂的地质条件、新型建筑材料的应用以及先进施工技术的采用，因此施工安全管理工作任务日渐繁重，及时、准确地识别风险变得尤为困难。水运工程项目本身具有较高的复杂性，涉及众多专业领域，风险因素交织在一起，难以察觉。特别是一些潜在的风险，如施工过程中结构安全问题等，由于地下工程地质条件复杂，往往在施工过程中才能逐渐暴露。在施工过程中，人为因素带来的风险也不容忽视。例如，施工人员安全意识不强、操作不当、违规作业等，都可能导致风险的发生，而这类风险往往具有较强的隐蔽性。施工的复杂程度、技术水平的局限性、安全管理水平等共同导致了风险的隐蔽性，使得风险识别和评估难度加大。

2. 动态性

在工程项目的施工过程中，风险因素是不断变化和演进的。施工进度的加快或延迟、施工方法的调整、施工环境的变化等都可能引入新的风险或改变现有风险的性质和程度。这些变化要求施工单位持续关注并及时更新风险评估，以确保风险控制策略的有效性和适应性。

第一，随着施工进度的推进，原先的风险评估可能不再适用，因为新的施工阶段可能带来新的安全隐患和挑战。同时，施工方法的变更可能会改变作业环境带来新的技术风险，从而影响工人的安全。此外，施工环境的变化，如天气条件、地质状况等，也可能对施工安全造成影响。

第二，在施工过程中，风险因素之间的相互作用也可能引发新的风险。例如，施工现场的安全隐患如果未能及时发现和处理，可能导致事故的发生，进而产生连锁反应，引发更多的安全问题。因此，施工团队需要密切关注各种风险因素之间的相互关系，采取综合性的风险管理措施，以防止潜在的事故和风险的发生。

第三，随着时间的推移，国家法规、行业标准以及政策的调整也会对施工安全风险产生影响。这些变化可能提出新的安全要求，或者改变现有的安全标准，即要求施工团队要不断地适应和更新风险管理措施，以符合最新的法规和标准。

因此，施工安全风险管理是一个动态的过程，需要施工单位不断地进行风险评估和控制策略的更新与调整。通过持续的监测、评估和响应，施工单位能够有效地应对风险的演变，确保工程项目的顺利进行和施工人员的安全。

3. 复杂性

施工项目的风险管理是一项复杂的任务，因为它涉及多个专业领域和多种风险因素，这些因素之间存在相互关联和影响，如地质条件、气候环境、施工工艺、设施设备、人员素质等。

在施工过程中，风险可能通过多种路径传导，如工程质量、施工安全、环境污染等。风险传导路径的复杂性使得风险防控更加困难。不同风险因素对工程项目的影响程度不同，有些风险可能对工程项目的进度、质量、安全等方面产生严重影响，而有些风险则可能仅对个别环节产生影响。这使得风险排序和优先等级确定具有较大的复杂性。

鉴于施工安全风险的复杂性，制定有效的风险防控策略和措施需要综合考虑工程项目的特点、涉及的风险因素以及风险的潜在影响程度。通过这种综合性的风险评估和管理，我们可以为工程项目制定出更具有针对性和有效性的风险防控方案，从而确保施工过程的顺利进行。

4. 严重性

施工安全风险直接关系到施工现场人员的生命安全，一旦风险演变成事故，将对人员造成严重伤害甚至死亡。一是施工安全事故可能导致工程项目的财产损失，如设备损坏、工程质量不合格等，将给企业带来严重的经济损失。二是施工安全事故可能引发社会关注，影响企业的声誉和形象，甚至对政府的监管能力产生怀疑。施工安全风险如果导致事故发生，企业和相关责任人可能面临法律责任，即承担民事责任或被追究刑事责任。

二、施工安全风险的类型

（一）按照危险源分类

1. 人的不安全行为

在施工过程中，人的不安全行为是导致安全风险的重要因素，主要分为以下几类。①施工人员在进行作业时如果操作不当，可能导致事故的发生，如机械伤害、高处坠落等。②在施工过程中，施工人员若不遵守安全操作规程、违反安全禁令，可能导致安全事故，如触电、火灾等。③长时间工作、加班加点劳作可能导致施工人员疲劳，从而影响安全意识和操作稳定性，增加事故发生的可能性。④施工人员酒后上岗，会导致精神恍惚、反应迟钝，引发安全事故。

2. 物的不安全状态

物的不安全状态是指在施工过程中，设备、材料以及工具等存在的安全隐患，主要存在以下几类。①施工设备出现故障，未经维修或维修不当，可能导致事故发生，如机械伤害、触电等。②施工材料不合格，如劣质钢筋、防火性能差的建筑材料等，可能导致工程质量问题和安全风险。③在施工过程中使用不安全的工具，如磨损严重的钢丝绳、损坏的防护网等，容易导致事故发生。

3. 环境的不安全因素

环境的不安全因素是指施工现场周围环境及气象条件等对施工安全的影响，主要分为以下几种情况。①施工现场布局混乱，可能导致作业空间狭窄、通行不畅，增加安全事故的风险。②在暴雨、台风、大雪等恶劣天气条件下施工，容易导致事故发生，如滑坡、坍塌等。③施工现场附近存在易燃、易爆物品，或临近高压线、陡坡等，也容易引发安全事故。

4. 管理不善

管理不善是施工安全风险的重要原因之一，主要存在以下几种情况。①未对施工人员进行安全培训，或培训质量不高，导致施工人员安全意识薄弱，容易发生安全事故。②在施工过程中，安全检查不到位，未能及时发现和整改安全隐患，会增加事故发生的风险。③施工单位未建立完善的安全管理制度，会导致施工现场管理混乱，安全风险增大。④施工单位未制定应急预案或应急预案不完善，事故发生时无法有效应对，会加重安全风险。

（二）按照施工环节分类

1. 施工现场重大危险源

施工现场重大危险源是指在施工过程中，可能导致重大事故而严重损害人身安全和财产安全的因素。这些危险源涉及工程自身的安全、周边环境的安全、施工人员安全、施工材料和设备安全。施工现场重大危险源的分类主要包括以下四个方面。

（1）工程自身危险源。工程自身危险源主要包括高空作业、深基坑施工、模板工程、脚手架工程、起重机械安装拆卸、爆破工程、拆除工程等。

（2）周边环境危险源。周边环境危险源主要包括邻近水工结构、邻近输电线路、邻近油气管道、邻近危险品仓库、周边居民区、交通要道等。

（3）施工人员不安全操作。施工人员安全主要包括施工现场安全管理、安全教育培训、个人防护用品的正确使用等。

（4）施工材料和设备不安全使用。施工材料和设备主要包括材料堆放、设备运行、设备维护等。

2. 临建设施重大危险源

临建设施重大危险源是指施工现场临时搭建的设施、建筑物等，以及在施工过程中可能导致重大事故、严重危害人身安全和财产安全的因素。这些危险源包括临时宿舍、临时办公室、临时食堂、临时仓库等。针对临建设施重大危险源，施工人员应严格按照相关法律法规和标准进行临时设施的设计、施工和验收，确保临时设施的承载力、稳定性和耐久性，满足安全使用要求。对临建设施重大危险源，应定期检查、维护和加固，确保其安全可靠；设置安全警示标志，提醒施工人员注意安全；加强临时设施用电安全管理，防止触电事故的发生；合理规划临时设施布局，确保施工过程中的安全通行；制定相应的应急预案，提高应对突发事件的能力。

第二节　施工安全风险管控原则

一、施工安全风险管控的基本原则

（一）预防为主原则

预防为主原则是施工安全风险管控的基本原则之一，这一原则强调在安全管理过程中，预防工作占据主导地位。预防为主原则要求施工人员在施工过程中，始终将预防措施放在首位，注重从源头上消除安全隐患，降低事故发生的可能性。在施工前，施工人员要对施工现场进行全面的风险识别和评估，找出潜在的安全隐患，确定风险等级。这有助于为后续的预防工作提供依据，确保预防措施的针对性和有效性。根据风险识别和评估结果，施工人员应制订针对性的风险预防计划，明确预防措施、责任人和实施时间等。风险预防计划应遵循"关口前移、源头管控、预防为主、综合治理"的原则，以确保各项预防措施的落实。在施工过程中，施工人员要严格落实风险预防措施，针对不同风险等级采取相应的预防措施。例如，对于较高风险的项目，施工人员可以采取增加安全防护设施、加强安全教育、严格执行安全操作规程等预防措施。在施工过程中，要持续关注风险变化，对风险进行动态监控。当发现新的风险或原有风险发生变化时，施工人员要及时调整预防措施，确保施工安全。此外，施工单位通过安全教育、培训等方式，可以提高施工人员的安全意识，使其在施工过程中能够自觉遵守安全规定，从而降低安全事故的发生概率；制定完善的应急预案，对可能发生的安全事故进行预测和分析，确保在事故发生时能够迅速启动应急预案，最大限度地减少损失。

（二）风险评估与应对原则

风险评估在施工安全风险管控中扮演着至关重要的角色，它不仅有助于识别和分析项目中潜在的安全风险，还能预测可能发生的危险情况。通过对施工项目进行全面的风险评估，施工单位可以识别出可能导致安全事故的各种潜在风险因素，包括但不限于环境、设备、人员行为等方面。风险评估结果为项目团队提供了制定针对性风险应对措施的依据，有助于及时制订和调整安全管理计划。通过提前发现项目中的潜在危险和风险，施工单位可以采取预防措施，从而避免事故的发生，确保施工人员的安全。风险评估有助于识别可能导致工程质量问题的风险因素，通过及时处理这些问题，施工单位可以提高工程质量，减少返工和维修的成本。通过有效的风险评估和管理，施工单位可以减少事故发生的概率，从而避免因事故导致的额外经济损失，有效控制项目成本。同时，风险评估有助于确保施工项目符合国家和行业的安全法规要求，确保施工的合法合规性。

基于风险评估的结果，施工单位应采取以下措施来降低风险等级。

（1）制定应对计划。针对评估出的风险，应制订详细的风险应对计划，包括具体的应对措施、责任分配、实施时间表等。

（2）完善安全管理制度。根据风险评估结果，完善项目的安全生产责任制、安全培训体系、应急预案等安全管理制度。根据风险评估结果，加强施工现场的安全防护措施，提高安全防护标准。

（3）采用先进技术。利用先进的施工技术和管理方法，降低施工过程中的安全风险。

（4）强化监督检查。加大对施工现场的监督检查力度，确保所有安全措施得到有效执行。

（5）提供个人防护装备。为施工人员提供必要的个人防护装备，确保他们在施工过程中的人身安全。

（6）定期评估和调整。应定期对风险评估结果进行评估，根据项目进展和外部环境的变化，及时调整风险应对措施。

（三）动态管理原则

在项目施工过程中，风险管理是一个动态且持续的过程，随着施工进度的推进和施工环境的变化，新的风险因素可能产生，同时旧的风险因素也可能消失或变化，施工过程需要不断调整和更新。因此，项目团队需要定期进行风险识别和评估，以确保及时发现和处理新的风险因素。根据风险评估的结果，针对不同等级和类型的安全风险，项目团队需制定并实施相应的管控措施，并根据风险的严重性和可能性进行优先等级排序。随着项目施工的进行，风险状况可能会发生变化，项目团队应根据风险的变化情况，及时调整和优化管控措施，以确保项目的持续安全。

为了确保风险管控措施的有效性，项目团队需要建立一个完善的风险监测体系，对风险管控效果进行持续的监测和评估，这有利于及时发现问题并进行必要的改进。针对可能发生的风险事件，制定详细的应急预案，并确保预案得到有效实施。在施工过程中，项目团队应根据实际情况调整应急预案，以提高应对突发事件的能力；加强各部门之间的沟通和协调至关重要，以确保风险管控措施得到有效落实；及时反馈风险管控的实施效果，为调整管控策略提供参考。

通过进行动态管理，项目团队可以确保风险管理的有效性，适应施工过程中的不断变化，从而保障工程项目的顺利完成和施工人员的安全。

（四）全员参与原则

全员参与原则是确保施工安全风险管控有效性的核心原则之一。在施工项目中，每个环节都可能存在潜在的安全风险，因此，确保所有参与项目的员工都能够积极参与到安全风险的识别、评估和管控中来，对于预防和减少安全事故的发生至关重要。企业通常应从以下方面提升全员参与的积极性与有效性。

1. 提高员工安全意识

企业需要通过培训和教育提高员工的安全意识，让每个人都了解安全风险的存在，并意识到遵守安全规定的重要性。这样，员工们就能够自觉地采取行动，防止安全事故的发生。

2. 明确安全职责

企业应制定明确的安全职责分配，确保每个员工都清楚自己在安全风险管控中的角色和任务。这有助于形成一个人人有责、人人参与的安全管理体系。

3. 建立安全管理制度

建立健全的安全管理制度，包括安全操作规程、应急预案和事故报告机制等，确保员工在遇到安全风险时知道如何采取正确的应对措施。

4. 加强沟通协调

在施工过程中，员工之间的沟通协调至关重要。企业应鼓励员工之间的信息共享，确保安全信息的畅通无阻。当发现安全风险时，员工应及时报告并采取措施予以消除。

5. 制订岗位安全培训计划

根据员工的不同岗位，企业应制订相应的安全培训计划。培训内容应涵盖安全法律法规、安全操作规程、安全风险识别与应对方法等，以提升员工的安全知识和技能。

6.建立安全激励机制

为了激发员工积极参与安全风险管控，企业应建立安全激励机制，通过奖金、晋升、表彰等形式，鼓励员工关注和参与安全管理。

7.培育企业安全文化

通过安全文化建设，企业可以提高员工的安全素养，使其在施工过程中自觉地遵守安全规定，形成一种安全优先的工作氛围。

8.定期开展安全检查与评估

企业应定期开展安全检查和评估，确保项目安全风险得到有效控制。在检查过程中，企业应充分发挥员工的主体作用，鼓励他们发现安全隐患和提出改进建议。

通过实施上述措施，企业可以确保项目全体成员都积极参与到安全风险管控中来，从而有效地提高施工过程的安全性和稳定性。全员参与原则的实施，需要企业在安全意识、管理制度、沟通协调、安全培训、激励机制、安全文化建设以及安全检查与评估等方面做出持续的努力。只有这样，才能确保施工安全风险得到有效地管控，防止安全事故的发生。

（五）持续改进原则

持续改进原则是施工安全风险管控的核心要素之一。在施工过程中，外部环境不断变化，新的风险因素也会不断出现。因此，仅依靠传统的风险管控方法无法满足现代施工安全需求。项目施工强调持续改进，这意味着要在现有风险管控措施的基础上，不断探索新的方法和技术，以提高风险管控的效能。

随着施工项目的推进，风险因素会不断变化，持续改进有助于及时发现新的风险点，提高风险识别的准确性。通过不断总结经验，完善风险评估方法，使风险评估结果更加科学、合理，为风险管控提供有力支持。针对识别出的风险，持续改进有助于制定更有效的防范措施，提高风险防范的能力。

在施工过程中，施工方要及时收集有关风险管控的信息，如事故报告、隐患整改情况、现场巡查记录等。通过这些信息，施工方应对风险管控措施的实施效果进行评估，找出存在的问题；对收集到的反馈信息进行深入分析，找出风险管控过程中的不足和短板，为改进提供依据。另外，施工方也需要总结施工安全风险管控的成功案例，提炼经验教训，推广先进的管控方法；将改进措施逐一落实，确保施工安全风险管控水平得到提升。在实施改进过程中，施工方要关注改进措施的执行效果，必要时进行新一轮的反馈、总结和进一步的改进。因此，持续改进原则在施工安全风险管控中具有重要意义。施工方通过建立反馈机制、开展总结分析、制定改进措施，不断完善和优化风险管控体系，有助于降低施工安全风险，保障工程顺利进行。

二、施工安全风险管控的实施要点

（一）明确责任与分工

在施工安全风险管控的实施过程中，明确责任与分工至关重要。各相关方在施工过程中扮演着不同的角色，承担着不同的责任。

（1）项目建设单位应对施工安全风险管控负总责，建立健全安全生产责任制度，明确各部门、各岗位的安全生产职责。建设单位应确保安全风险管控所需的资金、人力和物力资源得到保障。

（2）施工单位应承担施工现场的安全风险管控职责，制订详细的安全施工方案，并根据工程特点、风险等级等因素，合理配置安全管理人员、技术人员和作业人员。施工单位需定期对施工现场进行安全风险评估，及时发现并消除安全隐患。

（3）设计单位在设计阶段应充分考虑施工安全因素，确保设计方案符合安全生产要求。在施工过程中，设计单位应根据施工现场实际情况，为施工安全提供技术支持。

（4）监理单位应严格执行安全生产法律法规和标准，对施工现场进行全过程、全方位的监督检查。监理单位要督促施工单位落实安全风险管控措施，确保施工现场安全。

（5）政府部门应加大对施工安全风险管控的监管力度，建立健全安全监管机制，对施工现场进行定期检查，对存在安全隐患的工程项目依法责令整改。

（6）负责安全培训的部门应对施工人员进行安全培训，提高施工人员的安全意识和技能水平。培训内容包括安全生产法律法规、安全操作规程、应急预案等。

（7）保险公司应根据项目风险等级制定合适的保险方案，为施工项目提供保险服务，对施工过程中发生的安全事故进行赔付，确保施工过程中的保险理赔工作顺利进行。

在明确各相关方责任与分工的基础上，各相关方还需建立健全沟通协调机制，确保各方的意见和建议能够得到及时反馈和处理；同时，通过制定完善的安全风险管控制度，将责任与分工具体化、规范化，从而确保施工安全风险管控的有效实施。

（二）制定并执行安全规章制度

施工安全风险管控的实施要点之一是制定并执行安全规章制度。这些规章制度是施工现场安全管理的基础，能够规范施工行为，确保施工过程中的安全。

（1）制定全面的安全规章制度是施工现场安全管理的首要任务。规章制度应详尽覆盖所有施工环节，明确各项安全标准和操作流程，为施工人员提供明确的行动指南。

（2）安全规章制度中应明确各级管理人员和作业人员的安全职责。施工单位应通过制定岗位职责说明书，确保每个人都了解自己在安全生产中的角色和任务，做到各司其职、各负其责。

（3）在执行安全规章制度过程中，应加强安全培训。施工单位应对新入职员工进行系统的安全教育和培训，提高他们的安全意识和操作技能；对于特种作业人员，应实施更严格的安全培训和资格认证制度，确保他们具备必要的专业技能和资质。

（4）制定安全检查与隐患排查的相关制度。施工单位应通过定期的安全检查，及时发现并整改潜在的安全隐患；对于检查中发现的问题，应迅速采取措施进行整改，确保问题得到及时有效的解决。

（5）制定安全生产风险管控的相关制度。施工单位应根据施工项目的特点和可能遇到的风险因素，制定具体的安全防护措施。这些措施包括但不限于个人防护装备的使用、机械设备的安全操作等，以确保施工过程中的各项风险得到有效控制。

（6）加强安全规章制度的教育宣传，提高执行力。施工单位应通过会议、宣传册、培训等多种方式，增强员工对安全规章制度的认知与遵从度；同时，建立考核和反馈机制，确保员工真正理解并执行安全规章制度。

（7）建立健全监督检查与奖惩机制，以增强安全规章制度执行的效果。安全管理人员应加强对施工现场的日常监督和检查，确保规章制度得到有效执行。施工单位对遵守规定的员工给予奖励，对违规的员工进行处罚，以此形成积极的激励机制。

（8）持续优化安全规章制度。施工单位应根据施工现场的实际情况和事故案例，定期对安全规章制度进行评估和修订，以确保其内容的时效性和适用性。

通过制定并严格执行安全规章制度，施工现场可以实现安全生产的目标，降低事故风险，保障施工过程中的生命财产安全。同时，这也是施工企业履行社会责任、提高企业形象的重要途径。

（三）强化安全教育和培训

在施工安全风险管控中，强化安全教育和培训是至关重要的一个环节。对施工人员进行系统的安全教育和培训，可以提高他们的安全意识，增强安全防护能力，降低施工过程中的安全风险。首先，施工单位应制订详细的安全培训计划，确保培训内容覆盖所有施工环节和安全风险。培训内容应包括国家法律法规、行业标准、施工现场安全管理制度、个人防护知识以及应急处理技能等。其次，施工单位应对新入职的施工人员进行安全培训，确保他们了解施工现场的安全风险和防范措施。此外，对于调岗的员工，施工单位也应进行相应的安全培训，确保他们具备新的岗位所需的安全知识。再次，施工单位应定期组织现场安全演练，让施工人员熟悉应急处理流程，提高应对突发事件的能力；通过实际操作，使施工人员熟练掌握安全防护设备和应急器材的使用方法。此外，施工单位还应充分利用各类教育资源，如安全培训教材、影像资料、网络平台等，丰富安全培训形式，增强培训效果。同时，鼓励员工积极参与安全培训活动，形成良好的学习氛围。最后，施工单位应建立完善的安全培训考核制度，对施工人员进行定期考核，确保他们掌握必需的安全知识和技能；对于考核不合格的施工人员，应进行再次培训，直至达到合格标准。

强化安全教育和培训是施工安全风险管控的重要手段。施工单位通过提高施工人员的安全意识和技能，可以有效降低施工现场的风险，保障工程顺利进行。因此，施工单位应充分重视安全教育和培训工作，切实加强施工现场安全管理。

（四）优化施工现场管理

施工现场管理是施工安全风险管控的重要环节，通过优化施工现场管理，可以有效降低安全风险的发生概率和减轻其影响。为此，施工单位应建立健全施工现场安全生产责任制，明确各级管理人员、技术人员和作业人员的安全生产职责，确保安全生产措施得到有效落实；同时，要加强对施工现场管理人员、技术人员和作业人员的安全生产培训，提高他们的安全意识和安全操作技能，确保施工现场安全。根据施工现场的实际情况，施工单位应制定合理的安全施工方案，明确施工过程中的安全风险点和预防措施，确保施工安全。此外，施工单位还要定期开展施工现场安全检查，及时发现并整改安全隐患；必须严格执行国家有关施工现场安全防护的规定，确保施工现场的安全设施、个人防护用品等齐全有效；同时，要加强对施工现场消防设施的管理，确保消防通道畅通，预防火灾事故。施工单位须严格执行国家有关环境保护的规定，采取有效措施减少施工现场对环境的影响；应建立健全施工现场应急救援体系，制定应急预案，定期组织应急演练，提高施工现场应对突发事件的能力；要积极推广应用新技术、新工艺，以提高施工现场的安全性能和管理水平。施工单位还要对施工现场的安全管理工作进行定期考核，确保安全管理目标的实现。

（五）定期进行安全检查与评估

定期进行安全检查与评估是施工安全风险管控的重要环节。施工单位应通过安全检查，及时发现潜在的安全隐患，预防事故的发生，确保施工过程的安全。此外，安全检查还可以促进施工现场安全管理水平的提高，规范施工行为，保证工程进度和质量。

安全检查的内容具体包括：检查施工现场是否符合安全要求，如场地平整、排水畅通、临时设施稳固等；检查施工设备的安全性能，如机械设备、电气设备、消防设备等，确保设备正常运行；检查施工工艺是否符合规范要求，防止因不当操作导致的安全生产事故；检查施工现场作业人员是否正确佩戴个人防护用品，如安全帽、安全带、防护鞋等；检查施工现场的安全防护设施是否到位，如围挡、警示标志、临时通道等；对施工现场进行隐患排查，发现问题及时整改，确保施工现场安全。

安全评估是对施工现场安全风险的定量分析，即通过对施工现场的潜在危险源进行评分，来综合评价安全风险程度。施工单位应通过构建风险矩阵，分析安全事故发生的可能性及其后果，评估安全风险；通过填写安全检查表，对施工现场的安全状况进行综合评估；根据施工现场的实际情况，制订定期安全检查的计划，并明确检查时间、检查内容、检查人员等；同时，加强对施工人员的安全知识和技能的培训，提高他们的安全意识，确保施工现场的安全。按照安全检查计划，对施工现场进行定期检查，发现问题及时整改；采用适当的安全评估方法，对施工现场的安全风险进行评估，为制定安全措施提供依据；针对安全检查中发现的问题，制定整改措施，确保问题得到及时解决。对整改措施的执行情况进行持续跟踪，以确保整改措施得到落实。

定期进行安全检查与评估是施工安全风险管控的重要环节。施工单位通过全面、深入的安全检查，可以及时发现并整改安全隐患，结合科学的安全评估方法，有利于提高施工现场的安全管理水平，确保施工过程中的安全；

同时，应加强安全培训，提高施工人员的安全意识，营造安全的施工氛围，为工程项目的顺利推进提供保障。

第三节　施工风险管理基本方法

一、施工阶段风险管理主要内容

施工单位应通过加强施工安全设计交底、地质踏勘、环境核查和安全风险深入识别及风险分级管控等，加强施工过程的安全风险监控、评估预警、信息报送和预警处理等风险预防和控制措施，及时发现安全隐患并采取有效控制措施，避免工程事故和环境事故的发生。

（一）施工准备期

1.管理职责

（1）分析建设各方施工风险并划分职责。

（2）制定现场工程建设风险管理实施制度。

（3）编制关键节点工程建设风险管理专项文件。

（4）制定突发事件或事故应急预案。

（5）实施动态风险管理。

（6）制定风险控制预案，建立重大风险事故上报机制。

2.管理内容

（1）施工安全设计交底。

（2）地质踏勘、环境核查及分析。

（3）设计文件分析。

（4）风险因素深入识别与风险分级管控。

（5）安全专项施工方案的编制与审查。

（6）施工风险告知。

（7）场地准备、水上活动等风险分析。

（8）邻近建（构）筑物的影响风险分析。

（9）工程建设工期及进度安全风险分析。

（10）工程施工组织设计及技术方案可行性风险分析。

（11）施工监测布置及监测预警标准风险分析。

（12）现场风险管理制度及组织的建立。

（13）现场施工安全防范措施及抢险物资准备。

（14）由设计方开展施工图设计风险交底，根据现场施工反馈信息，对施工图设计风险进行动态管理。

3.风险识别要点

（1）自然灾害风险。

（2）不良工程地质、水位地质及不明障碍物等。

（3）施工机械与设备，施工技术、工艺、材料等。

（4）周边环境影响因素。

（5）其他各类突发事件。

4.风险评估要点

（1）场地准备、水上活动等的风险评估。

（2）场地地质条件风险分析与评估。

（3）邻近建（构）筑物等周边环境的影响风险分析与评估。

（4）工程建设工期及进度安排风险分析与评估。

（5）工程施工组织设计及技术方案可行性风险分析与评估。

（6）施工监测点布置及监测预警风险分析与评估。

（二）施工期

1.管理内容

（1）施工中的风险辨识和评估。

（2）编制现场施工风险评估报告，并以正式文件的形式发送给工程建设各方，经各方交流后，形成现场风险管理实施文件记录。

（3）施工对邻近建（构）筑物的影响风险分析。

（4）施工风险动态跟踪管理。

（5）施工风险预警预报。

（6）施工风险通告。

（7）现场重大事故上报及处置。

（8）安全风险监控、评估与预警的信息报送。

（9）参与审查安全风险有关的施工方案或专项方案。

（10）随施工进度工点风险源的动态更新与增补。

（11）现场安全风险巡视。

（12）风险源动态告知与提示。

（13）各类方案变更的风险评估与管理。

（14）应急救援机制（包括组织体系、信息报送与反馈、应急响应等）。

（15）视频监控管理。

2. 风险评估要点

（1）施工过程中动态的风险辨识及评估。

（2）施工过程中对邻近建（构）筑物的影响风险分析与评估。

（3）施工过程中动态风险跟踪与管理。

（4）施工过程中重大风险源动态分级与评估。

二、风险组织管理体系建设

近年来，我国城市水运工程风险组织管理体系建设得到了持续的关注与加强，已经取得了一系列进展和成果。我国政府高度重视水运工程的风险管理，出台了一系列相关的政策法规，为风险组织管理体系的建设提供了明确的指导和支持。这些政策文件不仅明确了风险管理的原则、目标和要求，还规定了风险管理的组织架构、职责分工和工作流程，为水运工程风险管理的规范化、系统化提供了有力保障。随着风险管理理念的深入人心，我国城市水运工程风险评估与应对能力得到了显著提升。通过运用先进的风险评估技术和方法，我们能够对水运工程进行全面、系统的风险识别、分析和评价，从而有效地识别出潜在的风险源和风险因素，并制定相应的风险应对措施和预案。同时，我们还建立了风险预警系统，实现了对风险的实时监控和预警，提高了风险应对的及时性和有效性。

我国城市水运工程风险监控与报告机制正在逐步健全。通过建立风险监控指标体系，我们对水运工程的风险进行量化评估，实现了对风险的动态监测和预警。同时，我们还建立了风险报告制度，定期向上级部门或相关方报告风险情况和应对进展，确保了信息的及时传递和共享。随着信息技术的快速发展，我国城市水运工程风险管理领域也开始广泛运用信息化手段。通过建立风险管理信息系统，我们实现了对风险信息的集中存储、查询和分析，提高了风险管理的效率和准确性。同时，我们还利用大数据和人工智能等技术进行风险预测和预警，为风险管理提供了更为科学、精准的支持。

我国城市水运工程风险管理文化建设也在逐步加强。通过举办风险管理培训、宣传风险管理理念等方式，员工的风险意识和风险管理能力逐步提高。同时，我们还积极倡导诚信、责任、创新等价值观，营造了良好的风险管理文化氛围。

总的来说，我国城市水运工程风险组织管理体系建设已经取得了显著进展，但仍需进一步完善和优化。未来，我们要继续加强政策引导、技术创新和文化建设等方面的工作，推动水运工程风险组织管理体系的持续优化和提升。

在水运工程风险管理中，管理责任分担应遵循以下原则：

（1）工程建设各方的责、权、利平等、互利与均衡。

（2）责、权、利的分配应与工程建设目标和特点相匹配。

（3）从工程整体效益出发，制定的责、权、利的分配机制应最大限度地调动工程建设参与各方的积极性。

（4）建设单位承担工程风险管理的监管与决策责任，在不同工程建设阶段中，建设单位负责实施工程建设执行方式的风险管理，并承担工程建设期间合同规定的相应风险责任。

（一）参建各方职责分工

从各参建单位的职责与分工来讲，参建方主要包括建设单位、勘察单位、设计单位、施工单位（含施工监测）、监理单位、第三方监测单位、风险咨询单位、工程保险单位。具体的风险管控职责可梳理如下。

1. 建设单位

（1）公司决策层。

公司决策层一般负责监督检查施工单位、监理单位和第三方监测单位等相关参建单位安全风险管理体系的建立和落实情况，审查风险工程分级调整，参与施工安全设计技术交底、安全专项施工方案、重大工程环境施工过程评估、预警处理方案的论证，全面掌握工程安全状态并进行监督检查，参加预警处理。

统管建设单位承担水运工程建设的安全风险管理工作，负责组织监督和检查公司体系的建立与批准的落实情况、执行情况，并监督监控管理中心工作开展情况。统管建设单位负责监督及明确总体安全风险管理组织机构的职责与分工，提供安全风险管理的资源保障。统管建设单位还主管水运工程重大安全风险管理方案和处理措施的技术论证和过程监督、协调，并向建设单位公司总经理汇报工程建设期安全风险管理情况。统管建设单位负责向政府部门汇报水运工程工程建设期安全风险管理情况和重大突发风险事件，配合政府主管部门、相关管理部门和产权单位对安全风险管理活动的检查、监督和重大突发风险事件的处理、决策。当风险工程可能达到红色综合预警状态时，统管建设单位还负责加强风险监控，并组织协调与监督、检查事务处理工作。

（2）项目管理层（含监控管理中心）。

项目管理层在建设单位公司主管总经理的领导下，负责工程建设施工阶段的安全风险监控信息管理（即报送、汇总、筛选处理、评估预警和信息化平台管理等），并落实公司体系文件。项目管理层组织制定工程建设各方建立风险管理培训制度，直接管理第三方监测单位，对其第三方监测、信息汇总管理、评估预警和相关咨询管理等工作进行监督、检查。同时，项目管理层还直接管理风险咨询单位，并监督、检查其安全风险监控、评估咨询和信息平台维护管理工作。此外，项目管理层负责对施工单位、监理单位的安全风险管理体系建立和执行情况及施工过程安全风险监控、评估预警、风险事务处理和信息报送、反馈及其执行情况进行监督和指导。项目管理层还定期组织工程建设各方开展风险管理工作的沟通和交流，并对风险状况进行记录。

项目管理层对施工阶段各线安全风险状况进行总体评价，负责掌控各线施工阶段的安全风险状态，负责对各线监控信息进行汇总、筛选和预警快报，并定期编制各线施工阶段的监控管理报告，上报公司领导。项目管理层还监督、检查现场监控各方及时报送信息，进行综合预警状态判定、消警的签认和启动，并组织、督促第三方监测单位及时反馈给监理、施工单位和设计单位。同时，项目管理层配合建设单位公司决策层对重大突发风险事务处理的信息报送、组织协调和政府主管部门的处理、决策，并加强监督和检查。此外，项目管理层在安全风险咨询单位的协助下，对红色综合预警状态风险工程事务进行组织协调、监督检查，参与现场分析和专家论证。项目管理层还负责与建设单位公司相关职能部门、决策层和相关参建单位的协调工作。

2. 勘察单位

勘察单位负责施工过程中出现新的地质问题或工程险情时的地质鉴定或处置工作。其具体职责如下：

（1）接受建设单位的监督和检查，配合其对勘察和环境调查实施纲要的技术论证和报告成果的验收。

（2）参与施工验收工作。

（3）参与建设单位、设计单位、施工单位、风险咨询单位等相关参建单位组织的重大安全风险评估、风险处置方案的技术论证、预警判定、事务处理方案的论证和评审，并提出合理建议。

3. 设计单位

设计单位（含总体设计单位、工点设计单位）负责施工安全技术交底和施工过程变更设计，参与风险工程分级调整、安全专项方案施工、重大工程环境施工过程评估、预警处理方案的论证及处理等。其具体职责如下：

（1）负责施工阶段的设计交底，派出设计代表参与并配合监理单位和施工单位在施工过程中的安全风险管理活动。

（2）负责施工过程中设计方案变更，在分析监控数据、预警信息和专家意见的基础上，优化设计方案，并反馈给施工单位及其他相关部门。

（3）参与安全专项施工方案、实施监测方案、预警建议和风险事务处理方案的论证，并提供相关建议或处理措施。

（4）制定工程重大风险预警控制指标，明确现场监控检测要求。

（5）参与制定施工注意事项及事故应急技术处置方案。

（6）配合施工进度进行有关重大风险的沟通与交流。

（7）参与建设单位风险管理，检查现场施工注意事项落实情况。

（8）指导审查施工单位风险管理方案、处置措施与应急预案。

（9）协调实施现场施工风险跟踪管理。

4. 施工单位（含施工监测）

施工单位负责施工阶段安全风险管理的全面实施和执行，主要包括设计文件的学习与分析，地质踏勘学习，环境核查和结果的分析，风险因素深入识别、分级调整，安全专项方案编审（含监控实施方案），以及施工过程安全风险监控、评估、预警、信息上报和预警响应、处置等。其具体职责如下：

（1）落实以项目经理为第一负责人的现场安全风险处置及监控管理机制，全面接受建设单位项目管理层、监控管理中心和监理的监督、检查。

（2）负责施工现场建设风险管理的执行和落实。

（3）结合施工组织设计拟订风险管理计划，建立工程施工风险实施细则。

（4）对Ⅲ级及以上风险，根据设计单位技术要求，确定工程施工预警监控指标及标准。

（5）对Ⅲ级及以上建设风险编制事故应急处置预案。

（6）现场区域作业人员必须严格执行登记制度，对作业层技术人员进行施工风险交底，制订工程建设风险管理培训计划。

（7）负责完成工程施工风险动态评估，梳理并分析Ⅲ级及以上风险，提交施工重大工程建设风险动态评估报告。

（8）结合工程施工进度及时上报工程施工信息，向工程建设各方通告现场施工风险状况。

（9）工程设计、施工方案如有重大变更，应根据变更情况对工程建设风险进行重新分析与评估。

（10）参加设计交底及对施工图设计文件的审查，并及时将审图过程中发现的问题以书面形式报告给监理和设计代表。

（11）编制安全专项方案、应急预案（含监控实施方案）和环境保护措施并组织实施，配合监理、建设单位项目管理层和监控管理中心进行评审。

（12）采集、汇总和及时上传监控中心规定的监测数据、工况和环境巡视信息，确保监控数据、巡视信息的及时、准确和真实有效，并进行预警快报，定期编制施工监控报告。

（13）当发现风险工程可能处于某级预警状态时，立即报告给监理并启动相关预案先行处理，并将实施方案、处理过程、事务记录及时上报给监控分管中心。

（14）落实监控分管中心反馈的预警信息、控制措施建议等，按风险工程和预警状态的不同等级，由企业不同级别的负责人组织建设单位、相关参建单位不同级别的负责人参与风险事务处理。

（15）执行各级综合预警状态风险工程的风险事务处理，并及时将处理结果和变化情况上报给监理。

5. 监理单位

监理单位负责对施工单位施工阶段安全风险管理工作的全面监督和管理，工作内容主要包括：监督设计文件学习及地质踏勘、环境核查工作及其结果的分析，对风险工程分级调整进行监督审查，审批安全专项施工方案，监督检查施工单位风险管理体系建立及执行情况，施工安全巡视和评估，审查和监督施工监控、评估、预警、信息报送和预警的响应与处置等。其具体职责如下：

（1）负责监督、检查施工单位安全风险管理体系的建立和落实情况，评估施工监控的组织、人员、资质、设备和监测实施的有效性。

（2）协助建设单位（监控管理中心）和项目管理层（监控分管中心）对施工单位（含施工监测）进行安全风险管理监控，指导其进行信息报送与反馈，同时提供相关的培训教育并进行考核。

（3）参加设计交底，督促检查施工单位进行审图，及时参与并监督施工单位，确保他们将审图过程中发现的问题以书面形式报告给项目管理层和设计单位。

（4）督促和审查施工单位在施工过程中的现场巡视和预报工作。

（5）审查或组织专家评审施工单位提供的安全专项施工方案、应急预案（含监控实施方案）和环境保护措施。

（6）全面负责现场施工的监督管理，全过程监督施工单位安全风险监控、处置，监测数据和信息的及时上报以及风险事务处理的执行情况，并接受建设单位项目管理层和监控分管中心的监督、检查。

（7）审查施工监测、巡视及预警信息，审查监控和施工安全风险处理方案、监控分析报告和预警建议报告。

（8）负责安全监理交底，召开监理例会，配备专职安全监理人员进行日常巡视、安全检查等现场安全监理工作，定期编制安全监理报告。

（9）全面、及时和真实地进行安全监理记录以及监理报告编制。

（10）当监理发现风险工程处于预警状态时，应立即组织施工单位召开现场会议和专家论证，要求施工单位自行处理，并下达安全隐患报告书、整改通知书、停工令等。同时，及时上报给监控分管中心，并监督落实监控分管中心反馈的意见。

（11）负责对综合预警状态的风险工程事务处理进行监督、检查，并将处理结果和变化情况及时上报给监控分管中心。

（12）对存在重大风险的项目，应在施工前检查施工单位风险预防措施，并进行旁站监理，做好监理现场记录。

（13）对施工单位存在的风险或违反风险管理规定的行为，监理单位有责任向施工单位提出警告，不听劝阻或情节严重的，监理单位有权予以停工处置，并及时上报给建设单位。

（14）对施工现场监测和第三方监测进行监理。

6. 第三方监测单位

第三方监测单位负责第三方监测实施、巡视和风险评估、预警、信息报送和相关的安全风险监控咨询服务，参与施工监测实施方案、重大工程环境施工过程的评估、预警处理方案的论证与处理等。其具体职责如下：

（1）负责工程建设施工阶段的第三方监测工作和风险评估、预警建议和信息报送等咨询管理工作，定期编制第三方监测分析报告。

（2）在监控管理中心的领导下，负责工程施工监控指导、信息汇总管理、风险评估和预警建议工作，并接受建设单位项目管理层和监控分管中心的监督、检查和管理。

（3）协助监控管理中心、风险咨询单位对项目管理层信息平台进行基础信息录入。

（4）负责整理、汇总并分析自身监测与巡视信息，以及施工监控信息、监理巡视信息和预警建议信息等，根据分析结果提出综合预警级别，及时进行预警快报。同时，提供监控跟踪和风险控制的咨询意见，报监控分管中心并及时反馈给监理、施工单位和设计单位，以有效指导施工。

（5）协助建设单位项目管理层和监控管理中心对预警状态风险处理进行监控和事务处理，加强监督和检查，组织和参与现场分析和专家论证。

（6）负责对施工单位提交的经监理签认的消警建议进行复审、消警签认。

（7）确保第三方监测数据和信息的及时、准确、真实且有效，对监控信息及预警信息的完整性和可追溯性负责，并在必要时为有关机构评定和界定相关单位的责任提供依据。

7. 风险咨询单位

（1）在监控管理中心的领导下，负责在水运工程建设施工阶段提供安全风险监控信息的咨询服务，并接受建设单位公司决策层的监督、检查和管理。

（2）负责根据监控咨询管理内容和施工方法的不同，配备足够数量的专业技术人员和相应专家组。

（3）负责合同标段内的工程建设施工监控信息平台的维护管理工作，包括基础信息资料的录入，信息平台的建立、维护和升级等，以确保其正常运转。

（4）协助监控中心对施工单位、监理单位、第三方监测单位体系的建立与执行情况、监控、信息报送及反馈、预警评估等进行检查和指导，参与对施工监控方案、风险处置方案的评审。

（5）负责合同标段范围内的监控信息汇总、复核及深入分析，进行风险评估和分析综合风险预警状态，提出综合预警和预警快报的建议，并提供监控跟踪和风险控制的咨询意见，报给监控管理中心签认后，及时上报和反馈。

（6）协助监控管理中心对施工各阶段安全风险状况进行总体评价，掌控施工阶段的风险状态，定期编制施工阶段监控管理报告，上报给建设单位。

（7）配合建设单位领导和监控管理中心，组织和协调对重大突发风险事件的信息报送工作，并加强监督与检查。同时，对处于红色综合预警状态的风险工程，加强其监控和事务处理的监督与检查，并组织或参与现场分析和专家论证。

（8）对监控信息及预警信息的完整性、可追溯性负责。

8.工程保险单位

（1）负责现场的保险评估检查与风险赔偿。

（2）保险单位可协商决定承保政策，并提供保单信息。

（3）进入施工现场，检查评估施工风险控制情况。

（4）可要求被保险单位及时提供工程施工进度及风险信息。

（5）如果发现存在违反保险条款的施工风险，必须立即通知被保险人。

（6）施工中如果发生保险合同中约定承保的风险损失，应及时支付风险赔偿。

（二）有关的制度文件

管理体系的运行需要一系列管理制度和技术性文件予以支撑。目前，基于在其他各城市水运工程实施中的经验和总结，以及为了满足体系运行的要求，我们需要制定的管理制度和管理办法（第三层次文件）包括以下几方面内容。

1. 水运工程安全风险管理体系总文件

水运工程勘察指南作为安全风险管理体系总文件，系统提出各阶段安全风险管理工作的相关流程、目的及技术要点，并强调技术方案及成果的审查制度。其主要内容包含以下系列文件：

（1）勘察规划与设计文件。

勘察规划与设计文件明确勘察的目标、范围、内容和方法，包括初步勘察和详细勘察的具体要求和步骤。该文件将详细阐述勘察工作的整体布局和设计，确保勘察工作有序进行。

（2）勘察技术指南。

勘察技术指南详细说明在勘察过程中所使用的技术、设备和方法，包括先进的勘测设备和技术手段的应用。该文件旨在提供技术层面的指导，确保勘察工作的准确性和高效性。

（3）安全风险管理流程文件。

安全风险管理流程文件系统描述安全风险管理的流程，包括风险识别、评估、控制、监控和报告等环节。该文件将明确各阶段的安全风险管理责任和要求，确保风险管理工作的有效实施。

（4）技术方案审查制度文件。

技术方案审查制度文件规定技术方案的审查程序和标准，确保技术方案的科学性、合理性和可行性。该文件将强调审查制度的重要性和执行要求，以保障勘察工作的质量和安全。

（5）成果整理与报告编写规范。

成果整理与报告编写规范明确勘察成果的整理要求和报告编写的格式、

内容，确保成果的可读性和可用性。该文件将为勘察成果的汇总和报告提供统一的规范，便于后续工作的进行。

（6）安全教育与培训文件。

安全教育与培训文件强调安全教育和培训的重要性，提供相关的培训材料和指导。该文件旨在提高勘察人员的安全意识和技能水平，减少安全事故的发生。

具体的水运工程勘察指南可能因工程类型、地域差异、技术发展水平等因素而有所不同。因此，在实际应用中，我们应根据具体情况进行调整和完善。

2.各类管理办法及实施细则

该部分内容主要作为管理体系运行的制度要求及相关技术支撑，以进一步完善安全风险管理体系，主要包括内容如下：

（1）工程质量管理办法。

（2）工程质量管理实施细则。

（3）工程安全管理实施细则。

（4）水运工程施工期现场安全风险管理办法。该文件主要对水运工程施工期现场的安全风险管控要求进行了规定，有助于现场分监控中心安全风险管控工作的落实。

（5）水运工程安全风险管理交底文件。该文件对安全风险交底内容及交底流程进行了规定，有助于更好地开展安全风险管理技术交底工作。

（6）水运工程施工期重大风险源管理办法。该办法重点对整个水运工程如何管控较重大的安全风险源提出了明确要求，使得安全风险管控更有重点，针对性更强。

（7）水运工程现场分监控中心管理办法。

（8）水运工程监控中心管理办法。

（9）水运工程重大风险源领导带班作业制度。

（10）水运工程建设施工期现场巡视管理办法。该办法对巡视预警的分级、巡视预警方法、巡视预警内容、巡视职责、巡视频率等都做了详细的规定。

（11）水运工程安全风险信息报送管理办法。该办法对风险信息的报送流程、信息格式要求等作出了明确规定。

（12）水运工程建设风险监控信息平台录入资料管理规定。该规定的目的是规范和统一水运工程建设中信息平台录入基础资料的内容和要求。

（13）水运工程企业安全文化建设指南。

（14）监测监控标准化系列文件。该文件统一监控量测技术标准，提高监控量测技术水平，根据相关规范、规程，明确参建各方在水运工程建设监测工作中的职责、监督管理和检查、监测基本技术要求、监测信息反馈和紧急情况下的应急监测措施，更好地规范和协调各有关单位在工程监测中的工作准则和关系。

三、风险监控预警管理体系建设

（一）预警原则

1. 一般性与特殊性相结合原则

水运工程施工灾害预警是预警理论在工程施工领域的应用，同时又是社会预警的分支，因此在研究的过程中应该遵循预警的规律，贯彻预警的基本思路，即明确警情、寻找警源、分析警兆再到预报警度的一般过程。同时，有针对性地利用社会预警中已得到检验的成熟理论和方法，如五色预警方法。

特殊性原则是指在研究中要注意水运工程施工的实际情况，在方法选择、模型设定、指标选取等方面要考虑水运工程施工的自身特性，对一般方法作补充和修改，从而形成一套适用于水运工程施工灾害的预警系统。

2. 实用原则

水运工程施工预警系统的设计目的在于评价水运工程施工管理状态是否异常，为水运工程施工管理实践与决策提供依据。因此，预警分析还必须坚持实用性的原则，既要使预警系统同水运工程施工及其管理等各种实际情况相吻合，还要注意研究结果和管理建议能否满足各利益相关者的特殊要求，使他们能根据警度、警源的情况作出合理的决策。

3.定性分析和定量分析相结合原则

对预警分析的研究离不开定性分析，例如，对水运工程施工预警概念的理解与重新界定，按研究需要确定事故发生率、器具操作失误率以及各警限的确定等，这些都需要进行定性分析。同时，随着社会经济和现代科学技术的发展，可供选用的分析工具逐渐增多，定量分析已在经济学研究中广泛运用。例如，当多个警兆指标合成综合预警指标时所用的主成分分析法和加权指数法，当衡量各警兆指标相关关系时应用的模分离重叠源法等。然而，必须强调的是，定量分析一定要有足够的、可信的统计资料，否则其结果可能与实际相差甚远。不过，无论是定量分析还是定性分析，其目的都是找出事物发生发展的规律性。两者是相互统一的，在一定程度上可以互补。

4.规范分析和实证分析相结合原则

规范分析主要是为了理顺整个水运工程施工预警模型研究的理论和方法体系，使各部分之间相互衔接，形成科学严密的逻辑体系。实证分析即是通过对案例的研究，对理论和方法体系进行验证。规范分析和实证分析的有机结合，有助于科学地认识水运工程施工预警的理论和方法，为水运工程施工管理的持续、健康发展提供有效的理论分析和方法选择。

（二）预警分类与预警分级

1.预警分类

水运工程安全风险预警是指在施工过程中，通过监测、巡视或综合分析发现工程施工存在安全风险时，由参建方负责人及时发送预警事件给相关责任人，并记录预警事件处理过程。预警事件类型可分为单项预警及综合预警两类。

单项预警主要包括如下几个类型：

（1）监测预警。

监测数据按变形量与变形速率双控指标进行预警报警，可阶段性调整控制指标，一般包括监控量测预警、施工指标参数预警。

（2）巡视预警。

根据现场巡视，一旦出现异常，经核实或会议讨论确定为预警事件。

（3）视频监控预警。

定期查阅各工点的视频监控录像，当发现现场存在重大违规操作以及施工作业面不安全与不稳定因素时，启动视频监控预警。

综合预警主要结合各类单项预警，如监测数据、巡视、视频监控图像以及其他信息，结合施工工况综合判定工点的预警状态。

2.预警分级

在施工过程中，通过巡视发现安全隐患或不安全状态而进行的预警，目前无明确的判断标准，一般凭借巡视人员相关的工程经验进行判断。预警可分为黄色巡视预警、橙色巡视预警和红色巡视预警三级。

（三）监控预警指标体系建设

1.单项预警指标

目前，单项技术判断指标主要体现在监测数据判定上。一般来说，根据设计单位所提出的监控量测控制指标值，我们将施工过程中监测点的预警状态按严重程度由小到大分为三级：黄色监测预警、橙色监测预警和红色监测预警。通常情况下，黄色监测预警指标界值设定为设计给定的各监测项目控制指标值的 80%，橙色监测预警指标界值则为控制指标值本身，红色监测预警的指标界值则是当速率和累计值均超过设计控制指标值时触发。

2.综合预警指标及预警模型研究

在水运工程施工风险监控预警管理体系中，综合预警指标及预警模型研究是关键环节。综合预警指标旨在从多个维度对施工风险进行量化评估，以便更准确地识别和评估潜在风险。预警模型则是对预警指标进行整合和分析的工具，通过建立数学模型，对风险进行定量和定性分析，为风险防控提供科学依据。

（1）综合预警指标研究需要考虑以下四个方面：

①工程安全状态指标，包括工程质量、工程进度、工程成本等方面的数据，

用于评估工程的安全状态。

②施工环境指标，包括气象、水文、地质等自然环境因素，以及施工现场的安全设施、设备、人员等人文环境因素。

③施工技术指标，涉及施工方法、工艺、材料等技术因素，以及技术创新和应用等方面。

④施工管理指标，包括安全生产管理、质量管理体系、施工现场组织与协调等方面的因素。

（2）在综合预警模型研究方面，我们可以采用以下四种方法：

①概率论与数理统计方法，通过对历史数据进行统计分析，建立风险发生的概率分布模型，为风险评估提供依据。

②灰色系统分析方法，通过灰色关联分析、灰色预测等方法，对施工风险进行量化评估。

③人工智能方法，利用神经网络、支持向量机等智能算法，构建风险预警模型，实现对风险的智能识别和预测。

④模型验证与优化，通过实际工程案例，对预警模型进行验证和优化，提高模型的准确性和实用性。

3. 现场巡视定性化预警指标

现场巡视定性化预警指标是监控预警管理体系的重要组成部分。巡视人员通过现场巡视，及时发现施工现场的安全隐患，预防事故的发生。现场巡视定性化预警指标主要包括以下五个方面：

（1）安全设施与环境。

检查施工现场的安全设施是否完好，施工环境是否符合安全要求。

（2）施工行为与操作。

观察施工人员是否遵守操作规程，是否存在违规行为。

（3）工程质量与进度。

了解工程的质量状况和进度是否符合计划，是否存在质量问题和进度延误。

（4）人员管理与培训。

查看施工现场的人员是否具备相应资质，是否进行了必要的安全培训。

（5）应急预案与救援。

评估应急预案的完善程度，救援设备是否齐全，救援通道是否畅通。

施工单位通过以上现场巡视定性化预警指标的检查，有助于发现施工现场的安全隐患，提高施工安全管理水平。在实际应用中，施工单位还需结合工程特点和实际情况，不断完善和调整预警指标，以实现风险的有效识别和防控。

第二章　水运工程施工安全风险因素

第一节　水运工程典型施工过程

一、水运工程的基本概念与特点

（一）水运工程的概念

水运工程是指在水域进行的港口、航道、船闸、水上交通设施等一系列工程建设活动。水运工程作为交通运输领域的重要组成部分，对促进国家经济发展、加强国内外贸易往来以及提高国防能力具有重要意义。

1. 水运工程的分类

水运工程可分为港口工程、航道工程、船闸工程、水上交通设施工程等。

（1）港口工程。

港口工程包括码头、堆场、仓库、客运站、货运站等设施的建设。港口工程的建设对于提高货物和客运的集散能力、促进地区经济发展具有重要作用。

（2）航道工程。

航道工程主要包括航道疏浚、整治、拓宽、加深等，以提高航道通行能力和航行安全。航道工程建设对于促进船舶交通、降低运输成本具有重要意义。

（3）船闸工程。

船闸工程是指在河道、湖泊、水库等水域中建设船闸设施，实现船舶上下游通行。船闸工程建设对于提高船舶运输效率、促进沿线地区经济交流具有重要作用。

（4）水上交通设施工程。

水上交通设施工程包括桥梁、水上栈桥等设施的建设。水上交通设施工程对于完善水上交通网络、提高交通运输效率具有重要意义。

2. 水运工程的建设标准与要求

（1）遵循国家相关法律法规和标准。

水运工程的建设应严格遵循《中华人民共和国港口法》等法律法规，以及交通运输部、水利部等相关部门颁布的建设标准和技术规范。

（2）选址与规划。

水运工程选址应充分考虑地形、水文、地质、气象等自然条件，以及区域经济发展、产业布局、交通运输需求等社会经济因素。在选址基础上，需进行合理规划，以确保工程建设的可行性和经济合理性。

（3）设计要求。

水运工程设计应满足安全性、可靠性、经济性、环保性等要求，确保工程质量和运行安全。设计单位必须具有相应的设计资质，并严格根据国家规定进行工程设计。

（4）施工与质量监管。

水运工程施工必须严格执行国家有关施工规范和质量标准，以确保工程质量。在施工过程中，建设单位、设计单位、监理单位等共同负责质量监管，建立健全质量保证体系。

3. 水运工程的社会经济效益

水运工程具有显著的社会经济效益，主要表现在以下四个方面：

（1）提高交通运输能力。

水运工程的建设有助于提高航道、港口、船闸等设施的通行能力，降低物流成本，促进交通运输业发展。

（2）促进区域经济发展。

水运工程对于改善地区交通条件、提高物流效率、促进产业集聚具有重要作用，进而推动区域经济发展。

（3）优化交通运输结构。

水运工程的建设有助于调整交通运输结构，提高水路运输在综合交通运输体系中的地位，促进多种运输方式协调发展。

（4）保障国家安全。

水运工程的建设有助于提高国家海上通道安全，保障国防需要，提升国家综合实力。

水运工程作为国家交通运输领域的重要组成部分，对于促进经济发展、提高国防能力、优化交通运输结构具有重要意义。在今后的发展中，我国应继续加大水运工程建设的投入力度，推动水运事业持续健康发展。

（二）水运工程的特点

水运工程作为交通运输领域的重要组成部分，其具有以下特点。

1. 地理依赖性

水运工程的建设与发展强烈依赖于地理条件。水域环境的天然优势为水运工程提供了便利的交通条件，同时也决定了水运工程的布局和规模。由于我国拥有丰富的水资源，沿海地区和内河地区的水运需求较大，因此这些地区的水运工程具有较高的建设价值。

2. 规模宏大

水运工程通常涉及较大的工程量和投资。由于水运工程所处环境的复杂性，需要在设计、建设和运营过程中充分考虑地形、水文、地质等因素，以确保工程的安全性和稳定性。因此，水运工程往往具有较大的规模。

3. 技术性强

水运工程涉及多个领域的技术知识，如港口、航道、土木、水利、船舶等。在建设过程中，需要运用各种专业技术来解决工程中的难题，如疏浚、筑岛、防波堤、航道整治等。此外，水运工程还涉及众多配套设备和技术，如航标、通信、导航、调度等系统。

4.环境影响较大

水运工程对水域环境、生态系统和周边社会环境产生较大的影响。在工程建设和运营过程中，必须严格遵守环保法规，采取有效措施减轻工程对环境的负面影响，确保工程的可持续发展。同时，水运工程还应高度重视生态保护，尽量减少对生态环境的破坏。

5.政策性强

水运工程是国家交通运输体系的重要组成部分，受到国家政策的大力支持。政府对水运工程的投资、建设和管理等方面制定了一系列政策，旨在推动水运事业的蓬勃发展。此外，水运工程还涉及国际航运及国际合作领域，需要遵循相关国际法规与标准。

6.安全风险高

水运工程在建设过程中存在一定的安全风险，如自然灾害、工程事故、环境污染等。为确保工程安全，水运工程在设计和建设过程中需要充分考虑安全风险因素，采取相应的防范措施，提高工程的安全性能。

综上所述，水运工程具有地理依赖性、规模宏大、技术性强、环境影响较大、政策性强和安全风险高等特点。在规划和建设水运工程时，应充分考虑这些特点，确保工程的安全、高效和可持续发展。

（三）水运工程的发展趋势

随着我国经济的持续增长和全球化进程的加快，水运工程在国民经济中的地位日益凸显。为进一步提高我国水运基础设施建设和服务水平，适应经济社会发展的需求，水运工程的发展趋势表现在以下五个方面。

1.大型化、深水化

随着船舶大型化、运输繁忙程度的加剧，水运工程需要向大型化、深水化方向发展。这意味着港口、航道等基础设施需要进行扩建和加深，以满足大型船舶的停靠和航行需求。此外，水运工程的大型化和深水化也有助于提高运输效率，降低物流成本，进一步促进我国水运业的发展。

2.专业化、多元化

随着我国外贸贸易的不断拓展，水运工程将呈现专业化、多元化的发展趋势。这意味着港口、航道等基础设施需要根据不同货物类型和运输需求进行专业化布局，以提高运输效率。同时，水运工程也在拓展多元化业务，涵盖船舶维修、仓储物流、贸易服务等多个领域，以满足船舶和企业的多样化需求。

3.绿色化、智能化

环保意识的增强和科技创新的推动，使得水运工程发展呈现出绿色化、智能化的趋势。绿色化意味着在水运工程设计、建设和运营过程中，要充分考虑环境保护因素，积极采用节能、减排、低碳等技术措施。智能化则体现在广泛运用现代信息技术，如物联网、大数据、人工智能等，以实现水运工程的自动化、智能化管理，进而提高运营效率。

4.区域协同、一体化

为促进区域经济的协同发展，水运工程正呈现区域协同、一体化的发展趋势。这要求各地港口、航道等基础设施加强互联互通，优化资源配置，共同构建统一、高效的水运网络。区域协同可能进一步推动我国水运业的整体发展，提高国际竞争力。

5.政策扶持、创新发展

在国家政策的大力支持下，水运工程将得到持续、稳定的发展。政策扶持主要体现在基础设施建设、税收优惠、土地政策等多个方面。创新发展要求水运工程要不断引进新技术、新理念，如信息化、智能化、绿色化等，以提高水运工程的竞争力。

二、典型施工过程的选择与分析

（一）施工过程的选择原则与依据

在水运工程的建设过程中，施工过程的选择至关重要，它直接影响到工程的质量和安全。在选择施工过程时，施工单位需要遵循一定的原则和依据，以确保工程的顺利进行。

1. 安全性原则

安全性原则是施工过程选择的首要原则。在进行施工过程的选择时，必须充分考虑施工现场的安全条件，包括对施工现场进行风险评估，识别潜在的安全隐患，制定相应的安全防护措施，以确保施工过程中的生命安全。

2. 质量优先原则

质量是工程建设的生命线，施工过程的选择应充分考虑质量因素。在选择施工过程时，要确保施工技术先进、可靠，有利于提高工程质量。同时，要注重施工过程中的质量控制，确保工程质量达到设计要求。

3. 经济效益原则

经济效益是工程建设的重要目标之一。在选择施工过程时，应充分考虑工程的投资回报率，并注重施工过程中的成本控制，以降低工程造价，提高投资效益。

4. 合理工期原则

合理工期原则是指在保证工程质量、安全的前提下，合理安排施工进度。合理的工期安排有利于确保工程按时完成，降低施工过程中的风险，提高工程效益。在选择施工过程时，应充分考虑工程的特点、施工条件、施工技术等因素，制订合理的施工进度计划。

5. 环境保护原则

在水运工程施工过程中，应充分考虑环境保护因素。选择对环境影响较小的施工技术、材料和设备，制定环境保护措施，以减少施工过程中对环境的影响，实现绿色施工。

6. 施工技术依据

在选择施工过程时，应基于现有的施工技术水平、技术发展趋势以及实际施工需求，选择适用的施工技术。同时，应注重施工技术创新，引进先进的施工技术和管理方法，以提高施工水平。

7. 法律法规依据

在水运工程施工过程的选择中，要严格遵守国家和地方的法律法规、规章制度，确保施工过程的合法性。同时，应密切关注法律法规的变化，及时调整施工过程，以规避法律风险。

施工过程的选择应遵循安全性、质量优先、经济效益、合理工期、环境保护等原则，同时要依据施工技术、法律法规等因素进行综合分析。通过科学的选择，确保水运工程顺利进行，为施工建设提供有力保障。

（二）典型施工过程的特征与适用范围

1.典型施工过程的特征

（1）强烈的动力因素。

水运工程受到潮汐、水流、风浪等自然因素的影响，施工单位在施工过程中需要充分考虑这些动力因素对工程的影响。

（2）复杂的河流海岸演变规律。

水运工程所在地的河流海岸地貌和地质条件复杂多变，施工单位在施工过程中需要针对具体情况制定科学合理的施工方案。

（3）软土地基。

水运工程往往以软土地基为特征，这给施工带来了诸多困难，如地基处理、基础施工等。

（4）困难的水上施工条件。

水上施工环境恶劣，受气象、水文等因素影响较大，因此对施工设备和安全设施要求较高。

（5）特殊的结构材料防腐耐久要求。

由于水运工程结构长期处于恶劣环境，施工单位在施工过程中需要采用特殊的防腐耐久材料。

2.典型施工过程的适用范围

（1）适用于港口、航道、船闸等水运基础设施建设。

（2）适用于软土地基处理工程，如地基加固、基础施工等。

（3）适用于需要采用特殊防腐耐久材料的结构施工，如防腐涂料、防水材料等。

（4）适用于具有复杂河流海岸演变规律的水利工程，如河道整治、海岸防护等。

三、水运工程典型施工过程的具体实施

（一）施工前的准备工作

1.工程勘察与设计

水运工程勘察主要包括地形地貌、地质条件、水文条件、气象条件等方面的调查。勘察目的是为施工提供准确的基础数据，以便进行合理的设计。在勘察过程中，应采用先进的仪器设备，如无人机、测量船等，确保勘察数据的准确性和完整性。勘察数据经过分析处理后，应编制勘察报告，为设计提供依据。

在设计阶段，设计人员根据勘察报告，结合水运工程的功能、安全性、耐久性、美观性等因素，制订出合理的设计方案。设计方案应包括工程结构、施工工艺、材料选用、设备配置等方面的内容。在设计过程中，应充分考虑水运工程的特点，如强烈的动力因素、复杂的河流海岸演变规律、以软土地基为特征的工程地质条件等。此外，还需注意特殊结构材料的防腐耐久要求。设计完成后，须进行审查和论证，确保设计方案的可行性和安全性。

2.施工组织设计与计划

施工组织设计是在勘察设计的基础上，根据工程特点、施工条件、施工方法等，对施工过程中的各个环节进行系统规划和安排。施工组织设计应包括施工进度计划、施工场地布置、施工资源配置、施工工艺流程等内容。施工组织设计应具有可操作性、安全性、经济性和合理性，以确保施工过程的顺利进行。

在施工计划方面，施工单位首先需确定工程的施工顺序和时间安排，确保各施工环节有序进行。其次，要合理安排施工资源，如人力、材料、设备等，以满足施工需求。最后，制订合理的施工进度计划，以确保工程按时完成。施工计划应具有灵活性，以便在施工过程中根据实际情况进行调整。

3. 设备与材料采购

水运工程施工需要大量的设备和材料支持。在设备采购环节，施工单位应根据施工需求，选择性能优良、安全可靠的设备。在采购过程中，要充分考虑设备的适用性、经济性和维护成本。常用的水运工程施工设备包括挖掘机、推土机、吊车、混凝土搅拌机等。

在材料采购方面，施工单位要根据工程设计和施工要求，选择质量合格、性能稳定的材料。常见的材料包括水泥、钢材、木材、防水材料等。在采购时，要注重材料的性价比，确保材料质量满足工程要求。

施工前的准备工作是水运工程典型施工过程的关键环节。勘察设计、施工组织设计与计划、设备与材料采购等准备工作，为施工过程的顺利进行奠定坚实基础。在实际施工过程中，各相关部门和人员要密切协作，确保施工准备工作到位，为优质、高效的水运工程提供有力保障。

（二）施工过程的关键技术与方法

水运工程典型施工过程的关键技术与方法包括基础工程施工、主体结构施工和设备安装与调试。在整个施工过程中，要注重质量控制和技术创新，确保工程的安全、稳定和高效运行。

1. 基础工程施工

基础工程施工是水运工程中的重要环节，它关系到整个工程的安全和稳定。施工单位应针对不同类型的地基，采用相对应的处理方法，如压实、加固、排水等，以提高地基的承载能力和稳定性。其中，桩基施工是基础工程的关键部分，包括预制桩和现场浇筑桩两种。在施工过程中应注意控制桩的位置、垂直度、深度和质量。沉箱和沉管是水运工程中常用的基础形式。在施工过程中要控制好预制、安装和下沉的准确性，以确保基础的稳定性和安全性。

2. 主体结构施工

模板与支架的选型、安装和拆除是主体结构施工的关键环节，施工单位要保证结构尺寸、平整度和施工安全。在混凝土浇筑过程中，要控制好配料比例、浇筑速度、振捣力度和养护条件，以确保结构质量和强度。钢结构施工主要包括构件的预制、安装和焊接。在这一过程中，要保证构件的质量、安装精度以及焊接质量。

3. 设备安装与调试

施工单位应根据工程需求，选择合适的设备，合理布置在施工现场。采用合理的安装工艺，确保设备安装的准确性和稳定性。在调试过程中，需要对设备的性能、安全性和可靠性进行检测，以确保设备正常运行。在设备调试合格后，应进行联动试运行，以检验整个工程系统的运行效果。

（三）施工过程的监测与控制

1. 施工过程中的监测技术

在水运工程典型施工过程中，监测技术的应用至关重要。监测技术能够收集施工过程中的各种实时数据，为施工质量和安全生产提供有力保障。施工单位应对施工过程中的关键参数、几何尺寸、材料性能等进行实时监测，以确保工程质量满足设计要求。例如，在水运工程中的地基处理、基础施工、结构施工等环节，可以采用现场检测、实验室检测等方法对施工质量进行实时监测。

施工单位应对施工项目的时间安排、工程量完成情况进行实时跟踪，以确保施工进度符合计划要求。施工进度监测方法包括现场巡查、工程计量、数据分析等。同时，对施工过程中可能产生的环境影响进行监测，以确保施工活动符合环保要求，如监测施工现场的噪声、粉尘、废水等污染物的排放情况，采取相应的治理措施，降低施工对环境的影响。对施工现场的安全状况进行实时监测，预防安全事故的发生，主要包括对施工现场的安全设施、个人防护用品、作业行为等方面的监测。

2. 施工质量的控制与管理

施工质量的控制与管理是水运工程施工过程中的关键环节。为保证施工质量，施工单位应建立健全质量管理体系。从项目策划、设计、施工、验收等各个环节入手，明确目标和责任，确保各个环节的质量控制。根据工程特点、施工条件等因素，制订科学、合理的施工方案，确保施工过程的顺利进行。

对施工过程中使用的原材料、半成品等进行严格验收，确保其质量满足工程要求。还要对施工现场进行定期巡查，发现问题及时整改，确保施工过程中的质量问题得到及时处理。同时，加强对施工人员、管理人员质量意识的培训与宣传，以提高施工质量水平。

3. 安全生产的保障措施

为确保水运工程施工过程中的安全生产，施工单位应制定安全生产规章制度，包括建立健全安全生产责任制度、安全生产培训制度、安全事故应急预案等，以确保安全生产工作的有序开展。根据施工现场的特点，施工单位应设置相应的安全防护设施，如围挡、警示标志、临时通道等；同时，必须为施工人员提供合格的个人防护用品，并确保其能够正确使用；此外，应定期对施工现场进行安全检查，对发现的安全隐患及时进行整改；最后，应建立完善的安全事故应急预案，以提高应对突发安全事故的能力。

第二节　水运工程施工典型风险事件类型

一、水运工程施工风险因素分析

（一）自然环境因素

在水运工程施工过程中，自然环境因素对工程安全和进度具有重要影响。自然环境因素主要包括气象条件、水文条件和地质条件。

1. 气象条件

气象条件对水运工程施工具有重要影响。气温过高或过低都会对施工材料性质、施工设备和人员状态产生不利影响。具体来说，极端天气可能导致混凝土龟裂、施工设备故障和人员中暑等安全问题。此外，降水量也会影响施工场地的湿度，湿度过高或过低会影响混凝土强度发展和粘结性能，同时降水还可能导致水位上升，增加施工难度和风险。另外，风速也会对水上施工和高空作业的安全产生较大影响。大风可能导致施工设备不稳定，使高空作业人员失去平衡，甚至引发安全事故。

2. 水文条件

水文条件对水运工程施工具有显著影响。水位变化直接影响施工场地和施工设备的安全，水位波动可能导致施工场地被淹，从而增加施工风险。水流速度和流向会对施工设备和人员的安全构成威胁，强水流可能导致施工设备受损和人员溺水。此外，潮汐变化也不容忽视，其波动可能导致施工场地被淹，进一步加剧施工风险。

3. 地质条件

地质条件对水运工程施工具有重要影响。地形地貌对施工场地的选择、工程设计和施工方法具有重要影响。复杂的地形地貌会增加施工难度，提高安全风险。地基土质则直接关系到工程基础设计和施工技术要求。特别是软土地基，容易引发地基沉降、变形等安全隐患。此外，地下水位也会对施工降水、地基土质和施工方法产生重大影响，地下水位过高可能导致地基土体稳定性降低，从而增加施工风险。

自然环境因素在水运工程施工过程中具有重要作用。针对不同自然环境因素，施工单位应制定相应的应对措施，确保工程安全和进度。同时，施工单位还应密切关注自然环境变化，及时调整施工计划，降低施工风险。

（二）工程技术因素

1. 设计缺陷

设计缺陷是导致水运工程施工风险的重要因素之一。它可能导致工程结构不稳定、使用功能受限、施工过程中出现问题等。设计缺陷可能源于设计人员的疏忽、技术水平限制、设计标准不完善等因素。为降低设计缺陷带来的风险，施工单位应加强设计阶段的审查和监督，充分发挥专家评审作用，对设计方案进行严格把关，确保设计符合相关规范和标准；还要加强设计单位与施工单位、监理、建设单位之间的沟通，及时解决设计中的问题；并对设计单位进行考核，建立健全责任追究制度。

2. 施工方法不当

施工方法不当会使工程质量、安全、进度等方面受到严重影响。施工方法不当可能导致的问题包括工程结构质量问题、施工安全事故、工期延误等。为减少施工方法不当带来的风险，施工单位应加强对施工方法的研究，选择适合工程特点的施工技术；加强施工过程中的监督和管理，确保施工方法符合设计要求和规范；并定期对施工人员进行技术培训，提高施工技术水平；同时，建立健全施工质量控制系统，及时发现和纠正施工中的问题。

3.施工设备故障或老化

施工设备故障或老化是水运工程施工过程中常见的风险因素。设备故障或老化可能导致施工质量下降、施工进度受阻、安全事故等问题。为降低设备故障或老化带来的风险，施工单位应加强设备采购和租赁的管理，确保设备的质量和性能；定期对设备进行维修保养，延长设备使用寿命；加强设备操作人员的培训，提高设备使用效率和安全性；制定应急预案，确保在设备故障或老化时能迅速采取措施降低影响。

工程技术因素在水运工程施工风险中占据重要地位。施工单位通过加强设计审查、规范施工方法、提高设备管理水平等措施，可以有效降低工程技术因素带来的风险，确保水运工程顺利实施。

（三）组织管理因素

组织管理因素在水运工程施工风险中起着重要作用，主要包括以下三个方面。

1.人员安全意识淡薄

在水运工程施工过程中，人员安全意识淡薄是一个重要的组织管理风险因素。施工人员对安全意识的认识不足，可能导致违章作业、操作不当等行为，从而引发安全事故。为了降低这一风险，施工单位应加强安全培训，提高施工人员的安全意识，使其在施工过程中充分认识到安全风险，并严格遵守相关安全规定。

2.安全管理制度不健全

安全管理制度不健全是水运工程施工风险的另一个重要因素。管理制度的不完善可能导致施工现场的安全管理混乱，无法有效预防和控制安全事故的发生。为降低这一风险，施工单位应建立健全安全管理制度，明确各级安全管理职责，制定合理的安全操作规程，并加强对施工现场的监督检查，确保施工现场的安全管理有序进行。

3. 应急预案不完善

应急预案是应对安全事故的重要措施，对于减少事故损失具有重要意义。然而，在水运工程施工过程中，应急预案不完善是一个常见的风险因素。为降低这一风险，施工单位应认真制定应急预案，明确应急组织、应急响应程序和应急措施等，并定期进行演练，以确保在事故发生时能够迅速、有效地应对。

组织管理因素在水运工程施工风险中占有重要地位。为保障工程施工安全，施工单位应加强人员安全意识培训，完善安全管理制度，制定并落实应急预案，从源头上降低施工风险。同时，相关部门也应加强对水运工程施工现场的监管，促进施工单位提高安全管理水平，共同保障水运工程施工安全。

（四）其他因素

1. 社会环境影响

社会环境影响是水运工程施工中不可忽视的风险因素。施工项目所在地的社会环境，包括当地的文化、习俗、民众态度等，都可能对工程施工产生影响。例如，在文化差异较大的地区，施工团队需要花费更多的时间和精力来沟通协调，以确保工程顺利进行。此外，社会动荡和不稳定的政治环境也可能对项目造成不利影响，如中断项目等。因此，在水运工程施工前，充分了解和评估社会环境至关重要。

2. 物资供应问题

物资供应问题是水运工程施工中常见的风险因素。由于水运工程通常位于偏远地区，物资供应可能受到交通运输、仓储设施等因素的限制。一旦物资供应出现问题，可能导致工程延期、成本增加甚至施工中断。为降低物资供应风险，施工单位应提前做好物资储备和供应计划，确保施工过程中的物资需求得到满足。同时，应建立应急机制，以便在物资供应出现问题时，分阶段采取对应措施，减轻损失。

3. 法律法规变更

法律法规变更是水运工程施工中潜在的风险因素。在水运工程施工过程中，法律法规的调整可能对工程产生重大影响。例如，环保法规的加强可能导致施工过程中需要采取更多的环保措施，从而增加成本和工期。此外，税收政策、土地使用政策等方面的变更也可能对工程施工产生不利影响。为了应对法律法规变更风险，施工单位应密切关注政策动态，及时了解政策调整对工程的影响，并根据实际情况调整施工计划和策略。

在水运工程施工过程中，社会环境影响、物资供应问题以及法律法规变更等风险因素都需要充分关注和分析。通过识别和评估这些风险因素，施工单位可以采取相应的措施，降低风险影响，确保工程顺利进行。

二、水运工程施工典型风险事件类型分析

（一）滑坡与崩岸事件

在水运工程施工过程中，滑坡与崩岸事件作为一种典型的风险事件，对安全生产和工程进度构成严重威胁。对滑坡与崩岸事件进行分析，有助于提高施工单位对这类风险的认知，并制定针对性的预防措施，确保工程顺利进行。

滑坡事件主要发生在地质条件复杂的地区。在水运工程施工过程中，滑坡事件可能导致施工现场堆积物滑移、施工设备损坏、人员伤亡等严重后果。地质构造不稳定、地层松散、土壤抗剪强度低等地质条件，加上持续降雨或暴雨使土壤饱和度增加，降低土壤抗剪强度，增大滑动力，都容易导致滑坡事件的发生。在施工过程中，对地表植被破坏严重、开挖坡脚、填方过高等因素也可能导致滑坡事件。

崩岸事件是指在水运工程施工过程中，河岸或海底岸线发生突然性坍塌，造成工程设施损坏、施工中断等严重后果。地质构造不稳定、地层松散、土质较软等地质条件，以及河流流速快、潮汐影响较大、水位变化剧烈等水文条件，再加上施工过程中对地形地貌和岸线稳定性造成破坏、施工荷载过大

等因素，都可能导致崩岸事件的发生。

在工程施工前期，施工单位应详细开展地质勘察工作，对地质条件进行充分了解，为施工提供可靠依据。根据地质条件和工程需求，制订合理的施工方案，确保在施工过程中安全稳定。在施工过程中，施工单位应建立监测预警体系，对地质变化、水位变化等进行实时监测，以便发现异常情况及时采取措施；严格执行施工规范，合理布置施工现场，降低滑坡与崩岸风险；注重生态环境保护，恢复植被，提高地表抗侵蚀能力。针对滑坡与崩岸事件，施工单位应制定应急预案，确保在突发情况下能够迅速采取有效措施，降低损失。

（二）触电与电气火灾事件

触电与电气火灾事件在水运工程施工过程中较为常见，若未采取有效的防范措施，可能导致严重的人身伤害和财产损失。长时间使用的施工设备可能出现老化或损坏，导致电流泄漏，增加触电风险。电气线路敷设不规范，如线缆裸露、未采取保护措施等，容易引发触电事故。施工现场未设置有效的防护设施，如漏电保护器、安全隔离带等，使施工人员处于高风险环境。操作人员对电气设备安全知识了解不足，误操作或违反安全规程，可能导致触电事故发生。

施工单位应对长时间未使用的施工设备进行定期检查，一旦发现老化或损坏现象，应立即更换；严格按照电气安装规范进行线路敷设，确保线缆完好无损，并采取保护措施。施工现场应设置防护设施，如漏电保护器、安全隔离带等，降低触电风险。加强操作人员的安全培训，提高他们对电气设备安全知识的掌握程度，规范操作行为。发现触电事故时，应第一时间切断电源，确保救援人员的安全；立即启动应急预案，组织救援人员对受伤人员进行救治，确保伤者尽快送往医院；对事故现场进行隔离，防止无关人员靠近，避免二次事故发生；调查事故原因，采取措施消除安全隐患，防止类似事故的再次发生。

在水运工程施工过程中，触电与电气火灾事件应引起高度重视。施工单位应制定针对性的预防措施和应急预案，加强施工现场管理，确保施工安全。同时，各级监管部门要加强对水运工程施工安全的监督检查，提高施工单位的安全意识，共同防范触电与电气火灾事件的发生。

（三）施工船舶碰撞与搁浅事件

在水运工程施工过程中，船舶碰撞事件是一种较为常见的风险事件。施工现场水域狭窄，船舶行驶空间受限，加之施工水域与航道重叠，这增加了船舶之间碰撞的风险。施工现场附近可能存在渔船、游船等民用船舶，这些船舶行驶路线不固定，容易与施工船舶发生碰撞。施工船舶驾驶员如果操作不当或未遵循施工现场的交通规定，也可能导致船舶碰撞事件的发生。施工现场照明、警示标志不完善，难以有效提醒船舶驾驶员注意施工区域，会增加碰撞的风险。为了降低碰撞风险，施工单位应在施工现场周边设置明显的警示标志和航行标志，以提醒船舶驾驶员注意施工区域。严格管理施工现场，制定严格的船舶行驶规定，并要求施工船舶驾驶员严格遵守。同时，加强施工水域的交通指挥，安排专人定期对施工现场进行巡查和监管。

在水运工程施工过程中，船舶搁浅事件也较为常见，主要是因为施工水域水深不足，船舶在航行过程中容易发生搁浅。施工现场地形复杂，水域狭窄，加之船舶驾驶员对地形不熟悉，这些都可能导致船舶搁浅。施工期间水位变化较大，水位降低时，船舶容易搁浅；船舶载重过大，超出水域承载能力，也容易导致搁浅。施工单位应在施工前对水域进行全面调查，了解地形、水深等基本情况，为船舶航行提供准确数据。根据实际情况，制订合理的船舶航行路线和施工方案。加强施工现场的监测，及时掌握水位变化情况，并根据需要调整施工计划。对船舶驾驶员进行培训，确保其熟悉施工现场的地形和航行规定。合理规划船舶载重，避免因载重过大导致搁浅。

总之，在水运工程施工过程中，施工单位要充分认识到船舶碰撞与搁浅事件的潜在风险，并采取有效措施进行预防和应对，以确保施工安全顺利进行。

（四）施工材料倒塌与坠落事件

施工材料倒塌与坠落事件是水运工程施工过程中的一种典型风险事件，可能导致严重的人员伤亡和财产损失。使用不合格的材料或假冒伪劣产品，会导致结构强度不足，承受能力下降。在施工过程中未遵循规范要求，如堆放高度过高、不合理固定等。在大风、暴雨等极端天气条件下，施工材料易受到外力作用而倒塌或坠落。设备老化、磨损或故障，也会导致施工过程中出现问题。施工单位对进场材料应进行全面检查，确保质量合格，拒绝使用不合格材料；遵循施工规范要求，合理堆放施工材料，确保结构稳定；对施工现场进行定期检查，发现问题及时整改；加强安全培训，提高施工人员的安全意识和自我保护能力；对施工设备进行定期维修、保养，确保设备处于良好状态。

针对施工材料倒塌与坠落事件，应制定应急预案，明确应急处理流程和责任人。事故发生后，迅速启动应急预案，组织救援，确保受伤人员得到及时救治。对事故原因进行深入调查，分析总结教训，完善施工安全管理制度。加强事故案例教育，提高施工人员的安全意识，强化风险防范意识。

总之，施工材料倒塌与坠落事件对水运工程施工安全构成严重威胁。通过分析事故原因、制定预防措施和应对策略，有助于提高施工安全管理水平，有效防范此类风险事件的发生。施工单位、监理单位和建设单位应共同努力，确保水运工程施工安全。

（五）火灾与爆炸事件

火灾事件是水运工程施工过程中的一种典型风险事件。火灾事件可能由施工现场的火源、易燃材料以及电气设备故障等因素引发。施工现场若火源管理不善，如焊接作业时的火花飞溅，便容易引发火灾。此外，施工现场堆放有木材、塑料等易燃材料，以及电气设备老化或故障导致短路、漏电等现象，也会增加火灾风险。施工人员安全意识不强，未按照规定使用火源同样可能引发火灾。为防止火灾事件的发生，施工单位应加强施工现场火源管理，严禁随意使用明火；合理存放易燃材料，尽量减少易燃物的暴露；定期检查施工现场的电气设备，确保设备安全可靠；同时加强施工现场的安全教育，提高施工人员的安全意识。

在水运工程施工过程中，爆炸事件是另一种典型的风险事件。爆炸事件可能由施工现场的潜在危险源引发，如未妥善存放的炸药、燃气泄漏、焊接作业失误等。施工现场安全管理不到位，未能及时发现和消除潜在的爆炸危险源。施工人员操作不当，导致施工现场通风不良、可燃气体积聚，遇到火源易引发爆炸。此外，施工设备老化或故障，也会导致爆炸事故发生。施工单位应加强施工现场的安全管理，严格执行安全操作规程；对施工现场进行全面的风险评估，及时发现并消除潜在的爆炸危险源；加强施工现场的通风，确保空气流通，防止可燃气体积聚；并定期检查施工设备，确保设备安全可靠。

总之，爆炸与火灾事件对水运工程施工安全构成严重威胁。施工单位应充分了解这些风险事件的潜在原因，并采取有效措施加以防范，确保工程施工的安全顺利进行。

第三节　水运工程施工典型危险性较大的分部分项工程

一、水运工程施工中的危险因素分析

（一）自然环境因素

水运工程施工受气候条件影响较大，如强风、暴雨、雷电等极端天气可能导致施工中断，甚至危及人员安全。因此，施工单位在施工前应对气候条件进行充分评估，制定相应的安全措施。水运工程地形地貌复杂多样，如水域宽度、深度、岸线稳定性等，这些因素直接影响施工安全和工程质量。施工单位应充分了解地形地貌，合理选择施工方案和设备。此外，水文条件对水运工程施工安全具有重要影响。例如，河流流量、潮汐、水下地形等，都可能影响施工进度和安全性。施工单位应密切关注水文变化，制定相应的安全管理措施。同时，地质条件也是影响施工环境的重要因素，软土地基、岩溶地区、地震活动带等地质条件，可能对施工安全和工程质量产生较大影响。

因此，在施工前，施工单位应对地质条件进行详细勘察，为设计和施工提供可靠依据。

（二）施工环境因素

施工环境因素同样是水运工程施工中的重要危险因素。这些因素主要包括水域环境、机械设备安全风险以及劳动环境等。水运工程施工通常在水域进行，因此水流、潮汐、水深等因素对施工安全有着重要影响。施工人员在水域作业时，容易受到海浪、波浪等影响，同时水流速度过快也可能对施工人员造成伤害。此外，水域中的水生生物和植物也可能对施工安全构成威胁。水运工程施工需要使用大型机械设备，如起重机、挖掘机等。这些设备在操作过程中可能发生故障或人员操作失误引发侧翻等风险，对施工人员和周围环境造成威胁。同时，劳动环境的优劣直接影响到施工人员的身心健康和工作积极性。此处的劳动环境主要涉及施工组织、施工工具以及施工条件等。如果劳动环境恶劣，可能导致施工人员不按规范操作，从而增加事故发生的可能性。

（三）施工过程危险因素

施工单位未对工程进行充分的技术论证和风险评估，会导致施工方案不合理，可能引发安全事故。施工人员技术水平不高，对新技术、新材料、新工艺的掌握不够熟练，容易导致操作失误和安全事故。在施工过程中，施工单位未经审批擅自修改设计方案，会导致工程出现安全隐患。施工质量控制不严格同样可能导致工程安全隐患，包括结构不稳定、材料不合格等问题。施工设备若存在安全隐患，如设备老化、磨损严重、未经检验等，这些均为潜在的安全隐患。施工人员操作设备不当，施工单位对设备维护保养不到位，都可能导致设备出现故障，从而引发安全事故。施工现场临时用电管理不善，也可能导致触电事故。此外，施工人员缺乏安全意识，对安全隐患认识不足，违反操作规程和安全生产规定，或未按照要求佩戴个人防护用品，在事故发生时应急处理能力不足，无法迅速采取有效措施，都会导致安全事故的发生或加重事故后果。

水运工程施工过程中的危险因素涉及多个方面。为了确保工程安全，施工单位应加强施工工艺与技术管理，提高设备操作水平，加强人员安全意识培训，并做好应急预案，从而降低施工过程中的安全风险。

（四）安全管理危险因素

首先，从管理层面来看，水运工程施工单位的安全管理体系可能存在不完善之处。如果缺乏健全的安全管理制度和操作规程，或者这些制度和规程未得到有效执行，那么施工现场的安全风险就会大大增加。同时，如果安全管理责任不明确，出现安全管理漏洞和盲区，也可能导致安全事故的发生。

其次，安全教育培训的缺失或不足也是安全管理的一大危险因素。施工人员如果缺乏必要的安全知识和技能，或者对安全操作规程不熟悉，在施工过程中就可能因为操作不当而引发安全事故。此外，如果施工单位未能定期对施工人员进行安全教育和培训，或者培训内容与实际施工操作脱节，施工人员的安全意识就可能淡化，从而增加安全事故的发生。

再次，施工现场的安全监管不到位也是安全管理的一大隐患。如果监理单位未能对施工现场进行有效地安全监管，或者监管人员缺乏专业知识和技能，就可能无法及时发现和纠正施工现场的安全隐患。同时，如果施工单位对安全监管不重视，或者故意隐瞒安全问题，也可能导致安全事故的发生。

最后，水运工程施工中的安全管理还可能受到一些特殊因素的影响。例如，施工现场可能存在多工种交叉作业的情况，如果各工种之间缺乏有效地沟通和协调，就可能因为配合不当而引发安全事故。此外，随着船舶向大型化发展以及水运工程向深水、远离岸线区域转移，施工难度和安全风险也相应增加。这些因素都可能对水运工程施工的安全管理构成挑战。

二、水运工程施工典型危险性较大的分部分项工程类型及特点

（一）深基坑工程

深基坑工程是水运工程中典型危险性较大的分部分项工程之一。在进行深基坑工程时，施工单位必须对开挖与支护方案、地下水处理措施以及安全监测与预警系统等方面进行详细规划和实施。

1. 开挖与支护方案设计

在深基坑开挖前，施工单位应根据工程地质、水文地质、周边环境等因素，编制合理的开挖方案。开挖方案应明确开挖顺序、开挖速率、土方运输方式等，并确保开挖过程中工程安全和周边环境的安全。

支护方案应根据开挖深度、地质条件、地下水情况、周边建筑物等因素，选择合适的支护形式。常见的支护形式包括钢筋混凝土支撑、钢支撑、锚杆支撑等。设计支护方案时，施工单位要考虑支护结构的稳定性、安全性以及施工的可行性。

2. 地下水处理措施

针对地下水丰富的深基坑工程，施工单位应采取降水措施以降低地下水位，常见的降水方法包括井点降水、喷射降水、深井降水等。在选择降水方法时，应综合考虑工程地质、地下水文条件、周边环境等因素。

为防止基坑内积水，施工单位应在基坑周边设置排水设施，排水设施包括排水沟、集水井、泵站等。排水措施应确保基坑内水位能够及时排出，以保证施工场地干燥。

3. 安全监测与预警措施

安全监测主要包括基坑围护结构变形监测、地下水位监测、土壤压力监测、周边建筑物沉降监测等。监测数据应及时采集、分析，以确保工程安全。预警系统应根据监测数据及预设的安全阈值进行实时预警。当监测数据超过安全阈值时，预警系统应及时发出警报，采取相应措施确保工程安全。

深基坑工程作为水运工程中危险性较大的分部分项工程，其开挖与支护方案设计、地下水处理措施以及安全监测与预警系统等方面的规划和实施，对保障工程安全具有重要作用。在实际施工过程中，施工单位应根据工程特点和周边环境，制订合理可行的方案，并加强监测与预警，确保工程安全顺利进行。

（二）大型模板工程及支撑体系

在水运工程施工中，大型模板工程及支撑体系是关键的、危险性较大的分部分项工程之一，包括以下三部分。

1.模板设计及安装

模板设计应严格按照施工图纸和相关规程进行，确保模板结构的稳定性和承载能力。模板材料应具有足够的强度、刚度和稳定性，常用的材料包括钢模板、木模板和塑料模板等。在模板安装过程中，施工单位应确保模板的平面位置、高程和倾斜度符合设计要求，并在安装完毕后进行验收。模板接缝应严密，防止混凝土浇筑过程中出现漏浆现象。

2.支撑体系稳定性计算与验算

支撑体系稳定性计算与验算是施工安全中至关重要的一环。支撑体系的结构应满足稳定性要求，立杆、横杆、斜杆等的布置应合理，确保整体稳定性。施工单位应根据工程特点和施工条件，选择合适的支撑体系类型，如满堂红支撑、排架支撑等。在进行稳定性计算时，施工单位应考虑施工荷载、模板自重、风荷载等因素，确保计算结果符合实际工况。在验算过程中，施工单位应对支撑体系的材料强度、构造要求、承载能力等进行全面检查，确保符合规范要求。

3.监控与监测措施

为确保大型模板工程及支撑体系施工安全，施工过程中的监控与监测至关重要。在施工过程中，施工单位应对模板及支撑体系的变形、位移、裂缝等进行实时监测，发现问题及时处理；对施工现场进行定期检查，确保模板及支撑体系的施工质量，预防安全事故的发生；建立健全应急预案，对可能出现的安全隐患制定应对措施，提高施工安全性；加强施工人员的安全教育与培训，以提高施工人员的安全意识和操作技能。在水运工程施工过程中，施工单位应对大型模板工程及支撑体系进行严格的监控与监测，确保施工安全。同时，施工单位还应加强对施工人员的安全教育与培训，以提高整体施工水平。

（三）起重机械安装拆卸工程

1. 机械选型与资质要求

在水运工程施工过程中，起重机械的选择对于工程的安全和效率至关重要。起重机械的选型应根据工程的实际需求，考虑机械的类型、吨位、工作半径、幅度等因素。在选型过程中，施工单位应充分了解机械的性能参数和安全标准，以确保其满足施工现场的要求。此外，起重机械的租赁和操作人员应具备相应的资质。在我国，起重机械的租赁单位需具备相应的资质证书，操作人员则需要取得相应的《特种设备作业人员证》，以确保他们具备足够的技能和知识来操作起重机械。

2. 安装拆卸方案与操作规程

起重机械的安装拆卸工作具有较高的危险性，因此需要制定详细的安装拆卸方案和操作规程。安装拆卸方案应包括以下内容：工程概况、机械选型、安装拆卸步骤、安全防护措施等。

在实际操作过程中，操作人员应严格按照操作规程进行，确保起重机械的安全稳定运行。操作规程应包括：作业前的检查、操作过程中的注意事项、紧急情况的处理等。同时，施工单位应定期对起重机械进行检查和维护，确保机械状态良好，降低故障率。

3. 作业人员的培训与资格认证

起重机械作业人员的安全意识和操作技能直接关系到施工的安全和工程的顺利进行。因此，施工单位应对作业人员进行定期的培训和教育，提高他们的安全意识和操作技能。培训内容包括起重机械的基本原理、操作方法、安全规程、紧急情况处理等。此外，施工单位还应针对不同类型的起重机械进行专项培训，以确保作业人员具备相应的知识和技能。

在资格认证方面，我国实行起重机械作业人员资格认证制度。通过资格认证的作业人员，方可从事起重机械的操作工作。资格认证分为初级、中级和高级三个等级，分别对应不同类型的起重机械和操作难度。作业人员需根据实际工作岗位要求，取得相应的资格证书。

在水运工程施工过程中，起重机械安装拆卸工程的安全管理至关重要。通过合理选型、严格资质要求、制定科学的安装拆卸方案和操作规程，以及加强作业人员的培训和资格认证，可以有效降低起重机械事故的风险，确保工程安全顺利进行。

（四）脚手架工程及附着升降平台

1. 脚手架设计与搭设要求

脚手架工程是水运工程施工中不可或缺的组成部分，其安全性直接影响施工现场的整体安全。在脚手架设计与搭设过程中，施工单位应严格按照国家相关规范和标准进行设计，确保脚手架结构稳定、承载力充足。根据施工现场的实际需求，合理选择脚手架类型（如门式脚手架、扣件式脚手架等）。设计中要充分考虑脚手架的抗风、抗倾覆性能，确保其在恶劣天气条件下仍能保持稳定。

在脚手架搭设过程中，施工单位要确保杆件、连接件、支撑件等部件的质量，严禁使用不合格材料。遵循脚手架搭设的程序，确保各环节安全、有序进行。在搭设完毕后，应进行脚手架的整体检查，确保符合施工要求。

2. 附着升降平台的安全性能检测与维护保养

附着升降平台在水运工程施工中具有重要作用，为保障其安全性能，施工单位需定期对附着升降平台进行安全性能检测，确保设备处于良好状态。检测内容包括结构稳定性、机械传动系统、电气控制系统、防坠落装置等。对于检测中发现的问题，要及时进行整改，确保升降平台的正常使用。升降平台的维护保养工作要到位，应定期润滑、清洁、检查，延长设备使用寿命。此外，应加强操作人员的培训，使其熟练掌握附着升降平台的操作方法及安全规程。

3. 作业人员的安全防护措施

为确保脚手架工程及附着升降平台作业人员的安全，施工单位应为作业人员提供合格的安全防护用品，如安全帽、安全带、防护鞋等。当进行高处作业时，应设置防护网、防护栏等，防止人员坠落。此外，应加强安全培训，使作业人员了解脚手架及附着升降平台的安全规程、操作方法等。同时，制定应急预案，提高作业人员应对突发事故的能力，并加强现场安全监督，确保各项安全措施得到有效执行。

（五）拆除、爆破工程及水下作业工程

1.施工前的安全评估与方案审批

在进行拆除、爆破工程及水下作业工程之前，施工单位首先需要进行详细的安全评估，这一环节主要包括对工程周边环境、工程本身的危险性、施工工艺和设备等方面的分析，评估结果形成的书面报告作为制定施工方案和安全措施的依据。其次，在安全评估的基础上，施工单位应编制专项施工方案，明确施工过程中的安全措施和注意事项，专项施工方案包括工程概况、施工工艺、施工顺序、安全防护措施、应急预案等内容。最后，施工单位需将专项施工方案报送相关部门审批，确保施工安全。

2.作业人员的专业培训与资格认证

为保障拆除、爆破工程及水下作业工程的安全，作业人员应具备相应的专业知识和技能。施工单位在工程开工前，应对作业人员进行全面地安全培训，使他们熟悉施工方案、安全操作规程和应急预案；培训结束后，应对作业人员进行资格认证，确保他们具备相应的安全作业能力。

3.施工过程中的安全监控与应急措施

在施工过程中，施工单位应建立健全安全监控体系，对施工现场进行实时监控，及时发现并排除安全隐患。安全监控内容包括施工现场环境、施工设备、作业人员行为、安全防护设施等。同时，施工单位还应制定应急预案，对可能发生的安全事故进行预测和分析，确保在突发事件发生时能迅速启动应急措施，最大限度地减少安全事故的损失。应急预案应包括事故应急组织、应急流程、应急资源配置、救援措施等内容。

在水运工程施工过程中，拆除、爆破工程及水下作业工程的安全管理至关重要。通过施工前的安全评估与方案审批、作业人员的专业培训与资格认证以及施工过程中的安全监控与应急措施三个方面的严格管理，可以有效降低工程风险，确保施工安全顺利进行。

（六）其他危险性较大的分部分项工程

1. 施工临时用电安全防护措施

施工临时用电是施工现场不可或缺的组成部分，然而也是事故易发的环节。为确保施工临时用电的安全，施工单位应严格按照国家相关法律法规和电气安装规程进行临时用电设施的布置和安装。施工临时用电设施应单独设置，与永久性用电设施分开，避免相互干扰。同时，定期对施工临时用电设施进行检查、维修和保养，确保设施始终处于良好运行状态；并加强用电安全管理，实行分级保护，设置保护接地、漏电保护器等设备。此外，还需对施工人员进行用电安全培训，以提高他们的安全意识和操作技能。

2. 施工现场消防安全措施的落实

消防安全是施工现场安全管理的重点之一，为了预防火灾事故，施工单位应根据工程特点和现场实际情况，编制施工现场消防安全专项方案；建立健全消防安全管理制度，明确各级消防职责和安全责任人；加强火源管理，严禁在施工现场燃放烟花爆竹、吸烟等行为；设置消防通道，确保消防车辆顺利到达火灾现场；配备足够的消防器材，定期进行消防演练，提高施工现场火灾应急响应能力。

3. 施工材料的安全管理与使用规定

施工材料的安全管理与使用对于工程质量和施工安全至关重要，施工单位应严格材料验收制度，对进场的施工材料进行全面检查，确保材料质量合格。根据施工材料的特性和用途，分类存放，避免材料堆放混淆和损坏；加强对易燃、易爆、有毒、有害等危险物品的管理，严格按照相关规定进行存放和使用。在施工过程中，施工人员应严格按照材料使用规定进行操作，确保施工安全，并定期对施工材料进行安全检查，发现隐患及时整改，确保材料使用安全。

在水运工程施工过程中，施工单位应充分重视其他危险性较大的分部分项工程，严格按照相关法律法规和安全规范进行施工，加强安全管理，提高施工人员的安全意识和操作技能，保障工程顺利进行。同时，政府部门和企业应加大对施工现场安全的监管力度，切实保障施工区域及周边人民群众的生命财产安全。

第四节　水运工程施工安全事故规律

一、水运工程施工安全事故类型与等级

（一）事故类型

在水运工程施工过程中，安全事故的发生往往给企业造成较大的损失、给个人带来严重的伤害。为了更好地了解和预防安全事故，我们将针对水运工程施工中的安全事故类型进行详细分析。

1. 高处坠落和落水淹溺

在水运工程施工中，高处坠落和落水淹溺是常见的安全事故类型。高处坠落主要发生在施工人员在高处作业时，由于安全措施不当或操作不规范导致的坠落事故，这类事故可能发生在脚手架作业、吊车操作、高空平台作业等环节。落水淹溺则主要发生在施工现场临近水域，施工人员在进行临水或水上作业时意外落水，或者船只在水上作业时发生倾覆等。

2. 触电事故

触电事故在水运工程施工过程中同样具有较高的发生率，原因主要包括：施工人员操作不当、电气设备老化或故障、电缆线敷设不规范等。触电事故可能导致施工人员受伤或死亡，会对企业的声誉造成严重影响。

3. 坍塌事故

坍塌事故在水运工程施工中较为严重，其原因主要包括：施工过程中土方、模板、脚手架等结构不稳定，施工荷载超出结构承载能力等。坍塌事故可能导致施工人员伤亡或工程停滞，企业将承受巨大经济损失。

4. 机械伤害事故

机械伤害事故是施工人员机械设备操作不当或机械设备本身存在安全隐

患导致的，其原因包括：施工人员操作失误、设备维护不到位、施工现场管理不善等。机械伤害事故可能导致施工人员受伤或死亡，对企业和社会造成严重影响。

水运工程施工安全事故类型繁多，其中高空坠落、落水淹溺、触电、坍塌、机械伤害等事故较为常见。为了确保施工安全，企业应针对不同类型的事故制定相应的预防措施，加强施工现场管理，提高施工人员的安全意识，切实保障人民群众的生命安全和财产安全。同时，政府部门也应加强对施工安全的监管力度，规范施工市场秩序，从源头上减少安全事故的发生。

（二）事故等级

1. 特别重大事故

特别重大事故是指造成特别严重后果的事故，通常涉及大量的人员伤亡、巨大的经济损失以及严重的社会影响。例如，某事故导致了 30 人以上死亡，或者 1 亿元以上的直接经济损失，即称为特别重大事故。这种等级的事故在水运工程施工中极为罕见，但一旦发生，其后果将是灾难性的。

2. 重大事故

重大事故是指造成严重后果的事故，其影响范围和损失程度虽然不及特别重大事故，但仍具有较大的破坏性和影响。这类事故可能导致 10 人以上 30 人以下死亡，或者 5 000 万元以上 1 亿元以下的直接经济损失。重大事故在水运工程施工中较为常见，需要施工单位采取紧急措施进行处理和救援。

3. 较大事故

较大事故是指造成一定人员伤亡和经济损失的事故，其严重程度和影响范围相对较小。这类事故可能导致 3 人以上 10 人以下死亡，或者 1 000 万元以上 5 000 万元以下的直接经济损失。较大事故虽然不如前两者严重，但仍需要施工单位及时采取措施进行处理，防止事故扩大和恶化。

4. 一般事故

一般事故是指造成较少人员伤亡和较低经济损失的事故，其严重程度和影响范围均较小。这类事故通常涉及较少的人员伤亡和较低的经济损失，但仍然需要施工单位进行妥善处理，防止事故对后续施工造成不利影响。

水运工程施工安全事故等级的划分有助于分析和评估事故的严重程度，为事故的调查、处理和预防提供科学的依据。不同等级的事故对应着不同的应对措施和赔偿标准，这有利于保障事故处理的科学性和公正性。同时，这也提醒建设单位、施工单位等各相关单位要高度重视施工安全，切实保障施工人员的生命安全和财产安全。

二、水运工程施工安全事故统计分析

（一）事故发生频率

1. 事故类型多样性

在水运工程施工中，事故的发生频率与多种因素密切相关，包括施工环境、人工操作、设备状况等。从统计分析的角度来看，水运工程施工安全事故呈现出多样化的特点，主要包括以下五种类型：

（1）机械伤害事故。

由于施工现场使用大量的机械设备，人员操作不当或设备故障可能导致机械伤害事故。这类事故通常涉及人员受伤或死亡。

（2）高处坠落事故。

在水运工程施工中，高处作业较为常见，如桥梁施工、船舶维修等。若未采取必要的安全防护措施或违反操作规程，便容易发生高处坠落事故。

（3）淹溺事故。

由于水运工程涉及水域作业，施工人员可能因各种原因掉入水中从而导致淹溺。此类事故往往发生在船舶作业、水下施工等场景中。

（4）触电与火灾事故。

施工现场的电气设备和临时用电设施若管理不善，可能导致触电事故；同时，易燃易爆物品的存放和使用不当也可能引发火灾。

（5）船舶事故。

在水运工程中，船舶是不可或缺的施工工具。船舶碰撞、搁浅、触礁等事故可能因操作失误、导航设备故障或恶劣天气条件而发生。

2. 事故发生时段分布

从时间维度来看，水运工程施工安全事故的发生时段也呈现出一定的规律。统计分析表明：

（1）高峰期事故频发。

在施工高峰期，由于人员、设备、材料等资源的高度集中，施工现场的活动量增大，事故发生的概率也相应增加。

（2）夜间与恶劣天气条件下事故风险增加。

夜间施工能见度低，操作人员容易疲劳，导致事故发生；在恶劣天气条件下（如大风、大雾、暴雨等），施工现场的作业环境恶化，安全风险增加。

（3）节假日与换班时段需特别关注。

在节假日期间，施工人员因思乡情绪或疲劳过度而放松安全警惕；在换班时段，新旧班次交接导致施工现场的秩序混乱，都可能增加事故风险。

水运工程施工安全事故的类型多样，发生频率受多种因素影响，且在不同时段呈现出不同的特点。因此，施工单位应全面分析事故原因和规律，制定针对性的安全措施，加强现场监管和技能培训，提高施工人员的安全意识和操作技能，以预防和减少水运工程施工安全事故的发生。

3. 事故发生原因

统计分析显示，水运工程施工安全事故的发生原因主要包括以下五个方面：

（1）施工现场管理不善，安全防护措施不到位。

（2）施工人员安全意识淡薄，违规操作。

（3）施工设备老化，维护保养不到位。

（4）施工环境恶劣，如气象条件不佳、地形地貌复杂等。

（5）施工图纸、设计方案存在缺陷，导致施工过程中出现问题。

4. 事故发生频率与工程规模的关系

统计数据显示，工程规模越大，施工过程中涉及的风险因素越多，安全事故发生频率越高。此外，大型工程项目在施工过程中对周边环境的影响较大，一旦发生事故，造成的损失也更为严重。

5. 事故发生与施工工艺的关系

在水运工程施工过程中，不同施工工艺的事故发生频率存在差异。例如，水上施工、水下施工、土方工程等事故发生频率较高，而预制构件安装、混凝土浇筑等施工环节的事故发生频率相对较低。

水运工程施工安全事故的发生频率受多种因素影响，如施工现场管理、人员素质、设备状况、工程规模和施工工艺等。为了降低安全事故发生频率，施工企业应加强施工现场管理，提高人员安全意识，确保施工设备完好，严格遵循施工图纸和设计方案，并针对工程特点采取相应的预防措施。同时，政府部门应加大对水运工程施工安全的监管力度，提高安全标准，确保工程施工安全。

（二）事故发生时段

在水运工程施工过程中，事故的发生时段具有一定的规律性。通过对近年来水运工程施工安全事故的统计分析，我们可以发现，事故发生主要集中在以下几个时段：

1. 施工高峰期

在水运工程项目的施工过程中，施工高峰期是事故发生的高发时段。这一时期，施工现场人员众多，设备作业繁忙，施工任务繁重，导致事故发生的概率增加。此外，施工高峰期往往伴随着工程进度的紧张，施工单位可能为了赶进度而忽视安全措施，从而导致事故的发生。

2. 季节性事故高发期

在水运工程施工过程中，季节性事故高发期主要包括汛期和冬季。汛期由于雨水充沛，水位上涨，施工环境复杂，因此事故发生率较高。冬季则由于气温较低，施工条件恶劣，因此事故发生率也相对较高。

3. 节假日和休息日

在水运工程施工过程中，节假日和休息日是事故发生的另一个高发时段。节假日和休息日施工人员的精神状态相对放松，安全意识减弱，导致事故发生的风险增加。

4. 夜间施工时段

夜间施工时段光线不足，施工环境恶劣，加之施工人员疲劳作业，容易导致事故的发生。此外，夜间施工往往还涉及大型设备的操作，如吊装、挖掘等，一旦操作不当，极易引发安全事故。

5. 工程变更和赶工时期

在水运工程项目的施工过程中，如遇到工程变更或赶工时期，事故发生的风险也会相应增加。工程变更可能导致施工方案的调整，施工现场的管理难度相应加大。赶工时期，施工单位为了按时完成工程进度，可能忽视安全措施，从而导致事故的发生。

三、水运工程施工安全事故规律

（一）施工高峰期事故发生率较高

在水运工程施工过程中，施工高峰期事故发生率较高的现象较为明显。这一规律主要受以下三个方面的影响：首先，施工高峰期通常是项目进度紧张、劳动力及设备资源充足的时候，施工现场的繁忙程度较高，导致事故发生的风险增大；其次，在高峰期施工过程中，人员疲劳、设备磨损严重等问题加剧，进一步增加了事故发生的概率；最后，施工高峰期往往涉及大量的交叉作业和协同施工，沟通协调不当也容易引发安全事故。

为了降低施工高峰期的事故发生率，施工企业应加强安全管理，确保各项安全措施落实到位。具体措施包括：合理制订施工计划，避免过度集中施工；加强人员培训，提高施工人员的安全意识和技能水平；加大设备维护保养力度，确保设备性能稳定；加强现场沟通协调，确保各个作业环节有序进行。

（二）人为因素导致的事故占比较高

在水运工程施工安全事故中，人为因素导致的事故占比较高。这主要体现在以下几个方面：施工人员安全意识不足，对安全规定执行不到位；操作不当，导致设备故障或工艺流程出现问题；疲劳工作，注意力不集中发生意外；个人防护不到位，如未佩戴安全防护用品等。

　　针对这一规律，施工企业应加大对人为因素引发的安全事故的安全培训和监管力度。具体措施包括：强化安全教育培训，提高施工人员的安全意识；建立健全安全管理制度，强化安全考核，确保安全规定得到有效执行；加强现场安全巡查，及时发现并纠正不安全行为；提高个人防护水平，确保施工人员的人身安全。

　　（三）事故发生与施工环节密切相关

　　水运工程施工安全事故的发生与施工环节密切相关。各个施工环节存在的安全隐患可能导致事故的发生，如模板安装、混凝土浇筑、钢结构安装、脚手架搭设等。此外，在施工过程中的交叉作业、夜间施工、恶劣天气等特殊条件下也容易导致事故发生。

　　为了确保施工安全，施工企业应采取以下措施：严格施工方案审查，确保方案合理、安全；加强施工技术交底，确保施工人员了解并掌握安全操作要领；对施工环节进行风险评估，针对高风险环节制定专项安全措施；加强现场安全巡查，及时发现并整改安全隐患。

　　水运工程施工安全事故的规律表明，施工高峰期事故发生率较高，人为因素和设备故障事故占比较高，且事故发生与施工环节密切相关。针对这些规律，施工企业应采取一系列防范措施，加强安全管理，确保施工过程安全有序进行。同时，政府监管部门也应加大对水运工程施工安全的监管力度，提高安全标准，从源头上防止安全事故的发生。

第三章　水运工程施工安全风险管理

第一节　水运工程施工安全管理特点

一、安全生产管理相关概念

（一）安全、本质安全

1. 安全

安全是指生产系统中人员免遭不可承受危险的伤害。在生产过程中，不发生人员伤亡、职业病，或设备、设施损害，或环境危害的条件，称为安全条件。不因人、机、环境的相互作用而导致系统失效、人员伤害或其他损失的状况，称为安全状况。

2. 本质安全

本质安全是指设备、设施或技术工艺含有内在的、能够从根本上防止事故发生的功能。它具体包括两方面的内容。

（1）失误安全功能是指操作者即使操作失误，也不会发生事故或伤害，或者设备、设施或技术工艺本身具有自动防止人的不安全行为的功能。

（2）故障安全功能是指设备、设施或技术工艺发生故障或损坏时，还能暂时维持正常工作或自动转变为安全状态的功能。

上述两种安全功能应该是设备、设施或技术工艺本身固有的，即在它们的规划设计阶段就被纳入其中，而不是事后补偿的。

本质安全是安全生产管理预防为主的根本体现，也是安全生产管理的最高境界。实际上，由于技术、资金和人们对事故的认知等原因，目前我们还很难做到本质安全，只能作为我们的奋斗目标。

（二）安全生产、安全生产管理

1.安全生产

安全生产是指采取一系列措施，确保生产过程在符合规定的物质条件和工作秩序下进行，有效消除或控制危险和有害因素，防止人身伤亡和财产损失等生产事故发生，从而保障人员安全与健康，设备和设施免受损坏，环境免遭破坏，使生产经营活动得以顺利进行的一种状态。

2.安全生产管理

安全生产管理是管理的重要组成部分，也是安全科学的一个分支。所谓安全生产管理，是指针对人们生产过程的安全问题，运用有效的资源，发挥人们的智慧，通过有关决策、计划、组织和控制等活动，努力实现生产过程中人与机器设备、物料、环境的和谐统一，以达到安全生产的目标。

安全生产管理的目标是减少和控制危害与事故，尽量避免生产过程中因事故造成的人身伤害、财产损失、环境污染以及其他损失。

安全生产管理包括安全生产法制管理、行政管理、监督检查、工艺技术管理、设备设施管理、作业环境和条件管理等。

安全生产管理的基本对象是企业的员工，涉及企业中的所有人员、设备设施、物料、环境、财务、信息等。

安全生产管理的内容包括：安全生产管理机构、安全生产管理人员、安全生产责任制、安全生产管理规章制度、安全生产策划、安全培训教育和安全生产档案等。

（三）事故、事故隐患、危险、危险源与水运工程危险源

1.事故

在生产过程中，事故是指造成人员死亡、伤害、职业病、财产损失或其他损失的意外事件。

事故的分类方法有很多种，我国在工伤事故统计中，参照《企业职工伤亡事故分类》（GB 6441-1986），综合考虑起因物、引起事故的诱导性原因、

致害物、伤害方式等，将危险因素分为 20 类，分别为物体打击、车辆伤害、机械伤害、起重伤害、触电、淹溺、灼烫、火灾、高处坠落、坍塌、冒顶片帮、透水、放炮、瓦斯爆炸、火药爆炸、锅炉爆炸、容器爆炸、其他爆炸、中毒和窒息及其他伤害。

2. 事故隐患

事故隐患泛指在生产系统中可导致事故发生的人的不安全行为、物的不安全状态和管理上的缺陷。

3. 危险

危险是指某一系统、产品或设备及其操作过程中潜在的一种状态，可能造成人员伤害、职业病、财产损失、作业环境破坏。危险的特征在于其危险可能性的大小与安全条件和概率有关。危险概率则是指危险发生（或转变为事故）的可能性，即频度或单位时间内危险发生的次数；而危险的严重度则是指每次危险发生导致的伤害程度、损失大小或危害的严重程度。

4. 危险源

从安全生产角度，危险源是指可能造成人员伤害、疾病、财产损失、作业环境破坏或其他损失的根源或状态。

5. 水运工程危险源

水运工程危险源是指在水运工程施工过程中可能造成人员伤亡、财产损失的施工作业活动、危险物质和不良自然环境条件等。

二、安全生产管理五要素

安全文化、安全法制、安全责任、安全科技、安全投入是保障安全生产的五要素。

（一）安全文化

安全文化即安全意识，是安全生产的灵魂。建设安全文化，就是提高全民的安全素质和意识，最终达到保障员工的生命安全。围绕安全生产建设安全文化，其重点就是要加强安全宣传教育，普及安全常识，强化全社会的安全意识，强化公民的自我保护意识。

（二）安全法制

安全法制是安全生产的利器。要保证安全生产工作的顺利进行，必须坚持以法治安，用法律法规来规范生产工作者的行为，使安全生产工作有法可依、有章可循，建立安全生产法制秩序。坚持以法治安，必须立法、懂法、守法、执法。

立法是指要建立、修订、完善安全生产管理相关的规定、办法、细则等，为强化安全生产管理提供法律依据。

懂法是指要实现安全生产法治化，立法是前提，懂法是基础。只有生产工作者学法、懂法、知法，才能为以法治安打好基础。

守法是指要把以法治安落实到安全生产管理全过程中，必须把各项安全规章制度落实到安全生产管理全过程中。

执法是指要坚持以法治安，离不开监督检查和严格执法，为此，要依法进行安全检查、安全监督，维护安全法规的权威性。

（三）安全责任

安全责任是安全生产的核心，必须层级落实安全责任。牢固树立安全责任意识，要以全面落实安全生产责任制为核心，坚持事前预防、事中监督、事后处理，多管齐下，使各个环节、各个阶段、各个岗位的安全责任都能得到有效落实。

（四）安全科技

安全科技是安全生产的动力。搞好安全生产必须依靠先进的科学技术，创新安全科技，将劳动者从繁重的体力、脑力劳动中解放出来，从风险大、危害大的作业环境和生产岗位上解放出来。应用先进的安全装置、防护设施、预测报警技术等是解放生产力、保护生产力、发展生产力的重要途径。安全科学技术是安全生产的先导，是科学生产的延伸，是安全生产的强力技术支持和巨大动力源泉。

（五）安全投入

安全投入是安全生产的保障，是安全生产的物质及非物质保障，也是保护和提高生产力的重要表现形式。安全生产的硬件、软件的改造与更新，以及安全生产环境的改善必须加大投入，有更大投入才会有更高的回报。有计划的安全投入要见其实效，但不可忽视安全投入的滞后效应和公益效应及其厚积薄发的巨大潜力。

三、水运工程施工安全管理特点

（一）水运工程施工安全生产管理的难点

水运工程施工安全生产管理面临着多个难点，这些难点不仅涉及技术、人员和管理层面，还与施工环境、设备状况等因素密切相关。以下是安全生产管理的几个主要难点。

1. 施工环境复杂多变

水运工程施工通常在水面或水域进行，受天气、水流、潮汐等自然因素的影响较大。恶劣的天气条件、水流湍急或潮汐变化都可能增加施工难度和安全风险。同时，水上施工还面临着船舶碰撞、搁浅、触礁等潜在风险，对安全生产管理提出了更高要求。

2. 作业人员安全意识薄弱

水运工程施工涉及大量作业人员，他们的安全意识和操作技能水平直接影响到施工安全。然而，部分作业人员可能缺乏足够的安全意识和专业培训，对安全操作规程和应急措施不熟悉，容易出现违规操作或疏忽大意的情况，从而引发安全事故。

3. 设备管理和维护不到位

施工设备是水运工程施工的重要组成部分，设备的运行状态和维护情况直接关系到施工安全。然而，部分施工单位可能忽视设备管理和维护工作，导致设备带"病"运行或超期服役，增加了设备故障和事故的风险。同时，一些施工单位可能未按照要求使用安全防护用品或使用质量不过关的防护用品，无法起到有效的保护作用。

4. 安全管理体系不完善

水运工程施工安全生产管理需要建立完善的管理体系和制度，明确各方职责和权限，确保安全管理工作的有序开展。然而，部分施工单位可能存在管理体系不健全、制度执行不到位等问题，导致安全管理存在漏洞和盲区。此外，一些施工单位可能缺乏对安全管理的重视和投入，导致安全管理措施无法得到有效落实。

5. 监管和监督力度不够

水运工程施工安全生产管理需要政府主管部门、监理单位等多方面的监管和监督。然而，在实际工作中，可能存在监管不到位、监督力度不够的情况，导致一些安全隐患和问题无法及时发现和处理。同时，一些施工单位可能存在违法违规行为，如偷工减料、违规操作等，需要监管部门加大执法力度和处罚力度。

水运工程施工安全生产管理面临着多个难点和挑战。为了保障施工安全，施工单位需要加强自身管理，提高作业人员的安全意识和操作技能水平，加强设备管理和维护，建立完善的安全管理体系和制度，并积极配合政府主管部门和监理单位的监管和监督工作。

（二）水运工程施工安全管理的工作原则

安全生产管理作为管理的主要组成部分，既遵循管理的基本原理与原则，又有其特殊性。水运工程施工安全管理的工作原则是指在生产管理原则的基础上，指导安全生产管理工作的通用规则。

1. 人身安全第一原则

以人为本是科学发展的核心，"国家尊重和保障人权"已经载入我国宪法。我们的每一项工作都是为人民服务，人民的利益高于一切。

2. 事故预防与控制原则

事故预防与控制，是指从工程技术、教育培训和安全管理等方面入手，采取相应对策，对隐患源进行排查与整治，使事故不发生或事故发生后造成的损失尽可能地减少。

3. "三同时"原则

新建、改建、扩建项目的安全设施必须与主体工程同时设计、同时施工、同时投入生产和使用。对未通过"三同时"审查的建设项目，有关部门不予办理行政许可手续。

4.明确与分解责任原则

建立健全安全生产责任制，做到安全生产、人人有责。责任落实横向到边、纵向到底：横向即建设项目（企业）各职能部门明确职责；纵向即从上到下所有类型人员明确职责。生产经营单位的主要负责人是本单位安全生产的第一责任者。

5."四不放过"原则

在调查和处理安全生产事故时，必须坚持"四不放过"原则：事故原因分析未查清不放过、事故责任者和群众未受到教育不放过、未采取切实可行的防范措施不放过、事故责任者未受到严肃处理不放过。

6.综合治理原则

水运工程安全生产涉及工程的各个方面和各个环节，仅靠负责安全生产的部门监管是难以落实的，必须提高全社会的安全意识，要依靠群众，形成全社会关注安全、关爱生命的社会氛围。对于工程建设项目，要建立"政府部门监管、项目业主主导、监理单位督促、施工企业负责"的安全生产管理体系。

第二节　水运工程从业单位安全生产管理责任

我国法律法规如《中华人民共和国建筑法》《中华人民共和国安全生产法》《建设工程安全生产管理条例》《公路水运工程安全生产监督管理办法》等对水运工程从业单位的安全生产管理职责进行了明确规定。党的二十大也对安全生产工作提出了新的要求。在全面建设社会主义现代化国家的新征程中，安全生产工作被赋予了更高的政治地位和历史使命。党的二十大报告强调，要切实维护人民生命财产安全，加强安全生产监管和防灾减灾救灾工作，坚决防范和遏制重特大安全生产事故发生。这要求水运工程从业单位不仅要严格遵守法律法规，更要将安全生产放在突出位置，切实履行安全生产主体责任，加强安全生产管理，提高安全生产水平。

一、水运工程从业单位安全生产管理责任

（一）施工单位的安全生产责任和义务

施工单位应将列入建设工程概算的安全作业环境及安全施工措施所需费用，用于施工安全防护用具及设施的采购和更新、安全施工措施的落实以及安全生产条件的改善，不得挪作他用。

施工单位应当设置安全生产管理机构，配备专业齐全的安全生产管理人员，并向各施工现场派驻经考核合格的安全生产专职管理人员，在工程项目施工中开展安全生产的计划、布置、检查、总结、评比工作。建设工程各参与方的组织关系见图 3-1。

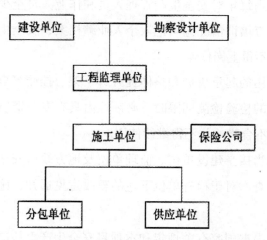

图 3-1　建设工程各参与方的组织关系

施工单位应当根据工程项目特点制订各项安全生产管理制度和有针对性的安全技术措施或方案，编制安全生产事故应急预案，对达到一定规模的危险性较大的分部分项工程编制专项施工方案，并附具安全验算结果，经施工单位技术负责人、总监理工程师签字后实施，由专职安全生产管理人员进行现场监督。

施工现场的安全生产管理由施工单位负责。当工程施工实行总承包的，

总承包单位需对全部工程施工现场的安全生产管理负责；若总承包单位依法将工程分包给其他单位，分包单位应当按照分包合同的约定，对其分包工程施工现场的安全生产管理向总承包单位负责，而总承包单位对分包工程施工现场的安全生产管理承担连带责任。

在开工前，施工单位应根据有关规定做好保障安全生产的准备工作，并按建设单位的要求将本项目安全生产的有关材料上报建设单位。

施工单位项目管理或者专职技术人员应在工程开工前向一线作业班组、作业人员进行安全技术措施和操作规范交底，并书面告知危险岗位的操作规程和违章操作的危害。施工单位应当向作业人员提供安全防护用具和安全防护服装，作业人员有权对施工现场的作业条件、作业程序和作业方式中存在的安全问题提出批评、检举和控告，并有权拒绝违章指挥以及强令冒险作业。

施工单位应当每年对安全生产管理人员和作业人员至少进行一次安全生产教育培训，教育培训情况应当记入个人业绩档案，安全生产教育培训或者考核不合格的，不得上岗作业。

施工单位使用的起重机械和整体提升脚手架、挂篮等自升式架设设施，在达到国家规定的检验检测期限时，必须经由具有专业资质的检验检测机构进行检测。检测不合格的，不得继续使用。

施工单位应当接受建设单位、监理单位及地方政府安全监督机构对其安全生产的监督检查。对于检查单位下达的整改意见通知，施工单位应立即予以整改。

施工单位应根据国家有关规定和本项目安全生产事故应急预案的要求，建立应急救援组织，配备必要的应急救援器材及设备，并定期进行演练。

当施工现场发生安全事故时，施工单位应采取有效措施抢救人员和财产，保护事故现场，并立即向建设单位、监理单位和相关部门报告，因抢救人员、疏导交通等原因需要移动现场物件的，应当做出标志，绘制现场简图并做出书面记录，妥善保护现场重要痕迹、物证，有条件的应当即时拍照或录像。

（二）建设单位的安全生产责任和义务

建设单位对施工项目安全生产负有领导和管理责任，应根据所管项目的特点，建立健全自身的安全生产监管体系。

当建设单位在编制工程概算时，应当确定交通建设工程安全设施、安全作业环境及安全施工措施所需费用。在项目实施过程中，应落实工程项目安全设施与主体工程"三同时"工作，即同时设计、同时施工、同时投入使用。

建设单位应在招标文件中对施工单位的安全生产管理、保障方案和技术措施提出明确的要求。严格履行基本建设程序，将工程发包给具有相应资质等级的从业单位。

建设单位应按照国家有关规定以及合同要求对从业单位的安全行为加强管理，与中标单位签订安全生产合同，督促其建立健全安全保障体系和安全生产责任制，并定期进行检查，处理违规行为。

建设单位不得以任何理由要求设计单位、施工单位和监理单位违反有关建设工程安全生产的法律法规、规章和标准，不得违反操作规程的规定进行设计、施工及监理，不得采用明示或者暗示的方式要求施工企业使用不符合安全施工要求的建筑材料、构配件、安全防护用具、机械设备、施工机具及配件、消防设施和器材。

建设单位应当向施工单位提供与工程相关的供水、排水、供电、供气、供热和邮电通信等地下管线资料。涉及构造物承重结构变更的工程，建设单位应当在施工前委托原设计单位或有相应资质条件的设计单位提供变更设计图纸，按照有关规定办理审批手续。

建设单位必须在开工前督促各参建单位严格按照《公路水运工程安全生产监督管理办法》的要求，建立健全安全生产保证体系，并采用各种方式监督、检查各参建单位安全生产保证体系的运行和安全生产责任制的落实，对未建立、健全安全生产保证体系和未落实安全生产责任制的单位，要求其进行整改。

对存在安全隐患的施工现场，建设单位应要求施工单位立即予以整改，对安全生产实施奖惩等。

（三）监理单位的安全生产责任和义务

监理单位是工程项目安全生产的管理单位，对建筑工程安全生产承担监理责任，监理单位必须明确内部安全生产责任制，设置专职安全生产监理人员。

监理单位应将安全生产管理内容纳入监理规划和监理细则，制定安全生产监理管理办法，监督施工现场安全生产保证体系的建立、运行和安全生产责任制的落实，监督施工单位安全生产教育的实施情况，以及企业主要负责人、安全管理人员和作业人员三类人员的持证情况；此外还要对安全隐患排查和治理情况进行督查。

监理单位的专职安全生产监理人员要对施工现场的安全生产进行日常检查，建立安全监理日志，并对危险性较大的工程或重点工序进行旁站监理。

严格检查施工企业资质、安全生产许可证，以及三类人员、特种作业人员的考核和持证上岗情况。

及时、严格审核施工组织设计中的安全技术措施或专项施工方案是否符合工程建设强制性标准。对于不按方案组织施工、不符合工程建设强制性标准、存在较大安全隐患的情况，监理单位必须责令施工单位立即停工整改。若施工单位拒不整改或不停止施工，监理单位必须及时向建设行政主管部门及建设单位报告。

督促施工单位将起重机械设备等特种设备和设施向当地安全生产监督部门和技术质量监督部门进行备案登记。

根据工程项目特点，确定施工现场具体的监理人员，明确其安全监督责任；组织施工单位及有关方就安全监理实施细则的内容、安全监理人员的分工协作等事项向施工单位交底，确定监理程序，以便安全监理工作的顺利开展。

严格按照要求，对施工单位履行工程建设强制性标准和专项安全施工方案的情况进行监督；制止违规作业，一旦发现严重违规施工和存在安全事故隐患，应当要求施工单位停工整改，并检查整改结果。若施工单位拒不改正，应及时向当地建设行政主管部门报告。

发生生产安全事故后，监理单位必须参与事故调查处理、抢险救援，并监督施工单位严格按生产安全应急救援预案组织实施。

（四）咨询、勘察设计单位安全责任和义务

咨询或设计单位要对工程实施过程和投入运营后的安全风险进行评估。对项目的安全生产条件及安全设施提出相应的安全应对方案，在综合分析的基础上，协助项目编制安全风险防范方案。

勘察单位应当按照国家有关安全生产法律、法规和工程建设强制性标准进行勘察，提供的勘察文件应当全面、真实、准确，满足建设工程安全生产的需要。当勘察作业时，应当严格执行操作规程，采取措施保证各类管线、设施和周边建筑物、构筑物的安全。当工程所在区域地质灾害严重或工程建设活动可能引发地质灾害时，勘察单位还应对地质灾害防治方案提出建议。

设计单位应当按照法律、法规和工程建设强制性标准进行设计，防止设计不合理导致生产安全事故的发生。设计单位应当考虑施工安全操作和防护的需要，对涉及施工安全的重点部位和环节在设计文件中注明，并对防范生产安全事故提出指导意见。具有较大安全风险的建设项目，其安全设施设计文件还须报相应安全生产监督管理部门审查。对于采用新结构、新材料、新工艺的建设工程和特殊结构的建设工程，设计单位应当在设计中提出保障施工作业人员安全和预防生产安全事故的措施建议，设计单位和执业人员应当对其设计负责。

在施工过程中，施工单位发现工程设计不能满足施工作业安全条件的，应当及时向建设单位提出，建设单位应当按照程序向设计单位提出，设计单位对工程设计应当及时予以修改，并出具修改方案或变更设计图纸。

二、水运工程施工企业安全生产管理人员职责

（一）水运工程施工企业安全生产管理人员的划分

水运工程施工企业安全生产管理人员主要包括企业安全生产管理的领导

人员、安全生产管理机构工作人员以及项目专职安全生产管理人员。

1.企业安全生产管理的领导人员

企业安全生产管理的领导人员主要包括企业法定代表人和其他负责人。他们对企业的安全生产负总责，需要制定企业的安全生产方针、目标和规章制度，并对企业的安全生产进行全面领导和管理。

2.安全生产管理机构工作人员

安全生产管理机构工作人员负责协助企业安全生产管理的领导人员开展企业的安全生产管理工作。他们的主要职责包括制定和落实安全生产规章制度、组织安全生产培训和演练、开展安全生产检查和事故调查处理等。

3.项目专职安全生产管理人员

项目专职安全生产管理人员在项目层面负责具体的安全生产管理工作。他们的主要职责包括对施工现场进行安全检查和监督、对施工现场的安全设施进行维护和管理、对施工现场的作业人员进行安全教育和培训等。

各类安全生产管理人员都需要具备相应的安全生产知识和能力，以确保水运工程施工企业的安全生产工作顺利开展。

（二）法定代表人的安全生产职责

水运工程施工企业法定代表人是本单位安全生产工作的第一责任人，对安全生产工作全面负责；根据企业实际情况，合理调配企业的人力、财力、物力，以满足企业安全生产的需要；对分管负责人、技术负责人和安全生产部门负责人下达安全生产管理目标，并适时监督检查，评估本单位安全生产管理工作实效。法定代表人主要履行以下职责：

（1）建立健全本单位安全生产责任体系，抓好企业安全生产法律法规、方针政策、标准规范的贯彻落实。

（2）按照有关法律、法规和规定，设置和配备与安全生产工作相适应的管理机构和人员，保证本单位安全生产投入的有效实施，改善从业人员工作条件。

（3）将安全生产工作作为本单位管理中的一项重要工作，建立激励机制，建立健全以安全生产责任制、安全操作规程、安全培训教育、安全监督检查、重大危险源监控、事故隐患整改等为主要内容的规章制度，并负责全面贯彻实施。

（4）每年对本单位安全生产形势进行调查研究，全面掌握本企业安全生产情况，将安全生产工作纳入议事日程的重要内容，研究解决本企业安全生产工作的相关问题。

（5）督促、检查本单位的安全生产工作，及时消除生产安全事故隐患。

（6）组织制定并实施本单位的生产安全事故应急救援预案。

（7）及时、如实报告生产安全事故。

（8）其他应当承担的责任。

（三）分管生产安全负责人的安全生产职责

水运工程施工企业分管生产安全负责人是本单位安全生产工作的直接责任人，对企业安全生产负直接领导责任，其主要履行以下职责：

（1）负责督查、检查和督促指导本单位关于安全生产的法律法规、方针政策等重大事项的贯彻落实情况，抓部署、督促、检查、落实。

（2）负责落实企业安全生产责任制，组织制定企业安全生产各项规章制度和年度管理目标，并监督落实。

（3）按照相关规定负责审核企业年度安全生产专项资金投入计划，督促本单位按规定比例提取安全费用，并督促落实到位。

（4）定期组织召开安全生产专门会议，分析安全生产状态，总结经验教训，布置阶段性工作，解决存在的问题，并制定防范措施。

（5）对承建工程项目进行安全生产检查、督察，加强对事故隐患和职业危害的监控与预防措施，定期组织企业安全生产管理人员和从事危险性较大工种的作业人员进行教育培训，真正做到防患于未然。

（6）组织制定应急救援预案，组织开展应急救援演练，依法做好生产安全事故报告和应急救援工作。

（7）采用职业安全健康管理体系认证、风险评估、安全生产条件认证和安全评价评估等方法改进安全管理，落实安全防范措施，提高安全生产管理水平。

（8）合理调配企业专职安全生产管理人员，并对其工作进行监督、指导以及考评，定期检查企业各部门、分支机构以及各施工项目安全生产情况，对出现的问题及时解决等。

（四）分管技术工作负责人的安全生产职责

水运工程施工企业分管技术工作负责人，对本单位的安全生产负技术领导责任，主要履行以下职责：

（1）负责组织制定本单位安全技术规程和现场安全生产、文明施工管理标准，并监督执行。

（2）定期主持召开本单位安全技术会议，分析本单位的安全生产形势，研究解决安全技术问题。

（3）负责新设备、新技术、新工艺和新材料的安全技术保障工作。

（4）在施工生产过程中，保证安全防护措施符合要求，确保新建工程项目安全措施与主体工程同时设计、同时施工、同时验收投产，把好设计审查和竣工验收关。

（5）根据相关技术标准和规范、规定要求，对所承担建设工程项目的施工组织设计进行审批，并组织相关专家对项目中危险性较大专项工程施工方案进行论证。

（6）参与重大伤亡事故的调查，从技术方面分析事故原因，提出技术鉴定意见，制定防范和改进安全生产事故的技术措施。

（7）对职工进行经常性的安全技术教育。

（8）其他应当承担的责任。

分管物资设备、经营管理、人力综合、财务管理等其他工作的负责人，在各自职责范围内承担相应的责任。

（五）安全管理机构专职安全员的安全生产职责

水运工程施工企业安全管理机构专职安全员对分管的安全生产工作负直

接管理责任，主要履行以下职责：

（1）承担本单位安全生产委员会以及安全生产各项日常工作，贯彻落实安全生产委员会的各项决议，协助主管领导检查落实情况。

（2）贯彻落实有关建设工程安全生产的法律法规和政策性规定，监督、指导企业分支机构和各承建项目严格执行国家、地方有关安全生产技术标准和规范，负责组织起草本单位安全生产规章制度和安全操作规程。

（3）指导和评价企业各部门和分支机构，以及所承担建设工程项目的安全生产管理工作，并负责企业分支机构和所承担建设工程项目专职安全生产管理人员的管理、指导和考评。

（4）对企业所承担建设工程项目施工组织设计中的安全技术措施提出指导性意见，并协助企业技术负责人组织专家对所承担建设工程项目中危险性较大的专项工程施工方案进行论证。

（5）负责组织开展安全生产检查活动，定期对企业各施工项目安全生产专项检查，一旦发现安全生产问题和隐患，立即责成项目部限期或停工整改，并督促整改到位。对于情节严重的情况，应及时向企业分管负责人汇报。同时，针对检查发现的问题，制定防范措施。

（6）参与编制企业重大生产事故救援预案，并审查企业各施工项目的重大生产事故救援预案，定期组织相关人员进行演练。

（7）负责企业安全生产信息的收集、统计、上报，定期制订安全生产专项资金投入计划，并对企业安全生产相关投入情况进行统计、核实。监督企业各项目施工安全生产费用的投入和使用情况。

（8）生产安全事故发生后，及时组织相关人员进行救援或采取有效措施，保护现场并及时报告，积极协助有关部门调查处理。

（9）其他应当承担的责任。

（六）项目经理的安全生产职责

（1）认真贯彻执行国家有关安全生产的法律法规标准和规范，建立本项目的安全生产保证体系，组织编制本项目安全生产各项管理规章制度和管理方案，以及项目重大生产事故应急救援预案。

（2）根据企业下达的年度安全生产、文明施工总目标，确定项目的安全生产、文明施工管理目标，并与分包单位、作业班组签订安全生产、文明施工管理责任书，督促分包单位编制各项安全生产管理规章制度、落实项目安全防护和文明施工各项措施。

（3）工程项目开工前，按照《公路水运工程安全生产监督管理办法》的要求，完善项目开工安全生产条件，保证本项目安全费用的提取和有效使用，对安全培训和安全技术交底进行监督检查。

（4）定期召开安全生产会议，组织安全生产检查和分析，针对存在的安全隐患，制定相应的整改和预防措施，并监督落实。

（5）组织本项目安全生产事故隐患排查整治工作，对发现的安全隐患，及时提出整改意见。对重大安全隐患，督促制定整改措施，并指定专人负责。

（6）编制本项目安全措施和分部分项工程安全施工要点，制定项目安全保障措施或管理方案，组织施工现场施工临建设施的验收等工作。

（7）组织制定项目施工现场生产安全事故应急救援预案，并组织演练。

（8）发生事故后，积极组织抢救人员，按照规定的程序及时报告，积极配合事故的调查处理，并制定防止同类事故发生的安全技术和管理措施。

（9）其他应当承担的责任。

（七）项目主管生产安全副经理的安全生产职责

（1）协助项目经理认真贯彻执行国家安全生产方针、政策、法规，落实各项安全生产管理制度。

（2）每月主持召开一次项目安全生产会议，分析安全生产动态，研究、解决安全生产中的重大问题，及时将安全生产情况向项目经理汇报。

（3）落实施工组织设计、施工方案中各项安全技术要求，组织实施项目总体和施工各阶段安全生产工作规划，严格执行安全技术措施审批制度，不断改善施工工作条件，保障安全生产。

（4）随时掌握安全生产动态，保证安全保障体系工作的正常运转，配合项目经理组织定期、不定期安全生产检查，及时消除事故隐患，制止违章指挥和违章作业行为，以杜绝重大事故的发生。

（5）对施工过程中的安全技术交底、安全施工措施的落实执行情况进行监督检查。

（6）负责组织工程项目安全生产的宣传教育工作，并领导分包施工队伍各类人员的安全教育培训及考核审查工作。

（7）负责因工伤亡事故的现场保护、伤员抢救，以及协助事故调查、报告与处理。

（8）负责组织制定、审核安全生产应急救援预案，组织应急预案的演习和评审工作，组织项目部安全技术人员进行危险源辨识和风险评价工作。

（9）其他应当承担的责任。

（八）项目总工程师的安全生产职责

（1）认真贯彻执行国家安全技术标准、规范、规程和安全生产规章制度，对项目的安全技术工作负直接责任，结合项目工程特点，主持工程项目的安全技术交底。

（2）负责编制工程项目施工组织设计、分部分项安全技术方案和专项方案，保证其可行性与针对性，并随时检查、监督、落实。

（3）负责向专业技术人员进行特殊或关键部位的安全技术交底，并监督实施。

（4）组织对从事特殊施工的施工人员进行安全技术和安全操作规程的日常培训，并及时解决施工中出现的安全技术问题。

（5）工程项目应用新技术、新工艺、新材料，要及时上报，经批准后方可实施和使用，并严格执行相应的安全技术措施与安全操作规程和要求。

（6）参加安全生产检查，对施工中存在的不安全因素，从技术方面提出整改意见和办法予以消除；参加因工伤亡及重大未遂事故的调查，从技术上分析事故原因，提出防范措施和意见。

（7）负责应急救援和抢险工作的专家组织工作；参与生产安全事故的

调查、分析及处理工作，协助总指挥（项目经理）进行技术方面的咨询和决策及技术协调。

（8）其他应当承担的责任。

项目分管物资设备、经营、人力综合、财务等其他工作的负责人，在各自职责范围内承担相应的责任。

（九）项目专职安全生产管理人员的安全生产职责

（1）负责贯彻执行有关安全生产的法律、法规、规范、政策和标准，参与编制本项目安全生产各项管理规章制度和管理方案，分解、监督落实项目安全生产管理责任，并签字确认。每月定期对项目各管理岗位安全生产责任落实情况进行考评，并形成记录。

（2）根据企业下达的年度安全生产总目标，确定项目的安全生产管理目标，协助项目负责人与分包单位、作业班组签订安全责任书，并督促落实、执行。

（3）参与安全生产各项措施与方案的编制，严格监督检查施工班组对各项安全生产规章制度和安全操作规程的执行情况。配合有关部门做好对施工人员的三级安全教育、各工种换岗教育和特殊工种培训取证工作，并记录在案，健全各种安全管理台账。

（4）对施工现场进行安全生产日常巡查和定期检查，制止违章指挥和违章作业行为，及时排除施工现场安全隐患，制定防范措施，当安全与生产发生冲突时，有权制止冒险作业，并签发限时整改通知单。

（5）在分部分项工程或重点部位、重点环节施工前，应及时督促现场技术员对施工作业人员进行安全技术交底。安全技术交底内容应当明确工程作业特点和所存在的重大危险源，提出危险源的具体预防措施和相应的安全标准，以及相关应急救援预案的内容，并做好交底记录。

（6）收集整理工程项目施工安全重大危险源清单，并经项目负责人审核确认后，负责在施工现场醒目位置予以公示。制定重大危险源管理方案和保证措施，建立重大危险源的监控管理制度，并对施工现场安全重大危险源实施动态监控。

（7）检查劳动保护用品的质量，并监督检查现场操作人员正确使用，对进入现场使用的各种安全用品及机械设备，配合材料部门进行验收检查工作。

（8）负责项目特种作业人员持证情况的验证，参与施工现场起重设备、挂篮、架桥机等临时设施及安全防护设施的验收工作，并保存验收记录。对于不符合规定要求的，应及时以书面形式向项目负责人和企业安全生产管理机构书面报告。

（9）参加因工伤亡和重大未遂事故的调查，分析事故原因，提出改进意见和防范措施，并监督检查执行情况。负责项目一般事故的调查、分析，提出处理意见，协助处理重大工伤事故，并参与制定纠正和预防措施，防止事故再次发生。

（10）对项目安全生产管理资料进行归档整理。资料要与工程进度同步，内容要完整、真实有效。

（11）其他应当承担的责任。

第三节　水运施工项目安全管理的现状、挑战及发展趋势

一、水运施工项目安全管理的现状

水运施工项目安全管理是指在水运工程的建设过程中，对施工现场进行全面管理，以确保工程建设的安全、顺利进行。当前，我国水运施工项目安全管理的现状如下。

（一）法规制度不断完善

我国政府高度重视水运施工项目安全管理工作，不断完善相关法规制度。例如，《中华人民共和国安全生产法》《公路水运工程安全生产监督管理办法》等法律法规，为水运工程施工安全管理提供了法律依据。此外，各级政府部门也出台了一系列配套规章制度，使水运施工项目安全管理逐步走向规范化、

制度化。

（二）安全管理体系逐步建立

在水运施工项目安全管理中，建立完善的安全管理体系至关重要。目前，我国水运施工企业已建立了以企业安全生产责任制为核心的安全管理体系，明确了企业、项目和班组三级安全责任，实现了安全管理工作的层层落实。同时，企业还加强了安全培训、安全检查、事故处理等环节的管理，提高了安全管理水平。

（三）安全投入得到保障

为确保水运施工项目的安全，企业加大了安全投入力度。一方面，企业购置了先进的安全检测设备，提高了施工现场的安全检测能力；另一方面，企业加大了安全防护设施的投入，为施工现场提供了必要的安全防护用品，降低了事故发生的风险。

（四）事故应急预案逐步完善

水运施工项目涉及面广，施工环境复杂，事故应急预案的制定和完善对于应对突发事故具有重要意义。目前，我国水运施工企业已建立了较为完善的事故应急预案，明确了应急预案的启动条件、处置程序和责任分工。同时，企业还定期组织应急预案演练，提高了应对突发事故的能力。

二、施工项目安全管理面临的挑战

当前施工安全形势对水运工程项目的安全管理工作提出了新的更高的要求。水运施工项目安全管理面临着严峻的挑战，主要表现在以下方面。

（一）水运工程施工项目生产方式和外部环境发生的变化，对施工项目安全管理提出了新的挑战

随着社会经济的发展，水运工程施工项目生产方式和外部环境也在不断发生变化，这些变化对施工项目的安全管理提出了新的挑战。首先，水运工程施工项目的生产方式正在从传统的劳动密集型向技术密集型转变，这种转变意味着施工项目中技术因素的比重越来越大，技术风险也相应增加。因此，有效管理技术风险和保障施工过程中的安全，是施工项目安全管理面临的新

挑战。其次，外部环境的变化也给施工项目安全管理带来了新的挑战。随着全社会环保意识的增强，水运工程施工项目需要遵守的环保法规和标准越来越严格。同时，气候变化、自然灾害等外部环境因素也可能对施工项目的安全产生影响。因此，如何在保障施工安全的同时满足环保要求，以及如何应对气候变化和自然灾害等外部环境的挑战，也是施工项目安全管理需要面对的新问题。

（二）"科技兴安"战略的实施，对施工项目安全管理提出了新的课题

随着我国经济的不断发展，施工科技含量更高了，加上新技术、新设备、新工艺的大量应用，这给施工项目安全管理提出了新的课题。一是对从事新技术、新设备、新工艺岗位人员，在文化程度、专业知识、操作技能等方面都提出了更高要求；二是施工项目大量雇用农民工，这些农民工文化水平偏低，安全意识不强，安全生产知识普遍不足，对生产作业现场的安全要求不甚清楚，缺乏风险意识和岗位、系统安全操作技能，自我防范能力和处置异常情况的能力不强。这对一线作业人员的素质培养和提升提出了更高的要求。

（三）实施"走出去"发展战略，对施工项目的安全管理提出了新的要求

随着我国"走出去"战略的深入推进，越来越多的水运工程施工项目将在海外展开，这无疑为施工项目的安全管理带来了新的挑战。首先，海外施工项目需要面对的是不同国家（地区）在法律法规、文化习俗、技术标准等方面的差异，这些差异对施工项目的安全管理提出了新的要求。施工企业需要了解和适应这些差异，确保施工项目的安全。其次，海外施工项目还可能面临政治风险、经济风险、社会风险等多种风险，这些风险或对施工项目的安全产生较大影响。施工企业需要建立健全风险管理体系，确保施工项目的安全。最后，海外施工项目还需要面对在语言沟通、文化差异等方面的挑战。这些挑战可能导致施工项目中的信息传递不畅，影响安全管理的效果。因此，施工企业需要加强国际化人才的培养，提高施工项目的安全管理水平。

三、施工项目安全管理的发展趋势

随着国家对基础设施建设投资力度的加大，工程建设事业发展迅速，工程施工项目安全管理越来越受到重视。从长期来看，它的发展趋势和方向具体表现在以下三个方面。

（一）施工项目安全管理法治化

近年来，我国陆续颁布实施了《中华人民共和国建筑法》《中华人民共和国安全生产法》《建设工程质量管理条例》《建设工程安全生产管理条例》等法律法规和标准规范，各行各业在结合自身实际情况和多年工作总结的基础上，也建立了一套行之有效的安全监督管理办法。目前，我国形成了一套较为完整的安全法律法规体系，在加强建设工程安全生产实践中发挥了很好的作用。在社会主义市场经济的背景下，施工项目在安全管理过程中必须严格遵守现行国家的法律法规和标准规范。安全管理法制化，就是要依靠现行国家的法律法规和标准规范，对施工项目进行管理。实践证明，随着依法治国方略进程的推进，法治化既是安全管理的重要环节，也是安全管理的关键。实行安全管理法治化是必然的，也是十分重要的。

（二）施工项目安全管理规范化

安全管理规范化是指结合实际情况，依据明文规定的安全准则，严格管理，实施有序可靠的控制，使管理行为符合明文规定的安全准则。其目的是及时和有效地控制对所负责的人、环境、作业状况、机械设备等存在的不安全因素，减少或杜绝安全事故的发生，保护施工从业人员生命安全和身体健康，保证施工生产活动的顺利进行。

简单地说，安全管理规范化就是安全管理要实行制度化、标准化和体系化，做到有章可循。安全管理制度化要求施工项目建立健全各种安全管理规章制度和规定，按照制度和规定对施工过程中的各种危险或有害因素进行控制，以预防和减少各种安全事故；安全管理标准化，即业务流程标准化，就是建立健全岗位的作业标准，使作业符合安全明文规定的准则，要求作业人员严格按照安全生产法律法规，按照事先设定的程序作业，执行安全技术、组织措施，确保作业人员生命和设备安全，确保作业任务的圆满完成；安全管理体系化就是要借鉴成熟管理体系的经验，按照系统的管理理念，围绕施工项目安全管理的对象，分析影响安全目标的各种要素，制定相应的管理流程和程序，形成覆盖安全管理各方面的管理体系。通过规范化管理，做到工作有制度、行为有规范、岗位有标准，把安全准则作为施工项目安全管理的行动指南，使施工项目安全管理的行为符合准则，提高安全风险控制水平及工作效率。

（三）施工项目安全管理科学化

安全管理科学化是指在施工项目安全管理工作中，坚持实事求是的原则，用辩证唯物主义的立场、观点、方法来分析项目安全管理存在的问题，解决项目安全管理问题；用历史的、发展的观点来看待工程施工安全管理，牢固树立安全发展的科学理念，正确解决好施工项目安全与效益、局部与全局的关系，在安全管理中求发展、求效益。

科学管理是安全管理的基础工程，施工项目过去采用的是传统安全管理工作模式。这种模式的着眼点主要放在整个安全生产系统的实施和运行阶段，侧重事后处理，而非事先控制和预防为主。随着社会科学技术和经济形势的飞速发展，传统的安全管理方式显露出许多弊端，已经不能适应当前工程施工项目的安全发展要求。我们需要改革原有的被动、落后的安全管理方式，采用科学的预测预防管理方法，以指导和推动施工项目的安全管理，不断提高施工项目安全管理水平。

施工项目安全管理涉及范围很广，包括经济学、社会学、心理学、管理学以及职业健康卫生等很多方面的内容。因此，施工项目应认真研究探索科学管理的方法和手段，并将其运用到安全管理工作当中去，提高安全管理水平。例如，在经济学方面，我们可以大胆改革和创新保险（如工伤保险、建筑工程一切险、工程意外伤害保险等）的应用实践，充分发挥保险的保障作用，预防突发事件的发生，减少财产损失和人员伤亡，将自然事故和意外灾害的损失降至最低，从而降低施工项目总体的安全风险。

第四节 水运工程施工风险与风险管理

一、关于安全风险的基本概念

安全风险是指由于各类活动、系统或组织中的内外部因素，可能导致个人、财产或信息受到损害的概率或程度。具体来说，安全风险是安全事故（事件）发生的可能性与其后果严重性的组合，它强调某种不确定性的存在，即可能的未来损害。这种风险与人的生命、财产和其他重要利益紧密相关，因此，需要得到高度关注和管理。

安全风险通常与某种威胁有关，可能来自内部或外部的恶意行为、自然灾害、技术故障等。安全风险的存在可能导致财务、人员、物资或声誉等多方面的损失，因此，在信息安全、企业安全、个人安全等领域，安全风险都是需要被认真管理和控制的重要方面。

管理安全风险的方法主要有两种：前瞻性方法和反应性方法。前瞻性方法注重事先的预防和规划，通过识别潜在的安全风险，并采取相应的措施来防止其发生；反应性方法则更侧重于在安全事故发生后进行及时的应对和处理，以减少损失。

安全风险是一个复杂而重要的概念，需要在各个领域中得到充分的重视和有效的管理。

二、水运工程项目风险管理的目标

（一）预防事故

预防事故是水运工程项目风险管理的重要目标之一。施工单位应通过风险管理，对项目进行全面的安全评估，识别潜在的危险因素，制定相应的安全措施，从而降低事故发生的概率。在项目前期，对工程现场进行详细的安全调查，识别潜在的危险源，评估事故风险等级，为后续风险管理提供依据。根据安全风险评估结果，制定针对性的安全管理制度，明确各方安全职责，确保工程现场的安全管理得到有效执行。同时，对项目相关人员开展安全培训和教育，提高员工安全意识，使他们在施工过程中自觉遵守安全规定。此外，针对可能发生的事故，应制定应急预案，确保在事故发生时能够迅速启动应急响应，减少事故损失。

（二）减少损失

在水运工程项目建设过程中，减少损失是风险管理的另一个重要目标。施工单位应通过采取有效的风险防范措施，降低事故发生时造成的损失，以保障项目顺利进行。通过保险、合同等方式，将部分风险转移给其他方，以降低自身承担的风险损失。合理安排工程进度、人员和资源，分散单一风险点，降低整体风险损失。建立风险预警机制，对工程项目进行实时监测，发现隐患及时处理，防止损失扩大。针对不同类型的事故，制定详细的应急预案，确保在事故发生时能够迅速启动应急响应，有效减少损失。

（三）确保工程质量

确保工程质量是水运工程项目风险管理的关键目标之一。施工单位应通过加强质量管理、风险监控等手段，提高工程项目的质量水平，满足国家和行业的相关标准。建立完善的质量管理体系，明确质量管理职责，确保项目质量得到有效控制。对工程项目进行全程质量监控，采用现代化检测技术，及时发现并整改质量问题。严格把控材料、设备质量，对进场的材料设备进行检验，确保其符合工程要求。推广应用先进的施工工艺和技术，以提高工程质量，降低风险隐患。

（四）保障项目进度

保障项目进度是水运工程项目风险管理的其中一个重要目标。施工单位应通过合理的风险管理措施，确保项目在规定的时间内顺利完成。制订详细的项目进度计划，合理安排施工任务，确保项目按期完成。对项目进度方面的风险进行识别和评估，制定应对措施，防止进度受阻。根据项目进度计划，合理配置人力、物力、财力等资源，保障项目顺利推进。加强各方之间的沟通协调，解决施工过程中的问题，确保项目进度不受影响。

（五）提高投资效益

提高投资效益是水运工程项目风险管理的终极目标。施工单位应通过全面的风险管理，降低项目成本，提高项目运营效益。在项目前期，进行详细的投资决策分析，评估项目的经济效益和风险，为投资决策提供依据。加强项目成本管理，制定合理的成本控制措施，降低项目总体投资。根据市场需求和项目特点，优化盈利模式，提高项目的投资回报率。在投资过程中，充分考虑风险与收益的平衡，确保项目在承担适度风险的前提下，实现较高的投资收益。

水运工程项目风险管理旨在达到预防事故、减少损失、确保工程质量、保障项目进度和提高投资效益等目标，实现项目的顺利完成和可持续发展。风险管理是项目管理的重要组成部分，对于保障工程项目的顺利实施具有重要意义。

三、水运工程项目风险管理内容

水运工程安全生产风险管理的内容主要包括以下四个方面。

（一）船舶与设备的安全管理

船舶与设备的安全管理是水运工程安全生产的重要组成部分。船舶与设备的安全管理主要包括船舶的安全检查、设备的维护保养、操作人员的培训等方面。

首先，船舶的安全检查是非常重要的，船舶在投入使用前，必须进行安全检查，确保船舶的安全性能符合国家的规定；同时，船舶在运行过程中，也需要定期进行安全检查，及时发现并解决安全隐患。其次，设备的维护保养也是船舶与设备安全管理的重要内容。设备的维护保养主要包括设备的检查、维修、更换等方面。设备在使用过程中，会出现各种问题，如设备老化、磨损等，这就需要及时地维修和更换，以保证设备的正常运行。最后，操作人员的培训也是船舶与设备安全管理的重要环节。操作人员需要经过专业的培训，掌握船舶与设备的安全操作规程，提高操作人员的安全生产意识。

（二）人员安全管理

人员安全管理是水运工程安全生产的基础。人员安全管理主要包括对从业人员的安全培训、安全意识的提高和安全操作技能的培养等方面。

首先，对从业人员的安全培训是非常重要的。从业人员需要经过专业的安全培训，了解和掌握水运工程安全生产的相关知识和技能。安全培训主要包括安全生产法律法规、安全生产知识、安全操作规程等方面。其次，提高从业人员的安全意识也是人员安全管理的重要内容。安全意识是指从业人员对安全生产的认识和重视程度。安全意识的高低直接影响到从业人员的安全行为，因此需要通过各种方式提高从业人员的安全意识。最后，培养从业人员的安全操作技能也是人员安全管理的重要环节。安全操作技能是指从业人员在实际工作中，能够正确、熟练地操作设备，遵守安全操作规程，从而避免发生安全事故。

（三）安全风险评估与应对

安全风险评估与应对是水运工程安全生产的重要环节。安全风险评估与应对主要包括安全风险的识别、评估、控制和应对等方面。

首先，安全风险的识别至关重要。安全风险识别是指对水运工程生产过程中可能潜在的安全风险进行识别和判断。安全风险识别需要根据实际情况进行，包括对设备、环境、人员等方面进行全面的识别。其次，安全风险的评估同样非常重要。安全风险评估是指对识别出的安全风险进行评估，以确定其可能造成的危害和影响程度。安全风险评估需要采用科学的方法和工具，以确保评估的准确性和可靠性。最后，安全风险的控制和应对是安全风险评估与应对的重要环节。安全风险的控制旨在通过控制和减轻安全风险，以降低其对生产和人员的影响。安全风险的应对主要包括制定应急预案、进行应急演练等方面。

（四）应急预案的制定与演练

应急预案的制定与演练是水运工程安全生产的重要环节。应急预案是指在发生突发事件时，采取的一系列紧急措施，以减少损失。应急预案需要根据实际情况进行制定，并定期进行演练，以提高应对突发事件的能力。

首先，应急预案的制定是非常重要的。应急预案的制定需要考虑水运工程的特点和实际情况，包括突发事件的可能性、危害程度、影响范围等方面。

应急预案需要明确应急组织机构、应急流程、应急措施等内容。其次，应急预案的演练同样非常重要。应急预案的演练可以检验应急预案的可行性和有效性，提高从业人员应对突发事件的能力。应急预案的演练需要定期进行，以保证从业人员对应急预案的熟悉程度。最后，应急预案的评估和改进也是应急预案制定与演练的重要环节。应急预案的评估和改进需要对应急预案的实施情况进行评估，发现问题并进行改进，以提高应急预案的质量和效果。

水运工程安全生产风险管理是一个复杂而系统的过程，需要综合考虑船舶、设备、码头、港口和人员等多个方面的因素，采取多种措施来降低安全风险，以确保水运工程的安全生产。

第五节　全面风险管理的过程与方法

一、水运工程安全生产风险管理概述

（一）水运工程安全生产现状

水运工程作为综合性系统工程，其复杂性高、工程规模大及涉及的专业领域广泛使得安全生产管理显得尤为重要。水运工程通常包含港口工程、航道工程、通航建筑工程和安装工程等，这些工程不仅施工周期长，投入资金大，而且施工环境多变，涉及水下作业和高风险作业等，这些都给安全生产带来了极大的挑战。

在水运工程的建设过程中，安全生产现状存在以下问题：第一，施工人员素质参差不齐，安全意识薄弱。部分施工人员缺乏必要的安全意识和技能，容易因操作失误或疏忽大意导致安全事故的发生。第二，施工设备检查与维修不足。水运工程所需设备种类繁多，技术复杂，对设备的监测与评估不足可能导致设备故障，进而引发安全事故。第三，自然环境因素影响大。水运工程往往处于水域环境中，气候条件多变，海浪、水流、潮汐等自然因素对施工安全构成严重威胁。

（二）风险管理的基本理论

风险管理的基本理论包括风险识别、风险评估、风险应对和风险监控等关键环节。风险识别是风险管理的首要任务，通过系统地识别和分析可能存在的风险源，为后续的风险评估提供基础。风险评估则是对识别出的风险进行量化和定性分析，确定其可能性和影响程度。在此基础上，制定风险应对措施，包括风险预防、控制和应急响应等。最后，通过风险监控，对风险的变化和应对措施的有效性进行持续跟踪和评估，确保风险管理的有效实施。

（三）水运工程风险特点与分类

水运工程风险具有多样性和复杂性的特点。从风险来源来看，水运工程风险可以划分为人员风险、船舶与设备风险、环境风险和管理风险等几大类。人员风险主要包括操作失误、安全意识淡薄等；船舶与设备风险涉及船舶结构安全、设备故障等；环境风险则包括气象条件、水流变化等自然因素；管理风险则与管理制度、安全文化等相关。根据风险性质和影响程度，水运工程风险还可以进一步细分为高风险、中风险和低风险等不同等级，以便有针对性地制定风险管理措施。

水运工程安全生产风险管理是一个既复杂又重要的流程，需要综合考虑多个方面的因素。通过深入分析水运工程安全生产的现状、风险管理的基本理论，以及水运工程风险的特点与分类，可以为水运工程施工企业制定科学、有效的风险管理策略，从而确保水运工程的安全生产。

二、水运工程安全生产全面风险识别

（一）风险识别方法

在水运工程安全生产的风险识别过程中，我们通常采用以下四种方法。

1.项目工作分解结构（WBS）

项目工作分解结构是指通过对水运工程的项目结构进行分解，明确各个组成部分的性质和相互间的关系，以及项目与外部环境之间的关系，从而识别出可能存在的风险点。

2.敏感性分析

敏感性分析是指通过对水运工程项目中关键变量或假设的变化进行敏感性分析，找出对项目性能影响最大的因素，进而确定潜在的风险源。

3.头脑风暴法

头脑风暴法是指通过组织专家和相关人员进行集体讨论，充分发表意见，集思广益，挖掘可能被忽视的风险点。

4.SWOT 分析法

SWOT 分析法是指通过对水运工程的内外部环境进行全面分析，识别出优势、劣势、机会和威胁，从而确定潜在的安全生产风险。

（二）风险识别流程

风险识别的流程通常包括以下五个步骤。

1.明确风险识别的目标和范围

确定水运工程安全生产风险识别的具体目标和范围，为后续工作提供指导。

2.收集相关资料和信息

收集水运工程的设计文件、施工记录、环境监测数据等相关资料，以及有关安全生产的历史数据、案例等信息。

3.选择和应用风险识别方法

根据收集到的资料和信息，选择适合的风险识别方法，并对其进行实际应用，以识别出潜在的风险点。

4.整理和分析风险识别结果

对识别出的风险点进行整理和分析，确定其性质、可能性和影响程度，形成风险清单。

5.制定风险应对措施

针对识别出的风险点，制定相应的风险应对措施，包括风险预防、控制和应急响应等方面的措施。

（三）风险因素分析

风险因素分析是对识别出的风险点进行深入剖析和评估的过程。在水运工程安全生产中，风险因素主要包括以下四个方面。

1. 人员因素

人员因素涉及施工人员的安全意识、操作技能、经验水平，以及管理人员的决策能力和管理水平。

2. 船舶与设备因素

船舶与设备因素包括船舶的结构安全、设备的运行状态和性能稳定性，以及船舶与设备之间的协调性和配合度。

3. 环境因素

环境因素考虑气象条件、水流变化、航道状况等自然因素，以及周边环境的安全状况和影响。

4. 管理因素

管理因素涉及安全管理制度的完善性、安全文化的培育、安全检查和监督的有效性等方面。

通过对这些风险因素的分析，施工单位可以更加深入地了解水运工程安全生产的潜在风险，为制定有效的风险管理措施提供重要依据。

三、水运工程安全生产全面风险评估

（一）风险评估方法

水运工程安全生产的风险评估是一个系统而复杂的过程，它涉及多种风险评估方法的应用。这些方法主要包括。

1. 定性评估法

定性评估法是一种基于专家经验、专业知识和主观判断的风险评估方法。它通常通过风险矩阵、层次分析法、故事线分析法等手段，对水运工程中的风险因素进行定性的描述和评估。这种方法适用于风险信息不充分或数据难以获取的情况。

2. 定量评估法

定量评估法则更注重数据的收集和分析，通过建立数学模型进行计算，得出具有量化意义的评估结果。风险概率法、风险收益法、敏感性分析法等都是常用的定量评估方法。它们可以帮助我们更准确地衡量风险的大小和可能性。

此外，还有故障树分析、事件树分析等专业的风险评估方法，这些方法可以对每种风险因素进行具体的定量评估，为决策者提供更详细、更精确的风险信息。

（二）风险评估流程

风险评估流程主要包括以下步骤。

1. 明确评估目标和范围

明确风险评估的具体对象、施工阶段、工作区域等，以便有针对性地进行评估。

2. 收集基础信息

收集与水运工程相关的各种基础信息，包括工程设计图纸、工程规范要求、施工计划、人员组织结构等，为后续的风险评估提供数据支持。

3. 识别风险

对施工过程进行分析，识别可能存在的危险和风险。这可以通过实地调查、与相关人员交流和研究资料等方式进行。

4. 评估风险

对识别到的风险进行评估，确定其对施工过程和人员安全的潜在影响。这包括评估风险的发生可能性和严重程度。

5. 制定风险管理措施

根据风险评估的结果，制定相应的风险管理措施，如工程设计的改进、施工过程的优化、安全监测和预警系统的建立等。

（三）风险等级划分与排序

在水运工程安全生产风险评估中，对识别出的风险进行等级划分和排序是非常重要的一步。一般来说，风险等级可以根据风险的发生可能性和严重程度进行划分。例如，可以将风险划分为重大风险、较大风险、一般风险和低风险四个等级，每个等级对应不同的管理策略和资源投入。

风险排序则是根据风险的等级和优先级进行排序，以便在资源有限的情况下，优先处理那些对工程安全生产影响最大的风险。这通常涉及对风险进行优先级排序，以便制订更有效的风险管理计划。

总的来说，水运工程安全生产全面风险评估是一个系统性的过程，它需要综合运用多种风险评估方法，遵循科学的评估流程，对风险进行准确的等级划分和排序，从而为水运工程的安全生产提供有力保障。

四、水运工程安全生产全面风险应对策略

（一）风险应对方法

水运工程安全生产的风险应对方法主要包括风险规避、风险减轻、风险转移和风险自留四种。

1. 风险规避

风险规避是一种主动的风险应对策略，其核心在于通过调整项目计划、改变施工方法或避免某些高风险活动来消除风险源。例如，在水运工程中，如果发现某个施工区域存在严重的地质风险，可以选择改变施工路线或采用更安全的施工方法，从而避免潜在的风险。风险规避方法通常适用于那些风险发生概率高且后果严重的情况。

2. 风险减轻

风险减轻旨在通过采取一系列措施来降低风险发生的概率或减轻其潜在影响。在水运工程中，可以通过加强安全管理、提高施工人员技能、优化施工流程等方式来减轻风险。例如，定期对施工设备进行维护和检查，确保其处于良好的工作状态，从而降低设备故障导致的风险。

3. 风险转移

风险转移是将风险的责任和后果转移给其他实体承担的方法。在水运工程中，常见的风险转移方式包括购买保险和签订风险分担合同。施工单位通

过购买保险，可以将因自然灾害、意外事故等导致的损失转移给保险公司；而通过签订风险分担合同则可以与合作伙伴共同承担项目中的风险。

4. 风险自留

风险自留也称为风险承担，是指项目主体自行承担风险带来的后果。这通常发生在风险发生概率低或风险损失较小，且采取其他风险应对策略的成本较高时。在自留风险时，项目主体需要制订详细的应急计划，以便在风险发生时能够及时、有效地应对。

（二）风险应对措施

针对水运工程的特点和可能出现的风险，为确保安全生产，施工单位应采取以下全面风险应对措施。

1. 技术措施

积极引进新技术、新工艺和新设备，提高水运工程的自动化、智能化水平，减少人为操作失误的风险。建立完善的安全监测和预警系统，运用物联网、大数据等现代科技手段，实时监测工程安全状况，及时预警以应对潜在风险。同时，定期对施工设备进行维护和保养，确保其处于良好的运行状态，从而减少因设备故障引发的安全事故。

2. 管理措施

建立健全安全生产管理体系，制定详细的安全管理制度和操作规程，确保安全生产工作有章可循。同时，定期开展安全培训和教育活动，提高员工的安全意识和操作技能，确保员工能够熟练掌握安全操作规程和应急处理措施。此外，加强现场安全监管和加大检查力度，及时发现并整改安全隐患，以确保工程安全生产。

3. 经济措施

确保安全生产所需的资金得到保障，为安全生产提供必要的物质和技术支持。同时，设立安全生产专项资金，用于购买保险、维修设备、开展安全培训等，确保安全生产工作的顺利进行。此外，建立安全生产奖惩机制，对安全生产工作表现突出的单位和个人给予奖励，对安全生产责任落实不到位的单位和个人进行惩罚，以激发员工参与安全生产的积极性。

4. 法律措施

严格遵守国家法律法规和相关安全标准，确保水运工程安全生产符合法律要求。同时，与施工单位、监理单位等相关方签订安全生产责任书，明确各方的安全生产责任和义务，形成共同维护安全生产的合力。此外，加强安全生产法律法规的宣传和普及工作，提高员工的安全生产法律意识，增强员工依法维护安全生产的自觉性。

（三）风险应对预案

针对可能出现的风险，施工单位应制定详细的风险应对预案，主要包括以下四种。

1. 预防预案

在项目启动阶段，应进行全面的风险评估，以识别可能存在的安全风险源，并制定相应的预防措施。同时，需定期组织安全教育培训，提高员工的安全意识和技能，确保他们熟悉并遵守安全操作规程。此外，应配备完善的安全设施和装备，如防护栏、安全网、救生设备等，并定期进行检查和维护，以确保其有效性；还应建立安全监测和预警系统，实时监测工程安全状况，一旦发现异常情况，立即启动预警机制，并迅速采取措施进行干预。

2. 应急响应预案

成立应急指挥中心，明确各部门的职责和分工，确保在紧急情况下能够迅速、有效地进行响应。同时，针对不同类型的安全风险，制定详细的应急预案，包括应急处置流程、救援力量调配、资源保障等方面的内容。此外，需定期组织应急演练，检验应急预案的有效性和可操作性，以提高员工的应急反应能力；还应建立信息共享和沟通机制，确保各部门之间能够及时传递和共享安全信息，加强协同配合。

3. 救援预案

根据工程规模和风险等级，合理配置救援力量，包括专业救援队伍、医疗救护人员等，并储备必要的救援设备和物资，如消防器材、救生器材、急救药品等，以确保在救援过程中能够及时提供所需支持。同时，在救援现场设立指挥部，统一指挥和协调救援工作，确保救援行动有序、高效进行。此外，建立伤员救治和转运机制，确保受伤人员能够得到及时、有效的救治，并安全转运至医疗机构。

4. 恢复预案

在事故发生后，应迅速组织人员进行损失评估和清理工作，统计受损情况，为后续恢复工作提供依据。根据损失评估结果，制订详细的恢复计划，包括修复受损设施、恢复生产秩序等多个方面。同时，协调各方资源，为恢复工作提供必要的支持，包括资金、物资、人力等方面的保障。此外，还应对事故原因进行深入分析，总结经验教训，不断完善安全管理制度和应急预案，以提高水运工程的安全生产水平。

五、水运工程安全生产全面风险管理实施保障

（一）组织与管理体系

水运工程安全生产全面风险管理实施保障的首要环节是建立健全的组织与管理体系。该体系需要明确各级管理人员和员工的职责，以确保风险管理工作的有效性和持续性。首先，企业应设立专门的风险管理组织机构，如风险管理委员会或风险管理部，负责制定和实施风险管理策略、计划和措施。风险管理部门应由高层领导、专业技术人员、操作人员等相关人员组成，以确保风险管理的全面性和有效性。其次，企业应制定完善的风险管理制度和流程，详细规定风险识别、评估、控制和监测等各个环节的具体操作要求。这些制度和流程应结合水运工程的特点和实际需求，确保风险管理的针对性和实用性。最后，企业还应加强风险管理人员的培训和教育，提高他们的专业能力和风险意识；通过定期举办培训课程、研讨会等形式，使员工掌握最新的风险管理知识和技术，提高他们在实际工作中识别和应对风险的能力。

（二）风险管理信息化

在水运工程安全生产全面风险管理中，信息化建设是关键支撑。企业应充分利用现代信息技术，提高风险管理的效率和准确性。首先，企业应建立

完善的风险管理信息系统，包括风险数据库、风险评估模型、风险预警系统，实时收集和分析各类风险信息，为决策提供科学依据。其次，通过内部网络、门户网站等平台，加强风险信息的共享与交流，提高员工对风险的认识和应对能力，促进风险管理的协同效应。最后，企业还应加强风险管理信息系统的安全防护，采取相应的技术措施和管理措施，防范外部攻击和内部泄漏，确保风险管理信息系统的稳定运行。

（三）法律法规与政策支持

在水运工程安全生产全面风险管理中，法律法规与政策支持是重要保障。企业应认真研究和遵守国家和地方关于风险管理的法律法规，积极争取政策支持。首先，企业应了解和掌握国家和地方关于风险管理的法律法规，保证自身行为符合法律要求；同时，企业还应关注法律法规的动态变化，及时调整和完善自身的风险管理策略和措施。其次，企业应积极争取政府相关部门的政策支持，如资金扶持、税收优惠等，这有助于降低企业风险管理的成本，提高风险管理的积极性；此外，企业还应加强与行业协会、学术机构等的合作与交流，共同推动水运工程安全生产全面风险管理的发展。企业通过参与制定行业标准、分享风险管理经验等方式，提高企业风险管理的整体水平。

第六节　水运施工项目安全事故发生的内在规律性

在水运施工中发生的生产安全事故，包括造成人员伤亡的和未造成人员伤亡的事故。水运施工安全事故的发生都是由于存在事故要素并孕育、发展的结果，在未及时发现和消除存在的事故要素或者未阻止其孕育和发展的情况下，则必将发生事故，这就是由其内在规律性所决定的事故发生的必然性。相同的事故要素会存在于不同的建筑工地及其施工过程的不同阶段，其必然性导致了安全事故的多发（常发）性和反复性。在安全防范意识不强、不能警钟长鸣和居安思危的情况下，或者认为根据当时的安全工作、安全作业条件、安全技术措施和安全工作经验判断"不会""不可能""不应当"出事故时，一旦发生事故，就会产生"意外"或者"偶然"的感觉。这种感觉上的"偶然性"和"意外性"，其实都是没有很好地掌握事故发生的内在规律的必然性的表现。

当能够及时发现和消除存在的事故要素，或者及时阻止其孕育和发展（这就是常讲的"消除事故隐患"）时，安全事故就不会发生，这就是生产安全事故的可预防性或可防止性。因此，只有认真研究和掌握事故发生的内在规律，才能有效地确保安全生产，防止事故的发生。

一、事故五要素及其引发事故时的 7 种组合

（一）引发事故的五个基本因素及其存在或表现形式

不安全状态、不安全行为、起因物、致害物和伤害方式是引发生产安全事故的五个基本因素，简称"事故五要素"，其定义及存在或表现形式分述如下。

1. 不安全状态

在建筑工程施工中存在的不安全状态，是指在施工场所和作业项目中存在事故的起因物和致害物，或者能使起因物和致害物起作用（造成事故和伤害）的状态。

当在施工场所和作业状态中存在起因物和致害物时，它们就可以通过自身的孕育、发展或者在不安全行为的激发、启动下引发事故，因而是一种不安全的状态。而某些场所状态虽然并不存在某种事故的起因物和致害物，但却可以使它们起作用。例如，毗邻在施工程建筑的无防护（没有搭设防护棚）通道，其本身并不存在落物伤害事故的起因物和致害物，但却可以使得其所毗邻的工程建筑的高空落物（事故的起因物和致害物）起作用（伤害通道中的行人），因此也是一种不安全状态。

施工场所状态是指施工场所的工作、作业及生活条件的状态，包括涉及安全要求的场地（水上、水下、地面、地下等）、周围环境、原有和临时设施的状态及其使用安排；作业项目状态为分项分步工程进行施工时的状态，包括施工中的工程状态，脚手架、模板和其他施工设施的设置状态，以及各

项施工作业的进行状态。一般说来，凡是违反或者不符合安全生产法律法规、工程建设标准和企业（单位）安全生产制度规定的状态，都是不安全状态。同时，建设工程安全生产法律法规、标准和制度未予规定的状态，也会成为不安全状态。因此，应当按照前述的定义，针对具体的工程条件、现场安排和施工措施情况，识别可能存在的不安全状态，并及时予以排除。

不安全状态有 4 个属性：事故属性（属于何种事故）、场所属性（在何种场所存在）、状态属性（属于何种状态）和作业属性（属于何种施工作业项目）。按这 4 个属性可划分相应的不安全状态的类型，列入表 3-1 中。从表 3-1 中可以看出，4 种划分方法从 4 个不同的侧面反映出不安全状态的存在与表现形式，且在它们之间存在着相互补充、交叉、渗透和影响的关系。由于其中的任何一个侧面都不能全面、完整地反映出在建筑施工中可能存在的不安全状态，因此，不应只按一种划分方法去研究和分析，而应将其综合起来，并根据主管工作的范围有所重点地去实施管理（消除不安全状态的安全管理工作），使相应的侧面成为企业主要负责人、管理部门和有关管理人员分别负责的重点，或者作为企业（单位）在某一时期、某一工程项目、某施工场所或某种作业的安全生产工作的重点。一般情况下，负责全面工作的企业主要负责人和大型、综合性工程项目负责人，宜以其事故属性为主（为核心）并兼顾其他属性抓好消除不安全状态的工作；企业安全管理部门和从事安全措施技术与设计工作的人员宜以其状态属性为主兼顾其他属性做好相应工作；而现场管理和施工指挥人员则应以其场所和作业属性并兼顾其他属性做好工作。所谓"兼顾"，就是将主抓属性中未能涉及的或直接涉及的其他属性的项目及其要求考虑进来。

表 3-1 水运工程施工不安全状态类型表

划分方法	不安全状态的类型
按引发事故的类型划分（事故属性）	（1）引发坍塌和倒塌事故的不安全状态；（2）引发倾倒和倾翻事故的不安全状态；（3）引发坍陷事故的不安全状态；（4）引发触电事故的不安全状态；（5）引发断电和其他电气事故的不安全状态；（6）引发爆炸事故的不安全状态；（7）引发火灾事故的不安全状态；（8）引发坠落事故的不安全状态；（9）引发高空落物伤人事故的不安全状态；（10）引发起重安装事故的不安全状态；（11）引发施工船舶和机械设备事故的不安全状态；（12）引发物击事故的不安全状态；（13）引发淹溺事故的不安全状态；（14）引发中毒和窒息事故的不安全状态；（15）引发其他事故的不安全状态
按施工场所的安全条件划分（场所属性）	（1）现场周边围挡防护的不安全状态；（2）周边毗邻建筑、通道保护的不安全状态；（3）对现场内原高压线和地下管线保护的不安全状态；（4）现场功能区块划分及设施情况的不安全状态；（5）现场场地和障碍物处理的不安全状态；（6）现场排水和消防设施的不安全状态；（7）现场临时建筑和施工设施设置的不安全状态；（8）现场施工供电线路、电气装置和照明设置的不安全状态；（9）洞口、通道口、楼电梯口和临边防护设施的不安全状态；（10）现场警戒区和警示牌设置的不安全状态；（11）深基坑、深沟槽和毗邻建（构）筑物坑槽开挖场所的不安全状态；（12）起重吊装施工区域的不安全状态；（13）预应力张拉施工区域的不安全状态；（14）试压和高压作业区域的不安全状态；（15）安装和拆除施工区域的不安全状态；（16）整体式施工设施升降作业区域内的不安全状态；（17）爆破作业安全警戒区域的不安全状态；（18）水上、水下施工作业场所的不安全状态；（19）特种和危险作业场所的不安全状态；（20）生活区域、设备及原材料存放区域设置的不安全状态；（21）恶劣气候条件下，施工船舶作业、航行引发的水上各类事故

表 3-1（续）

划分方法	不安全状态的类型
按设置和工作状态划分（状态属性）	（1）施工临时建筑自身结构构造和设置中的不安全状态；（2）脚手架、模板和其他支架结构构造和设置的不安全状态；（3）施工中的工程结构、脚手架、支架等承受施工荷载的不安全状态；（4）附着升降脚手架、滑模、提模等升降式施工设施在升降和固定工况下的不安全状态；（5）塔式起重机、施工升降机、垂直运输设施（井架、泵送混凝土管道等）设置的不安全状态；（6）起重、垂直和水平运输机械工作和受载的不安全状态；（7）施工船舶、施工设施安全防护保险装置设置的不安全状态；（8）现场材料、模板、机具和设备堆（存）放的不安全状态；（9）易燃、易爆、有毒材料保管的不安全状态；（10）缺氧、有毒（气）作业场所安全保障和监控措施设置的不安全状态；（11）高处作业、水下作业安全防护措施设置的不安全状态；（12）施工机械、电动工具和其他施工设施安全防护、保险装置设置的不安全状态；（13）坑槽上口边侧土方堆置的不安全状态；（14）采用新工艺、改变工程结构正常形成程序措施执行中的不安全状态；（15）施工措施执行中出现某种问题和障碍时所形成的不安全状态；（16）其他设置和工作状态中的不安全状态
按施工作业划分（作业属性）	（1）立体交叉作业的不安全状态；（2）夜间作业的不安全状态；（3）冬期、雨期、风期作业的不安全状态；（4）应急救援作业的不安全状态；（5）爆破作业的不安全状态；（6）降水、排水、堵漏、止流沙、抗滑坡作业的不安全状态；（7）土石方挖掘和运输作业的不安全状态；（8）材料、设备、物品装卸作业的不安全状态；（9）起重和安装作业的不安全状态；（10）拆除作业的不安全状态；（11）电气作业的不安全状态；（12）电、气焊作业的不安全状态；（13）高处和架上作业的不安全状态；（14）预应力作业的不安全状态；（15）脚手架、支架装拆作业的不安全状态；（16）模板及支架装拆作业的不安全状态；（17）钢筋加工和安装作业的不安全状态；（18）水平和垂直运输作业的不安全状态；（19）顶进和整体移位作业的不安全状态；（20）深基坑支护作业的不安全状态；（21）混凝土浇筑作业的不安全状态；（22）维修、检修作业的不安全状态；（23）其他作业的不安全状态

消除不安全状态的工作关系如图 3-2 所示。

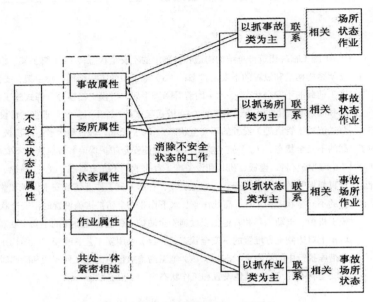

图 3-2 消除不安全状态的工作关系

2. 不安全行为

在工程施工中存在的不安全行为，是指在施工作业中存在的违章指挥、违章作业，以及其他可能引发和导致安全事故发生的行为。不安全行为可以分为以下四类：

（1）违章指挥：在施工作业中，违反安全生产法律法规、工程建设和安全技术标准、安全生产制度和规定的指挥。

（2）违章作业：违反安全生产法律法规、标准、制度和规定的作业。

（3）其他主动性不安全行为：其他由当事人发生的不安全行为。

（4）其他被动性不安全行为：当事人缺乏自我保护意识和素质的行为（会受到伤害物或主动性不安全行为的伤害）。

其中的"其他主动性不安全行为"包括违反上岗身体条件规定、违反上岗规定和不按规定使用安全防护用品三种行为，故共有六种（类）不安全行为，列入表 3-2 中。

表 3-2　常见不安全行为的表现形式表

类别	常见表现形式
违反上岗身体条件规定	（1）患有不适合从事高空、水上、水下和其他施工作业相应的疾病（精神病、癫痫病、高血压、心脏病等）；（2）未经过严格的身体检查，不具备从事高空、高温、高压、水上、水下等相应施工作业规定的身体条件；（3）妇女在经期、孕期、哺乳期间从事禁止或不适合的作业；（4）未成年工从事禁止或不适合的作业；（5）疲劳作业或带病作业
违反上岗规定	（1）无证人员从事需证岗位作业；（2）非定机、定岗人员擅自操作；（3）单人在无人辅助、轮换和监护情况下进行高、深、重、险等不安全作业；（4）在无人监管电闸的情况下从事检修、调试、高压、电气设备作业；（5）在无人辅助拖线情况下从事易扯断动力线的电动机具（如蛙式打夯机）作业
不按规定使用安全防护用品	（1）进入施工现场不戴安全帽、不穿安全鞋；（2）高处作业不佩挂安全带或挂置不可靠；（3）水上作业不穿救生衣；（4）进行高压电气作业或在雨天、潮湿环境中进行有电作业不使用绝缘护品；（5）进入有毒气环境作业不使用防毒用具；（6）电气焊作业不使用电焊帽、电焊手套、防护镜；（7）在潮湿环境作业不使用安全灯和在有可燃气体环境作业不使用防爆灯；（8）其他不使用相应安全护品的行为
违章指挥	（1）在作业条件未达到规范、设计和施工要求的情况下，组织和指挥施工；（2）在已出现不能保证作业安全的天气变化和其他情况时，坚持继续进行施工；（3）在已发现事故隐患或不安全征兆且未予消除和排除的情况下，继续指挥冒险施工；（4）在安全设施不合格、工人未使用安全防护装备和其他安全施工措施不落实的情况下，强行组织和指挥施工；（5）违反有关规范规定（包括修改、降低或取消）的指挥；（6）违反施工方案和技术措施的指挥；（7）在施工中出现异常情况时，做出不当的处置（可能导致出现事故或使事态扩大）决定；（8）在技术人员、安全人员和工人提出对施工中不安全问题的意见和建议时，并未重视、研究并做出相应的处置，且不顾安全继续指挥施工

表 3-2（续）

类别	常见表现形式
违章作业	（1）违反程序规定的作业；（2）违反操作规定的作业；（3）违反安全防（监）护规定的作业；（4）违反防爆、防毒、防触电和防火规定的作业；（5）使用带病施工船舶、机械、工具和设备进行作业；（6）在不具备安全作业条件下进行作业；（7）在已发现有事故隐患和征兆的情况下，继续进行作业
缺乏安全意识，不注意自我保护和保护他人的行为	（1）在缺乏安全警惕性的情况下发生的误扶（不可靠物）、误入（"四口"）、误碰（致伤物）、误触（带电物）、误食（毒物）、误闻（有毒气体）情况以及跌、闪失、坠落的行为；（2）在作业中出现的工具脱手、物体飞溅、掉落、碰撞和拖拉别人等行为；（3）在出现异常和险情时不及时通知别人的行为；（4）在前道工序中留下隐患而未予消除或转告下道工序作业者的行为

3. 事故的起因物、致害物和伤害方式

直接引发生产安全事故的物体（品），称为"起因物"；在生产安全事故中直接招致（造成）伤害发生的物体（品），称为"致害物"；致害物作用于被伤害者（人和物）的方式，称为"伤害方式"。

在某一特定的生产安全事故中，起因物可能是唯一的或者是多个。当有多个起因物存在时，按其作用情况会有主次和前后（序次）之分、组合和单独作用之分。在某一特定的伤害事故中，致害物也可能是一个或多个。在同一生产安全事故中，起因物和致害物可能是不同的物体（品）或同一物体（品）。

起因物和致害物的存在构成了不安全状态和安全（事故）隐患，不及时发现并消除它们，就有可能引发或发展成为事故。而一旦发生生产安全事故，对起因物和致害物的分析确定工作，又是判定事故性质和确定事故责任的重要依据。

起因物和致害物按其自身的特征划分，如表 3-3 所示，表中同时注明了其变为起因物和致害物的条件。

表 3-3　按自身特征划分的起因物和致害物

自身特征	可成为起因物和致害物的物体（品）
单件硬物	（1）工程结构件；（2）脚手架的杆（构）配件；（3）模板及其支撑件；（4）机构设备的传动件、工作件和其他零部件；（5）附着固定件；（6）支撑（顶）和拉结件；（7）围挡防护件；（8）底座和支垫件；（9）连（拼）接件；（10）安全限控、保险件；（11）平衡（配重）件；（12）电器件；（13）吊具、索具和吊材；（14）梯笼、吊盘、吊斗；（15）手持和电动工具；（16）照明器材；（17）钢材、管件、铁钉及其他硬物件；（18）阀门和压力控制设备
线路管道	（1）电气线路；（2）控制线路和系统；（3）泵送混凝土管道；（4）煤气和压缩空气管道；（5）氧气和乙炔气管道；（6）液压和油品管道；（7）压力水管道；（8）其他管线
施工船舶、机械设备	（1）起重机械（具）；（2）土方机械；（3）运输车辆；（4）泵车；（5）搅拌机；（6）其他机械设备；（7）附着升降脚手架；（8）脚手架和支架；（9）整体提（滑、倒）升模板；（10）生产和建筑设备；（11）施工船舶；（12）其他机械和整体式施工设施
易燃和危险物品	（1）易燃的材料、物品；（2）易爆的材料、物品；（3）外露带电物体；（4）一氧化碳、瓦斯和其他有毒气体；（5）炸药、雷管
作业场所、地物和地层状态	（1）高温、高湿的作业环境；（2）密闭容器、洞室和狭窄、通风不畅作业环境；（3）地基；（4）涌水层、滑坡层、流沙层等不稳定地层；（5）临时施工设施；（6）挡水、挡土、护坡措施；（7）水上、水下的作业环境；（8）各种地面堆物

表 3-3（续）

自身特征	可成为起因物和致害物的物体（品）
其他	（1）飓风、热带气旋、暴雨、大雪、雷电等恶劣和灾害天气；（2）突然停、断电；（3）爆炸的冲击波和抛射物；（4）地震作用；（5）大浪影响；（6）其他突发的不可抗力事态
注释（成为起因物和致害物的诱发条件）	当表列物体（品）有以下情况之一时，就有可能成为事故的起因物和致害物：（1）本身的规格、材质和加工不符合标准（或规定）要求；（2）本身已发生变形、损伤或磨损；（3）设计缺陷；（4）安装和维修缺陷；（5）各种带病使用情况；（6）超额定状态（超载、超速、超位、超时等）或设计要求工作；（7）超检（维）修期工作；（8）杆构件和零部件脱离正常工作位置；（9）出现各种不正常工作状态；（10）出现变形、沉降和失衡状态；（11）发生超出设计考虑的意外事态；（12）任意改变施工方案和安全施工措施的规定；（13）出现不安全行为；（14）安全防（保）护措施和安全装置失效情况；（15）出现破断、下坠事态；（16）危险场所和危险作业的安全保障、监控工作不到位；（17）其他诱发条件

伤害方式包括伤害的部位、后果和伤害作用的方式。对人员伤害的部位为身体的各部位（包括内脏器官），伤害的后果分为轻伤、重伤和死亡。伤害作用发生的方式有 18 种：碰撞、击打、冲击、砸压、切割、绞缠、掩埋、坠落、滑跌、滚压、电击、灼（烧）伤、爆炸、射入、弹出、中毒、窒息和穿透。

针对不同的伤害方式，施工单位一是要改进和完善劳动（安全）保护用品的品种和使用，二是要加强针对没有适用安全护品的伤害方式的安全预防和保护措施。

（二）事故五要素的 7 种组合

在发生的生产安全事故中，五种事故要素可能同时存在，可能部分存在。某些由人为作用引起的事故，其不安全行为同时也是起因物和致害物，而起因物和致害物有时是同一个，因此形成引发事故的 7 种组合，见表 3-4。

表 3-4　事故五要素在引发事故时的 7 种组合

类型	事故五要素的组合
E 型	不安全状态，不安全行为，起因物，致害物，伤害方式
D-1 型	不安全状态，起因物，致害物，伤害方式
D-2 型	不安全行为，起因物，致害物，伤害方式
D-3 型	不安全状态，不安全行为，起因物（致害物），伤害方式
C-1 型	不安全状态，起因物（致害物），伤害方式
C-2 型	不安全行为，起因物（致害物），伤害方式
B 型	不安全行为（起因物、致害物），伤害方式

不安全状态或不安全行为的存在（或者二者同时存在）是事故的起因，伤害方式直接导致后果，而起因物和致害物则是事故的载体，将起因和后果连接起来。当没有不安全状态和不安全行为存在时，就没有起因物和致害物的存在，或者即使存在，也不能起作用而引发事故（例如，架空的高压裸线是起因物，没有不安全状态和不安全行为造成触及高压线时，就不会引发触电事故）；而当有效地控制起因物和致害物，使其不能起作用时，即使有不安全状态和不安全行为存在，也不会导致伤害事故的发生（但不安全行为又是起因物和致害物的情况除外）。

二、施工安全隐患和事故征兆

（一）施工安全隐患的构成、类别和检查

在建筑施工中能够或者有可能引发生产安全事故的现存问题称为施工安全隐患，简称安全隐患。施工单位只有及时发现和消除在施工各个阶段、各个部位和各个环节上存在的安全隐患，才能避免生产安全事故的发生。因此，必须掌握安全隐患的构成、类别和检查要求。

1.安全隐患的构成

在生产安全事故的五个基本要素中，由于致害物和伤害方式一般只有在事故发生时方能表现出来，因此，有不安全状态、不安全行为和起因物存在时，就构成了安全隐患，其构成方式有以下三种：

第一种，不安全状态＋起因物；

第二种，不安全行为＋起因物或者不安全行为（同时也是起因物）；

第三种，不安全状态＋不安全行为＋起因物。

2. 安全隐患的类别

按安全隐患可能引发的事故种类划分，一般可划分为 12 种：用电事故安全隐患；火灾事故安全隐患；爆炸事故安全隐患；坍塌事故安全隐患；施工机械和设备倾翻、倾倒事故安全隐患；施工机械和施工设施局部损坏（折断、垮塌等）事故安全隐患；自升（滑升、提升、爬升、倒升）式整体施工装置（模板、脚手架、工作台等）坠落和失控事故安全隐患；窒息和中毒事故安全隐患；高处作业和交叉作业伤害事故的安全隐患；安全防护设施、护品的配置与使用不到位的安全隐患；违章指挥和违章作业事故安全隐患；预防灾害措施不到位事故的安全隐患。

按安全隐患涉及的安全工作方面划分，可以划分为 5 种：安全作业环境和条件缺陷隐患；安全施工措施缺陷隐患；安全工作制度缺陷隐患；安全岗位责任未落实隐患；现场安全监控管理工作不到位隐患。

3. 安全隐患的检查

检查安全隐患就是为了及时发现和消除它的存在，避免其发展为生产安全事故。

制定和落实全面到位的安全预防措施、及时检查和发现并消除安全隐患、及时发现事故征兆并立即采取应急处置措施，是施工（生产）安全管理工作中防止生产安全事故发生的三道关口。由于在发现事故征兆时，不一定都能有时间和条件阻止事故的发生（多数只能做到应急撤离人员），因此，把好检查、发现和消除安全隐患这第二道关，就显得异常重要了。

对安全隐患的检查工作，应当采取阶段检查与日常检查相结合，全面检查与专项检查相结合，安全管理部门、专职安全管理人员、施管人员检查与班组检查相结合，以及安全隐患检查与安全生产教育相结合（在进行安全生产教育之后，随即进行相应的安全隐患检查；在检查、发现并消除安全隐患的过程中，相应进行安全生产教育）。检查、发现并消除安全隐患是一项必须认真、细致且深入进行的工作，应特别注意以下三点：

（1）认真查找在施工中以各种形式存在的不安全状态、不安全行为和引发事故的起因物。

（2）认真查找由于不安全状态和起因物的存在，可能已经有初期表现的事故征兆。

（3）按照安全隐患的分类，确定安全隐患的类别，并及时采取相应消除与应急处置措施。

（二）施工安全事故的征兆

在施工生产安全事故发生之前所显示出的即将或可能要出事的迹象称为事故的征兆。如能及早地发现并及时采取应急排险措施，则有可能避免事故的发生；即使不能阻止事故发生，也可以及时撤出人员和采取应急保护措施，减轻事故的伤害和损失。因此，事故征兆是事故发生的内在规律性的又一重要组成部分。

事故的征兆通常出现在事故的起因物开始启动，到事故发生的这段孕育和发展的时段内，但也有相当多的事故是突发性的，如物体（击）打击、高空坠落、机械和触电伤害等，几乎没有孕育过程，因而即使有征兆，也很难及时做出应急反应。一些涉及面大，且伤害和损害严重的事故，一般都或长或短地存在着相应的孕育和发展过程，从而显示出某种事故征兆。研究、认识和掌握这些征兆，是一项细致而且困难的工作，具有十分重大的作用。

1. 事故征兆的类别

（1）按征兆出现的顺序划分，可分为早期征兆、中期征兆和晚期（临发）征兆三类。

早期征兆——在事故起因物启动后初现的迹象，如初现的变形、开裂和滑移等。

中期征兆——早期征兆的发展与扩大迹象，如变形迅速发展、裂缝显著扩大以及局部开始出现过大的滑移、沉降乃至损坏迹象。

晚期（临发）征兆——在事故发生前出现的原有状态面临突变的迹象，

如即将发生断裂、脱离、倾倒等险情，预示事故即至。

（2）按征兆所示的事故划分。

一般某种征兆提前出现的事故有基坑（槽）坍（塌）方、脚手架和多层转运平台倾倒、脚手架局部垮架、脚手架垂直坍塌、支撑架垮架和倒塌、独立墙体倒塌、建筑物倒塌、机械设备倾翻、自升式施工设施的坠落、火灾等。

在研究事故征兆时，一般将两种分类结合起来，即按事故的类别分别研究其前期、中期和晚期征兆以及发现征兆后的相应处置措施。

2. 常见的事故征兆

水运工程施工安全事故的征兆通常表现为一系列细微但重要的迹象，这些迹象可能在事故发生前的一段时间内逐渐显现。以下是一些常见的事故征兆：

（1）设备异常。

施工设备在运行过程中出现异常声音、振动或过热等情况，可能是设备故障或老化的前兆，如果不及时检修和更换，可能引发安全事故。

（2）结构损坏。

工程结构如桥梁、码头、堤坝等出现裂缝、变形或腐蚀等现象，这些结构损坏可能导致整体结构的稳定性下降，增加事故风险。

（3）作业环境恶化。

施工现场的环境条件如风速、水流、水位等发生异常变化，或者施工现场出现积水、泥泞等情况，这些都可能影响施工的正常进行，增加事故发生的可能性。

（4）人员行为异常。

施工人员出现疲劳、违规操作、注意力不集中等行为，这些行为可能导致操作失误或判断错误，从而引发安全事故。

（5）安全管理缺失。

施工现场的安全管理制度执行不到位，安全警示标识不明显或缺失，安全培训不到位等，可能导致施工人员的安全意识淡薄，增加事故风险。

为了及时发现并应对这些事故征兆，水运工程施工单位应建立完善的安全管理体系，加强设备维护和检修，提高作业人员的安全意识和操作技能，确保在施工过程中的安全稳定。同时，还应加强现场巡查和监控，及时发现并处理潜在的安全隐患，防止事故的发生。

三、施工安全事故发生的内在规律和特性

（一）施工安全事故发生的内在规律

1. 事故发生的内在规律图解

事故的五个基本要素形成三类安全隐患；在未能及时发现和消除安全隐患的情况下，起因物开始启动，向三期事故征兆发展；在未能及时发现和采取应急处置措施的情况下，发生由事故五要素引起的 7 种组合形式事故。这就是造成事故发生的基本的内在规律。而防止事故发生的安全措施也就在事故发生的内在规律中产生，可以分为前期预防、中期消除（隐患）和晚期应对（事故征兆）。前期预防的任务是"四消除一保护"（消除不安全状态、消除不安全行为、消除起因物、消除致害物的存在和针对伤害方式进行保护），中期消除隐患的任务是及时"两消除一制止"（消除存在的不安全状态、消除存在的起因物和制止存在的不安全行为），晚期应对事故征兆的任务是"两阻止一撤离"（阻止起因物继续作用、阻止事态继续发展和及时撤离人员）。在这三个阶段所采取的安全措施之间，具有前后交叉、连接和延续的关系，即前一阶段措施的缺陷和执行效果的问题，要由后一阶段予以弥补，如果仍然未能制止，则事故将必然发生。

上述施工安全事故发生的内在规律和预防、制止事故发生的安全措施如图 3-3 所示。

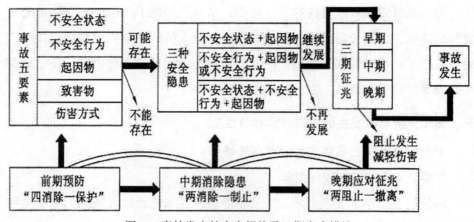

图 3-3 事故发生的内在规律及三期安全措施

2. 把握事故内在规律的基本要求

认识事故的内在规律是为了采取有效的预防、消除、阻止和保护措施，以避免事故的发生或者降低其伤害和损失。具体要求为：

（1）掌握各种引发事故的因素在施工过程与安全管理工作中存在的具体表现及其内在联系。

（2）掌握事故要素得以存在、孕育、发展、启动与造成伤害作用所需的条件和因素。

（3）消除引发事故因素应当采取的安全技术与管理措施。此外，还应从事故发生的内在规律中正确认识事故的特性（必然性、偶然性、多发性、可防性和难控性）。

使事故要素得以存在、孕育、发展、启动和作用的条件与因素很多，我们可将其归纳为认识因素、技术因素、条件因素和管理因素四个方面，如表 3-5 所示。

表 3-5　事故要素得以存在、孕育、发展、启动和作用的因素

类别	因素
主观认识方面	（1）对安全工作认识不足，乃至缺乏应有的认识；（2）对安全工作的法律责任认识不足，乃至无视安全法律的要求；（3）对防范安全事故的发生抱有"未必会发生事故"的侥幸心理；（4）满足于已取得的安全工作成绩，滋生麻痹思想，放松安全工作要求；（5）为利益驱使，降低乃至无视安全工作要求
安全技术水平方面	（1）主要负责人、技术人员和安全工作人员达不到相应的安全工作素质要求；（2）安全技术研究工作开展不够，习惯于一般化的管理；（3）缺乏高素质的安全技术研究人才，对重大（要）工程的安全技术研究不够；（4）对事故信息的收集和研究不够
工程和施工条件方面	（1）对工程安全施工的有关条件摸底不够，存在疏忽或未能考虑的问题；（2）基于各种原因，达不到确保施工安全的作业环境和条件；（3）基于各种原因违反程序施工、冒险施工、违规施工，以及使用不合格材料与带"病"机械设备；（4）对高安全要求的施工和作业要求缺乏相应的安全保障条件
安全管理工作方面	（1）没有建立起包括组织、制度、技术、投入和信息等方面的全面的施工安全保证体系，或者不健全和执行不严格；（2）没有实行严格的安全教育，职工安全素质（意识和能力）低下；（3）没有建立起以安全责任为核心的严格的安全管理及其监督保证，各级人员的安全责任没有落实；（4）没有实行严格的安全交底制度，安全宣传和警示工作不到位

（二）施工安全事故发生的特性

施工安全事故的发生都有其内在的规律，并遵守其内在规律。事故发生所表现出的必然性和可防性，分别是内在规律作用的结果和掌握内在规律的结果；而事故发生也会表现出偶然性和难控性，其原因多为没有很好掌握其内在规律的表现，应当从这一角度去掌握事故发生的特性。

1. 事故发生的必然性和可防性

当在施工过程中存在由事故要素构成的安全隐患未能被及时发现和消除时，它就会继续孕育、发展和启动；当在事故孕发过程中的各种迹象（征兆）又未能被及时发现并予以紧急阻止、排除时，则事故必然发生，这是由事故内在规律所决定的必然性。事故的发生往往暴露了安全生产工作中三期防范的缺陷与相应施工管理人员责任的缺失。由于前期预防工作不到位和缺失，使得不安全状态、不安全行为和起因物得以存在；由于中期检查工作的不到位和缺失，使得安全隐患未能被及时发现和消除，并得以继续其孕发；由于后期检查工作的不到位和警觉意识的缺少，使得事故孕发的迹象被忽视而未能及时、有效地阻止。因此，安全生产工作的不到位和缺失，使得事故的发生有可能变为必然，并形成了事故多方位出现和反复出现。

引发事故的基本要素及其孕发过程是有规律性的，当我们认识和掌握了各类事故的基本要素及其孕发规律，并深入细致地做好前期预防、中期检查和后期阻止工作时，就可以有效防止事故的发生，这就是事故的可防性。除了自然灾害和其他不可抗力因素作用引发的事故（这类事故也有一定的可防性）外，其他各类事故应当都是完全可以防止的。之所以未能完全防止，则是由于我们还未能完全认识它，未做好防止其发生的安全工作所导致。

2. 事故发生的偶然性和难控性

水运工程施工安全事故的发生确实具有偶然性和难控性，这两个特性使得预防和应对水运工程安全事故变得尤为复杂和困难。

偶然性主要体现在安全事故的发生往往是由一系列偶然因素引发的。这些偶然因素可能包括设备故障、人为失误、自然灾害等，它们发生的时间和地点难以准确预测。由于水运工程通常涉及大规模的土方开挖、混凝土浇筑、设备安装等作业，每个施工环节都存在着潜在的安全风险。即使采取了严格的安全管理措施，也难以完全消除这些风险。因此，水运工程施工安全事故的发生往往具有一定的偶然性。

难控性则主要体现在以下几个方面。首先，水运工程通常位于水域环境中，受自然条件如风浪、水流、潮汐等影响较大，这些自然因素的变化难以精确预测和控制。其次，水运工程施工现场通常涉及多个施工队伍和交叉作业，协调和管理难度较大。不同施工队伍之间的沟通和配合可能存在障碍，增加了安全事故的风险。最后，水运工程施工中使用的设备和材料种类繁多，质量参差不齐，这也增加了安全事故的难控性。

之所以存在事故的难控性，并成为使各级施工管理人员常常提心吊胆、难以摆脱的"梦魇"，是因为在我们的安全工作中还存在不少导致事故发生的因素，归纳起来有"六个研究、认识、掌握不够""五个不到位"和"四个不高"。

六个研究、认识、掌握不够：对事故发生内在规律的研究、认识和掌握不够；对"高、难、新、特"工程施工安全保障要求的研究、认识和掌握不够；对造成事故发生的反复性（多发性）和偶然性原因及其解决措施的研究、认识和掌握不够；对已发生各类事故的细节及引发因素的研究、认识和掌握不够；对安全作业的环境条件、安全施工措施和安全管理工作的全面性、切实性、有效性、保证性及其影响因素的研究、认识和掌握不够；对全面落实各级施管人员的安全责任及监督工作的研究、认识和掌握不够。

五个不到位：全面的施工安全保证体系建立、健全和落实工作不到位；对职工的安全生产教育工作不到位；班前安全交底和班中检查工作不到位；安全监控管理工作不到位；应急预案及其配置工作不到位。

四个不高：主要负责人和专职安全工作人员的安全工作素质不高；技术人员的安全技术工作素质不高；作业人员的安全素质不高；安全投入不高（达不到相应要求）。

因此，我们应当努力解决好上述"六、五、四"中所存在的问题和不足，做好各项施工安全工作，警钟长鸣、保持对事故的高度警惕性，就一定能够较好地解决事故的难控性，实现可防性的要求。

第四章　水运工程施工安全风险防控

第一节　水运工程施工安全风险防控的意义

一、水运工程施工安全风险防控的必要性

（一）保障人员生命安全与身体健康

在水运工程施工过程中，安全风险无处不在，如高空作业、挖掘作业、水上作业等都存在一定的安全隐患。安全事故不仅会对施工人员的生命安全造成威胁，还会对工程进度和工程质量产生负面影响。因此，通过加强安全风险防控，防范事故发生、减少人员伤亡，是水运工程施工中至关重要的目标。除了生命安全，施工人员的身体健康同样需要得到保障。水运工程施工环境中，施工人员长期处于噪音、粉尘、有害气体等恶劣环境中，容易引发职业病。此外，长时间的高强度劳动、不合理的作息安排等也会对施工人员的身体健康造成损害。通过安全风险防控，合理控制施工环境中的有害因素，确保施工人员的身体健康，是水运工程施工的必然要求。

在水运工程施工过程中，保障人员生命安全与身体健康，不仅体现了施工企业对员工的关爱，也是施工企业履行社会责任的体现。通过加强安全风险防控，减少事故发生，施工企业可以为员工创造一个安全、健康的施工环境，使员工能够全身心地投入到工作中，为我国水运事业的发展贡献力量。

（二）维护工程质量和施工进度

在水运工程施工过程中，安全风险的防范是保障工程质量的基础。安全事故的发生往往会导致工程质量的下降，不仅影响工程的使用寿命，还可能

对周围环境造成损害。例如，施工中的意外事故可能导致施工材料和施工设备的损坏，甚至可能导致施工人员的伤亡。这些事故不仅会对工程本身造成影响，还可能对周围的环境和人员造成伤害，从而影响工程的整体质量和形象。安全风险的防范还有助于保障工程按计划顺利进行。在水运工程施工过程中，安全事故不仅会导致施工进度延误，还可能增加施工成本。例如，安全事故可能导致施工设备停工，施工人员伤亡，需要额外的时间和成本来进行修复和补充。这样一来，工程的进度就会受到影响，甚至可能导致工程延期交付，从而影响企业的信誉。

（三）提升企业社会形象和竞争力

在水运工程施工中，安全风险的防范有助于树立企业良好的形象。企业采取有效的安全风险防控措施，不仅能够保障工程质量和施工进度，还能够保障施工人员的安全，减少安全事故的发生。这样的企业会被视为负责任和专业的企业，从而赢得社会的认可和尊重，树立良好的企业形象。此外，安全风险的防范还有助于提高企业在水运工程市场的竞争力。在水运工程市场上，企业之间的竞争激烈，而安全风险的防范是衡量企业竞争力的重要指标之一。企业通过有效的安全风险防控措施，不仅能够保障工程质量和施工进度，还能够减少安全事故的发生，从而提高企业在水运工程市场的竞争力。

二、水运工程施工安全风险防控的实践价值

（一）促进安全管理水平提升

在水运工程施工过程中，完善安全管理制度和流程是确保工程顺利进行的重要保障。施工单位、企业首先要建立健全的安全管理体系，明确各级管理人员的安全职责，确保每个人都清楚自己的安全职责和任务；其次，要制定一系列安全操作规程和标准，使施工人员在工作中有明确的操作指南；最后，还要加强对施工现场的安全巡查和监督，确保安全管理制度和流程得到有效执行。

安全管理人员的专业素养直接影响到水运工程施工安全风险防控的效果。因此，施工单位、企业要提高安全管理人员的专业素养。首先，要加强

安全培训，使管理人员掌握最新的安全知识和技能。其次，要定期组织安全管理人员进行交流和学习，分享安全管理经验和心得，提高他们的安全管理水平。最后，还要加强对安全管理人员的考核，确保他们具备较强的责任心和业务能力。

（二）推动技术创新与设备升级

水运工程施工的安全风险防控，离不开对先进安全技术和设备的应用。首先，施工单位应通过引入智能化施工设备，可以在一定程度上减少人工操作的风险。例如，利用无人机进行施工现场的监测，可以避免人员进入高危险区域。其次，施工单位应利用信息化管理系统，如 BIM 技术，可以在施工前对整个工程进行模拟，预测潜在的安全风险，从而提前做好防范措施。最后，采用新型的材料和工艺，也可以大大提升施工安全。例如，施工单位应使用高性能的混凝土可以减少施工过程中的裂缝和变形，从而降低事故发生的概率。

在水运工程施工过程中，施工单位应通过技术创新和设备升级，可以有效提高施工效率，降低安全风险。例如，使用大型机械化设备进行施工，可以提高施工速度，减少人员作业，从而降低安全风险。同时，通过提高施工效率，可以缩短施工周期，减少因长时间施工而引发的安全隐患。此外，提高施工效率还有助于提高工程质量，从而降低因质量问题引发的安全风险。

（三）强化风险评估与预警能力

在水运工程施工过程中，强化风险评估与预警能力是确保施工安全的重要手段。首先，施工单位应通过定期的风险评估，可以及时发现潜在的安全隐患，为制定针对性的防范措施提供依据。例如，对施工现场的地质条件、水文情况等进行详细的调查和评估，可以提前预知可能出现的地质灾害，从而采取相应的防范措施。其次，施工单位应利用现代科技手段，如无人机、传感器等，对施工现场进行实时监测，可以及时发现异常情况，避免事故的发生。

在水运工程施工过程中，提高事故预警和应对能力是降低事故损失的关键。首先，施工单位应建立健全的事故预警机制，通过实时监测和数据分析，及时发现事故隐患，提前采取措施，避免事故的发生。例如，对施工现场的气象条件进行实时监测，一旦发现极端天气，立即采取措施，避免因天气原因引发的事故。其次，施工单位应提高事故应对能力，通过制定详细的事故应急预案，组织定期的应急演练，提高施工人员的应急处理能力，确保在事故发生时，能够迅速、有效地进行处理，降低事故损失。

三、水运工程施工安全风险防控的社会效益

（一）保障社会稳定与和谐发展

在水运工程施工过程中，安全风险的防控至关重要。安全事故的发生不仅会对施工现场的人员造成伤害，还会对周边环境和社区产生负面影响。例如，施工过程中的意外事故可能导致人员伤亡，引起社会关注和恐慌，会对周边社区的居民生活造成困扰，甚至引发社会不稳定因素。因此，施工单位采取有效的安全风险防控，可以减少安全事故，保障社会的稳定与和谐发展。水运工程是社会经济发展的重要基础设施之一，通过施工安全风险的防控，可以确保工程项目的顺利进行，避免因安全事故导致的工程延误和经济损失。此外，水运工程的安全稳定施工还有助于提高工程质量，延长工程寿命，为社会的经济发展提供持续的支持。因此，水运工程施工安全风险防控的社会效益在于促进水运工程与社会经济的协调发展。

（二）保护生态环境与资源利用

在水运工程施工过程中，如果发生安全事故，会对周边的生态环境造成破坏。例如，施工过程中的意外事故会导致水质污染，影响水生生物的生存和繁衍。此外，安全事故还会导致土地破坏，影响周边植被的生长和发展。因此，施工单位通过安全风险防控，可以有效防范安全事故对生态环境的破坏，保护自然环境的可持续发展。在水运工程施工过程中，资源的合理利用和可持续发展至关重要。施工单位采取安全风险防控，可以避免因事故导致的资源浪费和损失。例如，施工单位通过合理规划和使用材料，可以减少资源的浪费，提高资源利用率。此外，施工单位通过科学合理的施工方法和技术，

可以减少对周边环境的影响，促进资源的可持续利用。因此，水运工程施工安全风险防控的社会效益在于促进资源的合理利用和可持续发展。

第二节　水运工程施工安全风险预防措施

一、一般性预防措施

（一）完善安全生产管理制度

为了预防水运工程施工安全事故，施工单位首先需要建立健全的安全生产管理制度。这一制度应当涵盖施工现场的管理、人员培训、设备检查、施工过程监控等各个方面。完善的安全管理制度能够确保施工过程中的各个环节都在可控范围内，从而降低安全事故的发生概率。其次，施工单位应针对水运工程施工的特点和风险，制定详细的安全操作规程，确保施工人员在执行任务时能够遵循规范，减少因操作不当引发的事故。再次，施工单位应定期对施工人员进行安全知识和技能培训，提高他们的安全意识，使他们能够在紧急情况下采取正确的应对措施。最后，施工单位应明确各级管理人员和施工人员的安全职责，确保每个人都了解自己的安全职责，从而形成人人关心安全生产的良好氛围。同时，加强对施工现场的安全检查，及时发现并整改安全隐患，防止事故的发生。

（二）制定应急预案

应急预案是应对水运工程施工安全事故的重要措施，对于降低事故损失、保障人员生命安全具有重要意义。施工单位制定应急预案时，应针对水运工程施工过程中可能发生的安全事故进行风险评估，明确潜在的危险源，为制定应急预案提供依据。同时，建立应急组织架构，明确各成员的职责，确保在事故发生时能够迅速启动应急预案，有效组织救援。此外，根据不同类型的事故，制定相应的应急响应程序，包括事故报警、应急指挥、救援措施、人员疏散等环节，确保在事故发生时能够快速、有序地开展救援工作。根据事故风险评估结果，应配备相应的应急物资和设备，确保在事故发生时能够迅速投入使用，提高救援效率。最后，定期组织应急演练，检验应急预案的实施效果，提高施工队伍的应急处理能力。

（三）加强安全培训和教育

在水运工程施工过程中，加强安全培训和教育是预防安全风险的重要手段。为了提高施工人员的安全意识和技能，确保他们掌握正确的安全操作方法，施工单位应定期组织安全培训和教育活动。培训内容应涵盖施工现场的安全规章制度、安全操作规程、安全事故案例以及应急处理措施等方面。此外，还应针对不同工种和岗位特点，提供有针对性的安全培训，使施工人员充分了解各类安全风险及其防范方法。培训方式可以采用集中授课、现场演示、模拟操作等多种形式，以增强培训效果。同时，施工单位还应建立健全安全培训档案，对培训情况进行详细记录，以确保培训质量和效果。

（四）落实安全防护设施

落实安全防护设施是预防水运工程施工安全风险的重要环节。施工单位应根据工程特点和施工条件，制定合理的安全防护措施，确保施工现场的安全。首先，施工单位应按照国家标准和相关规定，设置围挡、栏杆、警示标志等临时设施，防止无关人员进入施工现场，提醒施工人员注意安全。其次，针对高处作业、起重作业、机械操作等高风险作业环节，施工单位应提供必要的安全防护设备，如安全带、防护网、防坠器等，确保施工人员的人身安全。最后，施工单位还应加强对安全防护设施的检查和维护，确保其正常使用。在施工过程中，如发现安全防护设施损坏或存在安全隐患，应及时进行整改，确保施工现场的安全。

（五）做好风险防控

在水运工程施工过程中，风险防控是确保工程顺利进行的重要环节。首先，施工单位要建立健全风险防控机制，明确各级管理人员和施工人员的职责，确保风险防控工作的落实。其次，施工单位要根据工程特点和施工环境，识别潜在的安全风险，并制定针对性的预防措施。例如，针对水上作业，应加强船舶管理和水上交通管制，防止交通事故的发生；针对深基坑施工，应采取可靠的支护措施,防止坍塌事故的发生。最后,施工单位要加强施工现场的安全培训和宣传教育,提高施工人员的安全意识和自我保护能力。

（六）加强隐患排查

隐患排查是水运工程施工安全管理的重要内容。首先,施工单位要建立隐患排查制度,明确隐患排查的周期、内容和责任人。其次,施工单位要组织专业人员定期对施工现场进行隐患排查,发现安全隐患及时整改;同时,要加强与政府相关部门的联系,及时了解和掌握安全生产法律法规和标准规范,确保施工过程中的合规性;对于重大隐患,要立即上报并制订整改方案,确保整改措施的落实。

（七）落实安全生产检查

安全生产检查是水运工程施工过程中必不可少的环节。首先,施工单位要制订详细的安全生产检查计划,明确检查的时间、内容、范围和责任人。其次,施工单位要组织专业人员进行定期检查,对施工现场的安全设施、施工设备、施工工艺等进行全面检查,确保施工过程中的安全;同时,要对检查发现的问题进行及时整改,对整改情况进行跟踪督促,确保整改到位。最后,施工单位要加强与政府相关部门的沟通与合作,积极配合安全生产监管工作,提高施工过程中的安全管理水平。

（八）做好应急演练

应急演练是提高水运工程施工过程中应对突发事件能力的重要手段。首先,施工单位要制定应急预案,明确应急组织机构、应急资源配置、应急响应程序等内容。其次,施工单位要根据工程特点和施工环境,针对可能发生的突发事件进行应急演练,以提高施工人员的应急处理能力。例如,组织开展火灾、坍塌、溺水等事故的应急演练,使施工人员在遇到突发事件时能迅速采取有效措施进行应对。再次,施工单位要加强应急预案的培训和宣传教育,确保施工人员熟悉应急预案的内容和操作程序。最后,施工单位要定期对应急演练进行总结和评估,不断改进应急预案,提高施工过程中的应急安全管理水平。

二、针对性预防措施

（一）高处作业安全措施

在高处作业过程中，为确保施工安全，施工单位需要严格遵循高处作业规程，施工人员必须按照相关规定进行操作，佩戴安全防护设备，如安全带、防护网等。同时，施工单位应在施工现场设置明显的高处作业警示标志，以提醒施工人员注意安全。此外，施工单位应定期检查高处设施，如加强对脚手架、吊篮等高处设施的检查，确保其结构稳定、安全可靠；还要加强对施工人员的高处作业安全培训，提高他们的安全意识和操作技能；针对高处作业事故，应制定应急预案，确保在突发情况下能够迅速采取有效措施。

（二）防止物体打击

为避免物体打击事故，施工单位应加强施工现场管理，具体措施包括：对施工现场进行严格管理，确保各类物料、工具等摆放整齐，避免物料滑落或滚落；在施工现场设置隔离区，确保施工区域与其他区域相互隔离，降低物体打击的风险；严格执行操作规程，要求施工人员在施工过程中严格遵守操作规程，确保施工过程中不会因操作不当而引发物体打击；同时，施工人员必须佩戴个人防护装备，如安全帽、防护眼镜等；此外，还应定期检查施工现场，加强对施工现场的巡查，确保施工现场安全，及时发现并消除安全隐患；加强施工现场人员之间的沟通协作，确保施工过程中能够及时发现问题并妥善处理，避免发生物体打击事故。

针对物体打击事故，施工单位应制定应急预案，确保在突发情况下能够迅速采取有效措施，最大限度地降低事故伤害。

（三）加强机械设备管理

在水运工程施工过程中，机械设备的安全运行至关重要。为了预防机械设备事故，施工单位应制定完善的机械设备检查和维护制度，确保设备在正常状态下运行；定期对机械设备进行检查和维护，发现隐患及时整改，避免因设备故障而引发事故；加强对操作人员的培训，确保他们熟悉各种机械设备的操作规程和安全管理规定。操作人员应具备相应的安全技能和知识，做到安全操作。施工单位应制定详细的机械设备操作规程，并在施工现场明显位置进行张贴，提醒操作人员遵守规定。操作规程应包括设备启动、停止、作业过程中的注意事项等内容。施工单位应为机械设备配备完善的安全防护设施，如防护罩、限位器、安全阀等。这些设施能有效减少因设备故障或操作不当导致的伤害事故。针对机械设备事故，施工单位制定应急预案，确保在事故发生时能迅速采取措施，降低事故损失。应急预案应包括事故应急处理流程、应急资源配置、事故报告和调查等内容。

（四）预防触电事故

触电事故是水运工程施工中常见的安全事故之一。为了预防触电事故，施工单位应严格按照国家相关法律法规和标准，对施工现场的电气设备进行安装、调试和验收，以确保电气设备安全可靠，降低触电风险；同时，应对施工现场的电气设备进行接地保护，确保接地电阻符合规定，因为接地保护能有效降低触电事故的风险；此外，为施工现场的电气设备安装漏电保护器也至关重要，它能在短时间内切断电源，防止触电事故发生；还应加强对施工现场人员的安全用电培训，提高他们的安全意识和自我保护能力。培训内容包括电气安全知识、触电急救方法等。同时，施工单位应加强对施工现场用电的监管，对施工现场定期检查，发现问题及时整改，确保用电安全；针对触电事故，还应制定应急预案，确保在事故发生时能迅速采取措施，降低事故损失。应急预案应包括事故应急处理流程、应急资源配置、事故报告和调查等内容。

（五）坍塌事故防范

坍塌事故是水运工程施工中常见的安全事故类型，对施工人员生命安全构成严重威胁。为了有效防范坍塌事故，施工单位应加强地质勘察，在施工前，充分开展地质勘察工作，了解施工现场的地质条件、地形地貌、地下水位等情况，为施工提供科学依据。根据地质勘察结果，设计合理的安全防护方案，包括边坡支护、基坑支护等，以确保施工过程中边坡和基坑的稳定性。在施工过程中，应严格遵守施工规程和操作规范，确保各项安全措施落实到位；

还应建立监测预警系统，对施工现场进行实时监测，发现安全隐患及时采取措施进行整改；同时，加强对施工现场的管理，确保施工材料、设备等摆放整齐，避免因杂物堆积等原因导致坍塌事故；此外，还应提高施工人员安全意识，加强施工人员的安全教育培训，使施工人员能够在施工过程中自觉遵守安全规定。

（六）预防淹溺事故

淹溺事故是水运工程施工中又一种重要安全事故类型，对施工人员生命安全造成严重威胁。为了有效预防淹溺事故，施工单位应在施工现场附近的水域，设置明显的警示标志，提醒施工人员注意安全；根据施工现场的实际情况，划分安全区域，确保施工人员严格遵守水域安全规定；在施工现场附近的水域，配备充足的救生设备，如救生圈、救生衣等，以备不时之需；同时，在施工期间，加强对附近水域的水文观测，了解水位变化、水流情况等，为施工提供实时数据支持；针对淹溺事故，制定完善的应急预案，确保在突发情况下能够迅速采取有效措施，降低事故风险。此外，施工单位还应加强对施工现场附近水域的安全巡查，确保施工人员的安全。

（七）防止灼烫和火灾事故

在水运工程施工过程中，灼烫和火灾事故对施工现场的安全构成严重威胁。为了防止这类事故的发生，施工单位应建立完善的安全管理制度，明确各级管理人员的安全职责，确保施工现场的安全监管到位；要加强施工现场的消防安全工作，配备足够的消防器材和设施，确保消防通道的畅通；对易燃、易爆物品进行严格管理，确保存放和使用过程中的安全；对施工现场的电器设备进行定期检查和维护，防止因电器设备故障引发火灾事故；同时，加强施工现场的明火管理，禁止随意使用明火，如需焊接等作业，应采取防火措施；还要对施工人员进行安全教育培训，提高他们的消防安全意识，使他们能在紧急情况下迅速采取应对措施；此外，还应制定火灾应急预案，组织定期火灾演练，提高施工现场的火灾应对能力。

（八）爆炸事故预防

爆炸事故在水运工程施工过程中具有极大的破坏性和危险性。为了预防爆炸事故的发生，施工单位应严格遵循相关法律法规和标准，对易燃、易爆物品的储存、运输和使用进行严格管理；对施工现场进行风险评估，及时发现潜在的爆炸隐患，并采取相应的整改措施；还要对施工人员进行安全培训，使他们了解爆炸事故的危害和预防措施，提高安全意识；同时，加强施工现场的巡查，及时发现并处理可能导致爆炸事故的安全隐患；配备必要的防护装备，如防爆服、防毒面具等，确保施工人员在爆炸事故发生时能有效保护自身安全；此外，制定爆炸事故应急预案，组织定期应急演练，提高施工现场的应对能力；加强与当地政府部门和应急救援机构的沟通协作，确保在爆炸事故发生时能迅速得到支援和救援。

第三节　水运工程施工安全风险的监测与控制

一、水运工程施工安全风险的监测技术

（一）遥感技术与地理信息系统应用

在水运工程施工安全风险的监测技术中，遥感技术与地理信息系统（GIS）的应用起到了关键作用。

1. 实时监测与数据采集

遥感技术可以通过卫星、飞机等平台获取水运工程区域的多光谱遥感影像。这些影像可以记录工程区域的地形、水文、土壤等各类信息，为安全监测提供重要数据基础。对这些影像进行实时获取和分析，施工单位可以及时发现潜在的安全问题，并采取相应的应对措施。地理信息系统则能够整合地理空间数据，实现对水运工程施工进展、质量控制和资源调度的实时监测。工程师利用 GIS 技术对地理数据进行更新和分析，可以及时了解施工情况，发现并解决施工中的问题。

2. 风险区域的动态分析

利用遥感技术获取的多光谱遥感影像，结合地理信息系统，可以对风险区域进行动态分析。通过对比不同时间段的遥感影像，工程师可以分析出风险区域的变化趋势，如地形变化、水位升降等，从而预测潜在的安全风险。同时，GIS 技术可以实施监测系统，对风险区域进行持续的监测和评估。通过整合实时监测信息和地理数据，GIS 能够模拟不同的灾害场景和应急方案，评估其对工程安全和周围环境的影响，为风险管理提供科学依据。

遥感技术与地理信息系统的应用为水运工程施工安全风险的监测提供了有效的技术支持。通过实时监测与数据采集，以及风险区域的动态分析，工程师可以及时发现并应对潜在的安全风险，确保水运工程的顺利进行。

（二）智能化监测系统

智能化监测系统在水运工程施工安全风险监测中起着至关重要的作用。它通过采用先进的传感器技术、数据传输技术和预警响应机制，实现对施工现场实时、准确的监测，为施工安全提供有力保障。

1. 传感器网络与实时数据传输

传感器网络是由大量传感器节点组成的分布式系统，能够实时采集施工现场的各种数据，如水位、地质、气象、施工设备状态等。其通过无线通信技术将这些数据实时传输到监控中心，为施工安全提供实时、准确的数据支持。水位传感器可以实时监测水位变化，为防洪、防潮提供数据支持。通过水位监测，施工单位可以及时发现水位异常情况，提前采取措施避免安全事故的发生。

地质传感器可以实时监测施工现场的地质变化，为防止地质灾害提供数据支持。当监测到地质异常时，施工单位可以及时调整施工方案，以确保施工安全。同时，气象传感器也发挥着关键作用，它可以实时监测施工现场的气象状况，为施工提供准确的气象数据。在遇到恶劣天气时，施工单位可以及时采取措施，确保施工安全。此外，通过安装在施工设备上的传感器，施工单位可以实时监测设备运行状态，如温度、压力、振动等。一旦发现设备异常，施工单位应立即采取措施进行维修保养，防止设备故障导致安全事故。

2. 自动化预警与响应机制

智能化监测系统还具备自动化预警与响应功能。当监测到施工现场存在安全风险时，系统会自动发出预警信号，同时启动响应机制，指导施工单位采取相应措施，确保施工安全。智能化监测系统通过分析实时数据，在施工现场出现异常情况时会自动发出预警信号。预警信号包括声音、光线、短信等多种形式，确保施工人员及时收到预警信息。智能化监测系统根据预警信号的不同等级，启动相应的响应机制。响应机制包括现场紧急会议、调整施工方案、撤离危险区域、增加安全防护措施等。智能化监测系统还应配备完善的应急预案，确保在发生安全事故时，能够迅速、有序地进行救援和处理。

通过智能化监测系统的应用，施工单位可以实现对水运工程施工安全风险的实时监测、预警和响应，提高施工现场的安全管理水平，为施工人员提供安全、高效的工作环境。

（三）现场人工监测与巡查

1. 定期检查与记录

现场人工监测与巡查在水运工程施工安全风险监测中起着重要作用。定期检查是指在施工过程中，相关人员按照预定的时间、路线和内容，对施工现场进行系统、全面的检查。检查内容包括施工现场的安全设施、设备状态、工程质量、施工进度等，以确保施工过程的安全和顺利进行。重点关注施工现场的安全标志、围栏、警示灯等安全设施是否完好，确保其能有效发挥预防事故的作用；检查施工设备、机械仪表等是否运行正常，有无异常声响或异味等现象，一旦发现故障应及时排除，避免设备故障导致安全事故；对施工过程中的工程质量进行监测，如混凝土浇筑、桩基施工等，确保工程质量达到设计要求，降低施工风险。监控施工进度是否按照计划进行，发现问题及时调整，避免进度失控带来的安全风险。

2. 及时反馈与处理异常情况

在现场人工监测与巡查过程中，发现异常情况时，监测人员应及时向项目负责人或相关部门汇报，采取有效措施予以处理。施工单位对发现的安全隐患，要立即进行整改，消除潜在安全风险；对于重大安全隐患，要进行专项治理，确保施工安全；对监测中发现的质量问题，要分析原因，制定整改措施，并督促施工单位进行整改。确保工程质量达到规定要求；针对监测中发现的施工进度问题，要分析影响进度的原因，采取加快施工速度、调整施工计划等措施，确保项目按期完成；对施工现场的环境进行监测，如噪声、扬尘等，超标时要及时采取降噪、降尘措施，确保施工现场环境达标。

通过现场人工监测与巡查，水运工程施工安全风险得到有效监测与控制，为施工过程的安全与顺利进行提供保障。同时，定期检查与记录、及时反馈并处理异常情况是现场人工监测与巡查的关键环节，因此需加强相关人员培训，以提高监测与巡查效果。

二、水运工程施工安全风险的控制策略

（一）风险评估与预警机制

1.基于监测数据的分析评估

水运工程施工安全风险评估是预防和控制事故的重要手段。基于监测数据的分析评估，施工单位可以全面、实时地了解工程状况，为风险防控提供科学依据。在此过程中，施工单位应确保数据的准确性和完整性，针对工程特点，制订合理的监测方案，涵盖施工现场、环境、设备等多个方面；对采集到的数据进行整理、分析，提取关键信息，为风险评估提供依据；根据数据分析结果，识别出潜在的安全风险，包括施工过程中的安全隐患、环境风险、设备风险等；结合工程特点、施工方案及相关法规，对识别出的风险进行定性和定量评估，确定风险等级；针对评估结果，对高风险项目发出预警，提醒相关方加强防范。

2.建立多级预警系统与应急预案

施工单位应根据风险评估结果，建立多级预警系统，实现风险的早期发现、早期预警。预警级别可根据风险等级划分为不同级别，如一级预警（高风险）、二级预警（中风险）、三级预警（低风险）；针对各级预警，应制

定详细的应急预案，明确应急组织、应急流程、应急措施等；应急预案应具有可操作性和实用性，确保在突发事件发生时能迅速响应，降低损失；定期组织应急预案培训和演练，提高施工人员的安全意识和应对能力，确保应急预案在实际应急情况下的有效性；根据风险变化和施工进展，实时调整预警级别，确保预警系统的有效性。

通过建立风险评估与预警机制，水运工程施工安全风险得到了有效控制。同时，不断优化预警系统和相关应急预案，提高施工安全管理水平，有助于降低施工安全事故的发生率。

（二）安全管理制度的建立与执行

1. 明确各级责任与分工

在水运工程施工过程中，明确各级责任与分工是安全管理的重要环节。首先，项目负责人应对整个项目的安全生产负总责，对项目的安全管理工作进行监督和指导。其次，各职能部门要根据各自的职责范围，制定并落实具体的安全措施。最后，施工单位还要建立健全安全生产责任制，将安全指标纳入绩效考核，确保各级人员切实履行职责。

2. 制定并执行安全操作规程

为确保水运工程施工安全，制定并执行安全操作规程至关重要。针对不同施工环节和作业内容，施工单位应制定针对性的安全操作规程，明确操作步骤、安全注意事项及应急处理措施等；加强对施工现场的安全培训，使施工人员熟悉并掌握安全操作规程，提高安全意识；严格执行安全操作规程，规范施工行为，确保施工过程中人身和财产安全；定期对安全操作规程进行修订和完善，以适应施工现场的实际情况，提高其针对性和实用性；加强对安全操作规程执行情况的监督检查，确保各项措施得到落实；对不按规定执行的单位和个人，严肃追究责任；建立健全安全管理制度，以提高水运工程施工的安全性，降低安全事故发生的风险；同时，还需不断完善和优化安全管理体系，使之更加科学、合理、有效，为我国水运工程事业的健康发展提供有力保障。

（三）技术与管理措施的优化

1. 引入先进技术与设备降低风险

在水运工程施工过程中，引入先进的技术与设备是降低安全风险的重要手段。先进的技术和设备可以提高施工效率，减少人力劳动，降低施工过程中因人员操作不当造成的事故风险。例如，施工单位可以采用无人机进行施工现场的实时监控，及时发现潜在的安全隐患，并通过远程传输技术将监控数据实时传递给项目管理人员，以便及时采取措施进行整改。此外，利用现代通信技术，如北斗卫星导航系统和高精度定位技术，可以实现对施工现场的精确定位和实时监控，有效防止施工船舶偏离施工区域，确保施工安全。

2. 提高施工现场管理与监督水平

提高施工现场的管理与监督水平是确保水运工程施工安全的关键。首先，施工单位应建立健全施工现场管理制度，明确各岗位的职责和权限，确保施工现场的各项活动有序进行。其次，施工单位应加强现场安全培训，提高施工人员的安全意识和技能水平，降低因操作不当而引发的事故风险。再次，项目管理人员应定期对施工现场进行巡查，及时发现并整改安全隐患，确保施工过程中的安全。最后，施工单位应利用现代信息技术，如大数据分析和人工智能技术，对施工现场的各类信息进行实时收集和分析，以提高施工现场管理的精细化水平。这些技术手段，有助于施工单位提前发现潜在的安全风险，制定针对性的预防措施，从而降低安全事故的发生概率。

施工单位应通过引入先进技术与设备，降低风险并提高施工现场管理与监督水平，可以有效控制水运工程施工安全风险。为实现这一目标，项目管理人员应充分认识到施工现场安全管理的重要性，不断探索和创新安全管理方法，提高安全管理水平，确保水运工程施工的顺利进行。

（四）培训与教育

1. 提高员工的安全意识与风险应对能力

在水运工程施工过程中，安全意识的重要性不言而喻。为了提高员工的安全意识，企业应制订一套完善的安全教育培训计划，对员工进行系统、全面的安全知识培训。培训内容应包括施工现场的安全规定、安全事故案例分析、风险识别与应对方法等。此外，企业还应鼓励员工积极参与安全管理，提出安全建议，从而在潜移默化中增强员工的安全意识。

2. 定期进行安全培训与演练活动

定期开展安全培训与演练活动是提高员工安全风险应对能力的重要手段。企业应根据项目特点，制订针对性的培训与演练计划，确保培训内容与实际操作紧密结合。安全培训可分为两类：一类是理论知识培训，主要包括安全法律法规、安全技术规范等；另一类是实际操作培训，如紧急救援、消防器材使用等。在安全演练方面，企业应定期组织应急演练，模拟实际安全事故发生时的情景，让员工在模拟环境中熟悉应急处理流程，提高应对突发事件的能力。演练结束后，企业应对演练效果进行总结与评价，找出不足之处，进一步完善应急预案。培训与教育措施的实施，有助于提高员工的安全意识与风险应对能力，为水运工程施工安全风险的控制奠定坚实的基础。同时，企业还应关注员工的安全素质培养，选拔安全管理人员，建立激励机制，鼓励员工不断提升自身安全素养，为施工安全保驾护航。

第四节　水运工程施工应急措施

一、水运工程应急救援管理

水运工程施工过程一旦发生事故，不仅会给企业带来巨大的经济损失，更可能造成重大的人员伤亡和社会影响。因此，为了有效预防施工现场的事故发生，应急救援管理工作显得尤为重要。加强应急救援管理工作的必要性主要体现在以下几个方面：首先，及时的应急救援能够最大限度地减少事故造成的人员伤亡和财产损失；其次，有效的应急救援能够稳定事故现场的局面，防止事故扩大化；最后，通过应急救援管理工作的不断完善，可以提高企业应对突发事件的能力，增强企业的社会责任感和公信力。

以下是应急救援预案的编制过程与注意事项。

（一）应急救援预案的编制步骤

水运工程应急救援预案的编制是保障施工安全，降低事故损失的重要措施。编制应急救援预案应遵循以下步骤。

1. 评估风险

这是预案编制的首要环节，旨在对水运工程项目可能面临的各种风险进行识别和评估。这包括对潜在灾害风险的预测、分析和评价，以便为预案编制提供科学依据。风险评估的结果将直接影响后续应急救援目标和措施的确定。

2. 确定应急救援目标

在风险评估的基础上，明确应急救援的主要目标。这些目标通常包括快速响应、有效处置、保障人员安全、降低财产损失、恢复正常运行等。

3. 设置组织机构

根据应急救援的需要，设置相应的组织机构，包括领导指挥机构、应急指挥中心、各级领导小组等。这些机构应明确职责和权限，确保在紧急情况下能够迅速、有序地开展工作。

4. 制定应急救援措施

根据风险评估结果和应急救援目标，制定具体的应急救援措施。这些措施应涵盖预警与监测、人员疏散、紧急救援、恢复与重建等各个环节，确保在紧急情况下能够迅速、有效地进行处置。

5. 开展应急救援演练

为确保应急救援预案的可行性和有效性，应定期组织应急救援演练。通过演练，可以检验预案的完整性、一致性和可操作性，提高救援队伍的应急反应能力和协作水平。

6. 评审与更新预案

预案编制完成后，应组织专家进行评审，确保预案的完整性、一致性、可操作性和有效性。同时，随着工程进展和外部环境的变化，预案应定期进行更新和修订，以适应新的风险和挑战。

7. 开展宣传教育与培训

加强应急救援预案的宣传教育和培训工作，提高全体员工的安全意识和应急处理能力。通过培训使员工熟悉预案内容、掌握应急技能，确保在紧急情况下能够正确、迅速地执行预案。

8. 做好资源保障工作

为确保应急救援工作的顺利进行，应提前做好资源保障工作。这包括人员、物资、设备、资金等方面的保障，确保在紧急情况下能够及时调动和使用所需资源。

施工单位通过以上步骤，可以编制出科学、实用、可操作的水运工程应急救援预案，为水运工程的安全运行提供有力保障。

（二）编制应急救援预案的注意事项

1. 要具有针对性

每个工程项目在施工地点、时间、周边条件与环境、地质情况、结构、设计要求等方面都不相同，因此施工单位编制应急救援预案时要根据其项目的自身特点，充分调查了解有关详细资料后，找出危险源和可能发生事故的严重程度、后果以及存在部位，针对性地提出可能发生事故的应急响应步骤和预防事故的措施，做到有的放矢。

2. 救援指挥组织要落实到人，职责明确

编制应急救援预案的救援指挥部组织体系时，要落实到每一个成员和通信号码，明确各级负责人、外出时的代理人。此外，编制各部门（小组）工作职责时也应落实到每个人，职责内容也要尽可能详细。

3. 应急救援通信要保证 24 小时不间断

应急救援预案的应急救援报警通信号码要详细到每个部门或责任人，最好是手机号码，要求应急救援通信电话 24 小时不间断，确保应急救援时及时有效。同时要将应急救援报警通信号码张贴于施工现场醒目部位，使现场的每个施工人员都熟悉。

4. 要充分保障应急救援设备、器材

应急救援涉及的设备、器材要尽可能全面、详细，且必须放置在施工现场，保证性能质量完好，确保抢险时在最短时间内能使用，如果不能全部堆放在现场，需与供货商签订供货协议，以便在最短时间内供应到现场。

5. 应急响应计划要具体详细

应急响应是应急救援预案的重要部分，针对可能发生的每一种安全事故类型都要制定详细的应急响应实施的步骤，有助于正确指导抢险救援工作，使抢修救援工作少走弯路，节约宝贵时间，减少人员伤亡和经济损失。项目部是工程项目应急响应的主体，对坍塌、高处坠落等一些有较大影响和较大伤亡的重大事故，在应急响应时还应得到政府和社会力量的支持。

编制应急救援预案要做到简洁明了，便于相关人员在紧急情况下使用。制定的应急救援预案的主要部分应当是整体应急反应策略和应急行动，具体实施程序应放在预案附录中详细说明。要保证应急救援预案有足够的灵活性，以适应随时变化的实际紧急情况。

应急救援预案中至少应包括以下六个主要应急反应要素：

（1）应急资源的有效性；

（2）事故评估程序；

（3）指挥、协调和反应的组织结构；

（4）通报和通信联络程序；

（5）应急反应行动（包括事故控制、防护行动和救援行动）；

（6）培训、演习和预案保持。

应急救援预案的编制不是单独、短期的行为，而是整个应急准备过程中的一个重要环节。有效的应急救援预案应该不断进行评价、修改和测试，持续改进。施工单位需周密计划所要编制的应急救援预案，并合理定位，确保让施工现场的每一位人员齐心协力、献计献策，共同做好应急救援预案的编制。

（三）如何编制应急救援预案

施工单位在项目开工之前就应当着手进行编制应急救援预案，尽管合同签订到工程项目开工这段时间很短，但是一项好的应急救援预案应该是计划周详、变化小，能够适应于特殊工地，而且简单易行、方便落实。

施工单位在编制应急救援预案时应该考虑以下几个方面：

（1）风险分析及评估；

（2）应急救援物资；

（3）通信系统；

（4）预案的执行主体；

（5）紧急应对程序；

（6）应急程序联系电话。

（7）任务报告和外伤后过度紧张症的安抚程序。

（四）应急救援预案的内容

应急救援预案的内容，应包括以下八个方面。

1. 基本原则与方针

坚持安全第一，安全责任重于泰山，预防为主、自救为主、统一指挥、分工负责，优先保护人和优先保护大多数人，优先保护贵重财产等基本原则和方针。

2. 工程项目（或企业）的基本情况

工程项目（或企业）的基本情况包括：

（1）企业及工程项目基本情况简介；项目的工程概况和施工特点；项目所在的地理位置、地形特点，工地外围的环境、居民、交通和安全注意事项；气象状况；等等。

（2）施工现场的临时医务室或保健医药设施及场外医疗机构，并列出医务人员名单，联系电话，常用医药和抢救设施；附近医疗机构的情况介绍，位置、距离、联系电话等。

（3）工地现场内外的消防、救助设施及人员状况。介绍工地消防组成机构和成员，成立义务消防队，消防、救助设施及其分布，消防通道等；施工消防平面布置图（如各楼层不一样，还应分层绘制），消防栓、灭火器的放置位置，易燃易爆的位置，消防紧急通道，疏散路线等。

3. 安全事故风险的确定和影响

根据工程特点和任务，分析本工程可能发生较大的事故和发生位置、影响范围等。工程中常见的事故包括：建筑质量事故、施工毗邻建筑坍塌事故、土方坍塌事故、气体中毒事故、架体倒塌事故、高空坠落事故、物体打击事故、触电事故等。对于土方坍塌、气体中毒事故等应分析和预知其可能对周围环境产生的不利影响及其严重程度。

4. 应急机构的组成、职责和分工

（1）应急机构的组成。

应急机构应包括指挥机构和救援队伍，具体指挥机构组成可列附表说明。企业或工程项目部应成立重大事故应急救援指挥领导小组，由企业经理或项目经理、相关副经理及生产、安全、设备、保卫等负责人组成，下设应急救援办公室（可设在施工质量安全部门），日常工作由施工质量安全部门兼管负责。当发生重大事故时，领导小组成员迅速到达指定岗位，因特殊情况不能到岗的，由所在单位按职务排序递补。重大事故应急救援指挥领导小组，由项目经理任总指挥，相关副经理任副总指挥，负责事故的应急救援工作的组织和指挥。在救援队伍的组织上应体现专业性，由经培训合格的人员组成。

（2）应急机构的职责。

应急机构的职责应具体明确，并分解落实到应急救援机构的所有人员。例如，应急救援办公室的职责包括：负责本单位或项目预案的制定和修订；组建应急救援队伍，组织实施和演练；检查督促做好重大事故的预防措施和应急救援的各项准备工作；组织和实施救援行动；组织事故调查和总结应急救援工作的经验教训。

（3）应急机构的分工。

明确各机构组成与分工情况。例如，总指挥组织指挥整个应急救援工作；

安全负责人负责事故的具体处置工作；后勤负责人负责应急人员等生活必需品的供应工作。

5. 报警信号与通信

列出各救援电话及有关部门、人员的联络电话或方式。消防报警：119；公安：110；医疗：120；交通：××××；市（县）建设局、安监局电话：××××；市（县）应急机构电话：××××；工地应急机构办公室电话：××××；各成员联系电话：××××；救援协助邻近单位电话：××××；附近医疗机构电话：××××。

工地报警联系地址及注意事项：报警者有时由于紧张而无法把地址和事故状况说清楚，因此最好把工地的联系地址事先写明，如：××区××路××街××号××大厦对面，如果工地确实不易找到，还应派人到主要路口接应。并把以上的报警信息与通信方式贴于办公室，方便紧急报警与联系。

6. 事故应急与救援

（1）事故应急程序。

一旦发生事故，事故现场人员应报告联络有关人员（紧急时立刻报警、打求助电话），同时成立指挥部（组）；必要时需向社会发出救援请求。随后应实施应急救援、保护事故现场，并及时上报有关部门；最后进行善后处理。

（2）事故的应急救援措施。

可根据本工程项目可能发生的事故，列出事故类别、事故原因及现场救援措施等。

7. 有关规定和要求

规定安全事故应急救援纪律、救援训练、各种制度、并注明要求。

8. 常见事故自救和急救常识及其他

安全事故应急与救援预案应给出常见事故自救和急救方法，如人工呼吸的方法、火灾逃生常识和常见消防器材的使用方法等。

水运工程施工属于高危险的工作，意外事故时有发生，只有重视和认真编制安全事故应急救援预案和加强应急与救援演练，才能有效应对突发事故，提高应急救援快速反应能力。

二、应急救援行动

应急救援行动是指在紧急情况发生时，为及时营救人员、疏散人员撤离现场、减轻事故后果和控制灾情而采取的一系列抢救援助行动。

施工单位在事故发生前应该设计和建立应急系统，制定应急救援预案，并进行培训、训练和演习，以保证应急行动的有效性；在事故发生时，则应及时调动并合理利用应急资源，包括人力资源和物质资源；在事故现场，针对事故的具体情况选择应急对策和行动方案，从而使伤害和损失降到最程度和最小范围。应急救援行动应做到以下几点。

（一）当遇到突发险情时，现场负责人能作出正确判断和决策

工程现场一旦出现险情，现场负责人应根据险情发生具体情况作出正确判断。当发现有发展扩大趋势时，现场负责人应立即向指挥部和有关部门负责人汇报或报警，指挥部接到报告后应立即启动应急救援预案。

（二）发挥互助优势，查找原因，正确施救

危险性和影响较大的事故救援还应得到当地政府、有关部门和各参建单位的支持与帮助。在通常情况下，坍塌（塌陷）事故的救援仅靠施工单位自身不能满足救援所需的人力、设备、物资等资源需求，施工单位必须请求当地政府、有关部门和单位在最短时间内调动预备的救援人员、设备和物资参与救援；并组织有关专家迅速查明事故发生原因，决定正确施救方法和步骤；明确参建各方和有关部门（单位）抢险救援工作内容，防止抢险救援工作的时间浪费和无序开展，以免丧失抢险救援的最佳时机，从而造成重大经济损失和不良社会影响。

（三）救援设备器材和物资要随时调用，专人管理

在救援过程中，所使用的设备器材和物资是否及时到位将直接影响抢险救援进展和效果。因此，抢险救援中常用的设备器材和物资，如在坍塌事故中抢险救援常用的挖掘机、压密注浆设备、吊车、水泥、水玻璃、麻袋、草包、棉花胎和导流管等，必须确保放置在现场。对项目部缺少的机械设备，施工

单位可以与有关单位事先约定好，确保一旦发生突发事故能优先投入抢险救援中使用。对一些不太常用的大吨位吊车、红外探测设备等，应事先与有关单位预约。对现场不能大量存放的急需物资，也要事先与供货方订立紧急供货协议，以便随时调用。此外，对现场抢险救援所使用的设备、器材和物资应设专人管理、维护和保养，确保其使用性能良好。

（四）可能导致危险的作业尽可能安排在白天进行

在工程项目施工中，有些危险通过采取有效预控措施是可以消除的，但有些危险，尽管在施工中采取了各种预控措施，由于工程条件多变性和突变性，仍然不可能完全消除。因此，施工单位应尽可能地将这些可能出现的危险作业安排在白天进行，一旦发生事故，组织人员、调动设备和物资都相对容易，从而能在最短时间内进行抢救救援，避免耽误最佳抢险救援时机。

（五）安全事故应急救援必须及时迅速、合理、合情、科学

安全事故发生后，施工单位必须及时迅速上报并科学抢救，必须沉着冷静，避免乱指挥、蛮干抢救。只有及时迅速进行抢救，才能最大限度地减少人员和财产损失。隐瞒不报或延时报告及抢救都会贻误救援时机，扩大事故后果，这是法律所不容许的，相关责任人将受到事故报告与处理不力的责任追究。

只有及时迅速、合理、合情进行抢救，才能准确有效地开展各项应急救援工作，才能科学施救生产安全事故，挽救生命，阻止更大危害的发生，保护生命、财产和环境安全。合理是指符合事故应急救援的一般原则；合情是指事故应急救援必须符合事故的实际情况。安全事故应急救援应提倡科学施救，拒绝盲目施救。据调查统计，在很多事故中，主要负责人及相关人员不仅没有做到科学施救，反而因盲目施救导致事故的扩大，并造成更多宝贵的生命损失。

三、应急救援培训、训练与演习

应急救援预案只是应对突发事故的战略战术，应急救援的实效还需要平时的演练和事故发生时的灵活应对。如果应急响应人员不能充分理解每项职

责和步骤，在对事故进行应急救援时，就会出现问题。为了贯彻执行应急救援预案，应急救援机构和相关支持单位还必须就预案的整个理念、职责以及程序进行培训，确保事故应急救援的有关部门和应急人员充分理解预案。为提高救援人员的技术水平与救援队伍的整体能力，保证事故救援行动快速、有序、有效，应定期开展应急救援培训、训练与演习，并使之成为救援队伍的一项日常性工作。

应急救援培训、训练与演习应以"加强基础，突出重点，边练边战，逐步提高"为原则，达到锻炼和提高队伍在突发事故情况下的快速抢险堵源、及时营救伤员、正确指导和帮助群众防护或撤离、有效消除危害后果、开展现场急救和伤员转送等应急救援技能和应急反应综合素质，有效降低事故危害，减少事故损失。

（一）应急培训

应急救援预案是应急救援行动指南，应急培训是应急救援行动成功的前提和保证。通过培训，可以发现应急救援预案的不足和缺陷，并在实践中加以补充和改进；通过培训，可以使事故涉及的应急队员、事故当事人等都能了解一旦发生事故，他们应该做什么，能够做什么，如何去做以及如何协调各应急部门人员的工作等。

应急培训即要求应急人员了解和掌握如何识别危险、如何采取必要的应急措施、如何启动紧急报警系统、如何安全疏散人群等基本操作。同时，应急队员还应就可能暴露于化学、物理伤害，放射性和病菌感染等各种特殊伤害，接受相应的培训。

（二）应急救援训练与演习

应急救援训练与演习是检测培训效果、测试设备、设施和保证所制定的应急救援预案和程序有效性的最佳方法。测试应急管理系统的充分性和保证所有反应要素都能全面应对任何紧急情况。因此，应该以多种形式开展系统的应急训练与演习，使应急队员能进入实战状态，熟悉各类应急操作和整个应急行动的程序，明确自身的职责等。通过应急救援演习提高救援队伍间的协同救援水平和实战能力，检验应急救援的综合能力和运作情况，以便发现问题，及时改正，提高应急救援的实战水平。

安全事故作为小概率事件，决定应急救援预案真正投入实战的机会很小，演习便是应急管理人员检验和评估应急救援的主要方式，以此来确保预案在实际紧急事件中能够顺利运行。因此，训练和演习应尽可能模拟实际紧急情况，以验证应急救援预案的整体或关键性局部是否可能有效地付诸实施；验证应急救援预案在应对可能出现的各种意外情况方面所具备的适应性；找出应急救援预案可能需要进一步完善和修正的地方；确保建立和保持可靠的通信联络渠道；检查所有有关组织是否已经熟悉并履行了他们的职责；检查并提高应急救援的启动能力。具体实现以下目标：

（1）在事故发生前暴露预案和程序的缺点；

（2）辨识出缺乏的资源（包括人力和设备）；

（3）改善各种反应人员、部门和机构之间的协调水平；

（4）在企业应急管理的能力方面获得大众认可和信心；

（5）增强应急反应人员的熟练性和信心；

（6）明确每个人各自的岗位和职责；

（7）努力增加企业应急救援预案与政府、社区应急救援预案之间的合作与协调；

（8）提高整体应急反应能力。

应急演习是一种综合性的训练，也是训练的最高形式，演习应该在培训和训练后进行。演习是在模拟事故的条件下实施的，是更加逼近实际的训练和检验训练效果的手段。事故应急演习也是检查应急准备周密程度的重要方法，是评价应急救援预案准确性的关键措施。演习的过程，也是参演和参观人员学习和提高的过程。

需要注意的是，演习主要是在宏观上检验应急救援预案的可靠性与可行性，为修正预案提供依据；同时，也为各个应急救援专业组织之间、应急救援指挥人员之间的协作提供实际配合的机会，以提高他们的协同能力和水平。

四、应急救援预案检查

制定应急救援预案的目的是快速、有序、高效地控制紧急事件的发展，将事故损失降低到最低程度。为了保证应急救援预案的完善，施工单位应建立应急救援预案检查表，以核实应急救援预案内容是否全面、系统、可靠和可行。着重做好以下检查：

（1）是否编制了综合性应急救援预案，预案是否包括预防、预备、响应和恢复等内容。

（2）若没有综合性预案，是否有专项事故应急程序，如落水淹溺、坍塌事故应急程序等。

（3）应急救援预案的内容是否符合相关安全法律、法规和标准的要求。

（4）应急救援预案是否与企业重大危险源、设备、设施、场所及其风险相适应。

（5）应急救援预案是否经最高管理层授权发布实施，是否有实施日期。

（6）应急救援预案是否包括：目录表、变更记录、目的、企业简介、名词、术语定义、发放表等。

（7）所有相关人员是否都可获得应急救援预案。

（8）是否建立了应急响应（反应）机构。

（9）下属职责是否定义清楚，并落实到相关人员：

①应急救援预案管理；

②应急指挥；

③支持、协调；

④应急救援预案和程序的维护；

⑤定期风险评估；

⑥培训、训练和演习；

⑦重要设备及其维护清单；

⑧专项事故应急响应职责；

⑨与场外应急救援预案的协调。

（10）应急救援关键职位及其替补人员、职责和指挥系统是否清楚明确。

（11）应急救援预案是否进行并建立在风险评价基础上，是否确认了潜在紧急情况及其重要对策。

（12）是否包括定期应急能力测试、训练、演习内容，是否规定通过测试、评估来纠正和完善应急救援预案。

（13）是否定义并建立了不同应急响应级别的应急救援预案。

（14）应急组织机构是否与正常生产经营组织机构协调。

（15）应急救援预案中是否重点论述了人员安全、危险控制及减少损失的优先原则。

（16）应急救援预案中是否包括下述信息发布文件：

①应急救援预案简介；

②安全、环保方针；

③对社区、政府的贡献；

④企业年报或财务情况介绍；

⑤事故/事件或危险；

⑥施工工艺/设施、安全措施描述；

⑦安全记录。

（17）应急救援预案中是否包括应急前、应急中和应急后负责公共关系的部门、职责和人员。

（18）媒体和信息发布负责人是否培训合格，是否有应急信息发布和管理程序。

第五节　水运工程施工安全风险监管与法规保障

一、水运工程施工安全风险监管的现状与问题

（一）监管体系概述

1. 现有的水运工程施工安全风险监管体系

在我国，水运工程施工安全风险监管体系主要包括以下几个方面：

（1）法律法规体系。

以《中华人民共和国安全生产法》为准则，相关法律法规为辅助，形成了我国水运工程施工安全风险监管的法律法规体系。这些法律法规明确了施工安全监管的基本要求、责任主体和违法行为的处理措施等。

（2）管理体系。

我国水运工程施工安全风险监管的管理体系包括国家、地方和企业的三级管理体系。各级管理部门按照职责分工，负责组织实施本行政区域内的水运工程施工安全监管工作。

（3）技术标准体系。

我国制定了一系列水运工程施工安全技术标准，包括施工安全、环境保护、应急救援等方面的技术规范，为施工安全监管提供了技术支持。

2. 监管机构与职责分配

在水运工程施工安全风险监管体系中，监管机构与职责分配如下：

（1）国家层面。

交通运输部、水利部等相关部门负责制定水运工程施工安全的政策、法规和技术标准，对全国范围内的水运工程施工安全工作进行宏观指导、监督和检查。

（2）地方层面。

各级交通运输、水利部门负责组织实施本行政区域内的水运工程施工安全监管工作，依法对施工单位进行安全检查、监督和指导。

（3）企业层面。

施工单位应建立健全安全生产责任制度，明确各级管理人员和员工的安全生产职责，确保施工安全。同时，企业应设立安全管理机构，配备专职安全管理人员，负责施工安全监管工作。

（4）其他相关部门。

生态环境、应急管理、市场监管等部门在各自职责范围内，协助交通运输、水利部门开展水运工程施工安全监管工作。

我国水运工程施工安全风险监管体系在法律法规、管理体系、技术标准和应急救援等方面具有较强的完整性、系统性和针对性。通过明确监管机构与职责分配，有利于各级管理部门各司其职，共同保障水运工程施工安全。然而，在实际监管过程中，仍需不断优化和完善监管体系，以适应水运工程安全生产的新形势和新要求。

（二）监管现状分析

随着我国水运工程建设向深水、远离岸线区域转移，工程难度和施工环境发生了质的变化，施工建设过程中的工程安全问题、工程复杂程度更显突出。为此，我国政府高度重视水运工程施工安全风险监管，不断加强对该领域的管理和规范。

1. 安全风险评估机制逐步完善

在水运工程施工过程中，安全风险评估已成为项目管理的必要环节。通过对施工过程中可能出现的安全风险进行辨识、分析、评估，有利于提前发现和预防潜在安全隐患，提高施工安全管理水平。当前，我国水运工程施工安全风险评估机制逐步完善，评估内容涵盖了工程设计、施工组织、施工现场管理、应急救援等方面，为施工安全管理提供了有力保障。

2. 监管力度不断加大

为保证水运工程施工安全，我国政府加大了对施工现场的监管力度。各级建设部门、质量监督部门和施工单位均要加强施工现场的安全检查，严格落实安全生产责任制，及时发现和消除安全隐患。此外，通过开展各类安全生产专项活动，如"岁末年初保卫战"、安全风险隐患排查整治专项执法等，进一步强化了施工现场的安全监管。

3. 从业人员安全意识提高

随着水运工程施工安全风险监管的不断加强，从业人员的安全意识得到了明显提高。施工单位在招聘从业人员时，应注重安全知识的普及和教育，确保员工在上岗前具备一定的安全意识。此外，通过定期开展安全培训、事故应急预案演练等方式，不断提高从业人员的安全操作技能和应对突发事故的能力。

我国水运工程施工安全风险监管现状表现为：安全风险评估机制逐步完善，监管力度不断加大，以及从业人员安全意识持续提高。目前，尽管水运工程施工安全风险监管取得了一定的成果，但仍需进一步加强和完善，以应对日益复杂的施工环境和管理挑战。政府部门、建设单位、施工单位、监理单位等各方应共同努力，持续提高水运工程施工安全风险监管水平，确保工程安全、顺利进行。

二、水运工程施工安全风险法规保障的现状与问题

（一）法规体系概述

1. 现行的水运工程施工安全风险相关法规

现行的水运工程施工安全风险相关法规主要包括以下几个方面：

（1）交通运输部发布的《公路水运工程施工安全风险评估指南》，该指南旨在规范水运工程施工安全风险评估工作，加强风险预控管理，提高施工安全风险辨识和防控能力。其中包括了总体要求、港口工程、航道工程、船闸工程等部分。

（2）《公路水运危险性较大工程专项施工方案编制审查规程》，该规程规定了公路水运危险性较大工程专项施工方案的编制、审查、实施等内容和程序。

（3）环境保护相关法规，如《中华人民共和国环境保护法》《中华人民共和国水土保持法》《中华人民共和国水法》《中华人民共和国海洋环境

保护法》等。此外，还有《中华人民共和国公路法》《中华人民共和国港口法》《中华人民共和国渔业法》《中华人民共和国环境影响评价法》《中华人民共和国文物保护法》等法规也对水运工程施工环境保护提出了要求。

2.法规的制定与修订过程

我国水运工程施工安全风险相关法规的制定与修订过程体现了以下特点：

（1）逐步完善。

从初步建立到逐步完善，我国在水运工程施工安全风险管理方面的法规体系经历了较长的时间。在实践过程中，针对不断出现的新问题和新挑战，相关部门及时出台和完善相关法规，以保障施工安全。

（2）针对性较强。

针对水运工程施工的特点和风险点，相关法规明确了具体的管理要求和措施，具有较强的针对性。

（3）动态更新。

随着技术进步和管理理念的发展，我国不断对水运工程施工安全风险相关法规进行修订，引入新的管理方法和手段，使之保持与实际需求的动态匹配。

（4）跨部门协同。

在法规制定和修订过程中，各相关部门加强协同，形成合力，确保法规的落地实施。例如，交通运输部与环保部门、水利部门等共同制定和修订相关法规，确保施工安全与环境保护的有机结合。

我国现行的水运工程施工安全风险相关法规体系较为完善，但仍需不断修订和完善，以适应水运工程施工安全管理的现实需求。在今后的法规制定和修订过程中，应继续强化跨部门协同、提高法规的针对性和实用性，确保水运工程施工安全得到有效保障。

（二）法规实施效果分析

1.法规对水运工程施工安全风险的规范作用

随着水运工程建设向深水、远离岸线区域转移，工程难度和施工环境发生了质的变化，施工建设过程中的工程安全问题、工程复杂程度更显突出。为加强水运工程施工安全风险预控管理，有效防范施工安全事故发生，我国政府积极推进水运工程施工安全风险法规保障工作。

《公路水运工程施工安全风险评估指南》及四本标准的发布实施，为水运工程施工安全风险评估提供了有力的法规支持。这些法规明确了风险评估的基本要求、评估流程、评估方法和评估内容，对水运工程施工安全风险的识别、评估和控制起到了重要的规范作用。

此外，我国还出台了《交通运输工程施工单位主要负责人、项目负责人和专职安全生产管理人员安全生产考核管理办法》，规范了施工企业主要负责人和安全生产管理人员的安全生产考核管理工作，提高了安全生产管理水平。这些法规对于推动水运工程施工企业加强安全生产管理，提高施工安全水平具有重要意义。

2.法规实施中存在的问题与不足

虽然水运工程施工安全风险法规保障工作取得了一定的成效，但在实际实施过程中仍存在一些问题和不足。

首先，法规宣传和培训不足。部分施工企业和从业人员对安全风险评估法规的认识不到位，对评估流程、方法和标准掌握不全面，导致安全风险评估工作实施效果不佳。

其次，法规在实施过程中的监管有待加强。在一些水运工程施工现场，安全生产法规并未得到充分落实，施工企业存在一定程度的违规行为。这反映出监管部门对施工现场的巡查、督查力度不够，以及对违法行为的查处力度不足。

最后，法规体系尚不完善。一系列水运工程施工安全风险法规虽然已出台，但部分法规之间存在交叉、矛盾和不协调的现象，给施工企业的执行带来一定困扰。同时，针对不同类型水运工程的特点，法规的适用性和针对性有待提高。

水运工程施工安全风险法规保障在实施过程中取得了一定的成果，但仍存在一些问题和不足。为进一步加强水运工程施工安全风险管理，提高安全生产水平，有必要完善法规体系，加大宣传和培训力度，加强监管执法，确保法规的有效实施。

三、水运工程施工安全风险监管与法规保障的对策建议

（一）加大监管力度与完善监管体系

1. 提升监管机构的能力与权威性

在水运工程施工安全风险监管中，提升监管机构的能力与权威性至关重要。首先，监管机构应当加强监管人员的培训，提高其业务水平和综合素质，使其具备较强的安全风险识别、评估和防范能力。其次，监管机构应建立健全组织架构，明确各部门的职责和权限，形成上下联动、协同高效的监管体系。

为了提高监管机构的权威性，政府部门应积极参与并支持监管工作，为监管机构提供必要的资源和保障。同时，监管机构应积极履行职责，加强对水运工程施工安全的监督检查，对发现的隐患和问题及时予以整改。此外，监管机构还需加强与相关部门之间的沟通与协作，形成合力，确保施工安全监管工作的顺利开展。

2. 完善监管手段与技术支撑体系

完善的安全法规和标准是水运工程施工安全风险监管的重要依据。政府部门应不断制定和修订相关法规、规章和标准，确保其科学合理、可操作性强。同时，要加强对现有法规、规章和标准的宣传普及，提高施工企业和从业人员的安全意识，使其严格遵守法规和标准要求。

安全风险评估是预防水运工程施工安全事故的关键环节。政府部门应加强对安全风险评估工作的监督和指导，确保施工企业按照规定开展评估，并充分发挥评估结果在施工安全管理中的作用；此外，要定期对安全风险评估工作进行总结和分析，不断优化评估方法和技术，提高评估的准确性和可

靠性。

随着科技的发展，创新监管手段和技术对于提高水运工程施工安全风险监管具有重要意义。政府部门应鼓励和支持监管机构、科研院所和企业开展技术研发和应用，推广先进的监测、检测和预警技术。例如，利用无人机、红外热像仪等设备进行施工现场的实时监测，运用大数据、人工智能等技术进行安全风险分析预测，提高监管工作的科学性、精确性和实时性。

施工企业是水运工程施工安全的主体责任单位，对其安全管理工作具有重要的影响。政府部门应加强对施工企业安全主体责任的监督检查，确保企业履行安全职责；同时，通过加大安全投入、落实安全培训、严格执行安全制度等措施，提高施工企业安全管理水平。

建立健全应急救援体系是保障水运工程施工安全的重要环节。政府部门应组织编制应急预案，明确应急组织、应急资源、应急措施等，确保应急预案的针对性和可操作性；同时，加强应急演练，提高施工企业和从业人员应对突发事件的能力；此外，还要加强与相关部门的协调配合，形成应急救援合力，确保施工过程中发生安全事故时能够迅速有效地进行救援。

（二）优化法规保障体系

1.完善水运工程施工安全风险相关法规

为了保障水运工程施工的安全，我国已制定了一系列法规。然而随着工程复杂性和风险的增加，现有的法规体系仍需进一步优化和完善。

首先，应加强法规的针对性和实用性。针对不同类型的水运工程，制定具有针对性的安全风险评估标准和规范，以便更准确地识别和评估风险。此外，法规应具有较强的实用性，以便在实际施工过程中，能够有效地指导施工企业和相关人员做好安全风险防控工作。

其次，完善法规的修订和更新机制。随着科技的发展和施工技术的进步，水运工程施工安全风险也在不断变化。因此，我们应建立法规修订和更新机制，确保法规内容的时效性和适用性。

2.加强法规宣传与教育，提高执行力

完善的水运工程施工安全风险监管法规体系离不开高效的宣传和教育工作。为了提高法规的知名度和执行力，我们可以采取以下措施：

首先，加大宣传力度。通过各种媒介，如报纸、杂志、网络等，广泛宣传水运工程施工安全风险监管法规，提高相关人员的安全意识，使其在施工过程中自觉遵守法规。

其次，加强教育培训。针对水运工程施工企业主要负责人、安全生产管理人员和一线施工人员，开展安全风险管理培训，使其充分了解法规内容，提高安全风险识别、评估和防控能力。

最后，建立健全法规考核制度。对水运工程施工企业进行安全风险监管时，要将法规执行情况纳入考核范畴，确保企业认真履行安全监管职责，切实保障工程施工安全。

通过优化法规保障体系，强化水运工程施工安全风险监管，我们可以更好地防范安全事故的发生，保障工程顺利进行，促进我国水运事业的健康发展。

（三）强化企业主体责任与自律机制

1.建立健全企业安全生产责任制

企业安全生产责任制是确保工程安全的重要手段，通过明确各级管理人员、员工在安全生产中的职责，确保每个人都能够履行自己的安全职责。企业应建立健全安全生产责任制，确保从项目经理到一线工人，每个人都对安全生产承担责任。企业应根据《中华人民共和国安全生产法》等相关法规，制定详细的安全生产职责，明确企业主要负责人、项目负责人、安全管理人员、技术人员和一线工人的安全职责，确保各级人员在工作中能够切实履行安全职责。定期为企业员工提供安全生产培训，提高员工的安全意识和技能，使员工具备处理突发事件的能力。将安全生产纳入企业绩效考核体系，对履行安全生产职责不到位的人员进行问责，确保安全生产责任落实。

2. 加强企业安全生产自律与自我约束机制建设

企业应加强安全生产自律与自我约束，从源头上杜绝安全事故的发生。企业应根据工程特点和安全生产要求，制定并完善的安全生产规章制度，以确保施工过程中各项工作有序进行。企业应确保安全生产经费的投入，为安全生产提供必要的物质保障，提高施工现场的安全设施和防护措施。利用现代信息技术手段，对企业安全生产进行实时监控和管理，提高企业安全生产管理水平。通过奖励履行安全生产职责表现优秀的员工，激发员工关注安全生产的积极性；对安全生产违规行为进行严肃处理，形成强烈的震慑作用。

第五章　水运工程施工安全风险辨识与评估

第一节　施工安全风险辨识与评估方法

一、水运工程施工安全风险辨识

（一）风险源辨识

风险源辨识是水运工程施工安全风险管理的基础，旨在识别和分析可能导致安全事故的潜在风险。以下是风险源辨识的主要内容。

1.工程施工过程中各项作业活动

在水运工程施工过程中，各项作业活动都可能存在一定的安全风险。这些作业活动包括土方开挖、基础处理、结构施工、机电安装、调试运行等。针对这些作业活动，需要分析其特点和潜在风险，制定相应的安全措施，确保施工过程的安全。

2.作业环境

作业环境是影响施工安全的重要因素，包括施工现场的地形、地貌、气候、水文等。在这些因素中，气候和水文条件对施工安全的影响尤为重要。不利的气候条件（如强风、暴雨、低温等）可能导致施工过程中发生安全事故。因此，在风险源辨识中，要充分考虑作业环境的风险。

3.施工设备（机具）

施工设备（机具）是施工过程中的重要工具，其安全性能直接关系到施工人员的人身安全和工程质量。风险源辨识需关注施工设备（机具）的以下几个方面：

（1）设备选型及性能。

选用适合工程特点的设备，确保设备性能稳定、安全可靠。

（2）设备操作。

规范设备操作流程，加强操作人员的安全培训，提高操作技能。

（3）设备维护保养。

定期对设备进行检查、保养，确保设备处于良好的工作状态。

4. 危险物品

在水运工程施工过程中，可能涉及危险物品的使用，如炸药、燃油、化学品等。风险源辨识要关注危险物品的储存、运输、使用等环节，确保危险物品的安全管理。

（1）储存。

建立完善的危险物品储存设施，确保储存安全。

（2）运输。

制定危险物品运输规程，加强运输过程中的安全管理。

（3）使用。

严格按照规定使用危险物品，防止意外事故的发生。

5. 施工方案

施工方案是施工过程中的指导性文件，对施工安全具有重要影响。风险源辨识要关注施工方案以下几个方面：

（1）施工工艺。

选择安全、可靠的施工工艺，降低施工过程中的风险。

（2）施工组织。

合理组织施工力量，确保施工过程的安全。

（3）应急预案。

制定应急预案，应对突发事件，确保施工安全。

在水运工程施工安全风险辨识中，风险源辨识是关键环节。通过全面、深入地识别和分析风险源，可以为后续的风险评估、风险防控提供依据，确保工程施工安全。

（二）风险特征分析

1. 风险性质

水运工程施工安全风险涉及多个环节，如设计、施工、监理等，具有较强的系统性。一个环节出现安全风险可能导致整个工程受到影响。水运工程施工环境复杂，涉及深水、远离岸线等区域，工程难度大，风险因素多样。随着工程进展，施工安全风险可能发生变化，如施工进度、施工方法、施工条件等。水运工程施工安全风险在一定条件下可能转化为事故，具有潜在性。

2. 风险程度

识别工程中的风险源，如高空作业、起重设备、施工现场环境等。分析风险源可能导致事故的传播途径，如人员伤害、设备损坏、环境污染等。当评估风险发生时，可能影响的范围，如施工现场、周边环境等。分析风险在工程过程中的持续时间，如短期风险、长期风险等。

3. 风险可能性

在评估施工过程中，可能存在安全风险的工艺和技术因素。分析施工人员素质对风险可能性的影响，如安全意识、操作技能等。评估工程中所使用的设备设施的安全性能，以及可能出现故障的风险。分析施工现场环境对风险可能性的影响，如气候、地形、水文等。

4. 风险影响

评估风险发生后，可能造成的人员伤亡情况。分析风险事件可能导致的经济损失，包括工程进度、设备损坏等。评估风险事件可能对周边环境造成的污染影响。分析风险事件可能对社会稳定的影响，如引发社会关注、影响工程形象等。

二、水运工程施工安全风险评估方法

（一）风险估测

1. 定量评估方法

在水运工程施工安全风险评估中，风险估测是一个关键环节，它通过对施工过程中可能出现的危险因素进行量化分析，为后续的风险评估和管控提供依据。定量评估方法主要包括以下几种：

（1）概率风险评估法。

概率风险评估法是通过分析危险事件发生的概率和潜在损失的严重程度，计算风险值并进行排序。这种方法适用于数据分析较为完善的工程项目，能够为施工单位提供明确的整改方向。

（2）经验风险评估法。

经验风险评估法是基于历史数据和工程实践进行风险估测。通过对类似项目的风险事件进行统计分析，得到风险发生概率和损失程度，从而为当前项目提供风险评估依据。

（3）数值模拟法。

数值模拟法是通过计算机模拟技术，对施工过程中可能出现的危险场景进行模拟分析。通过对模拟结果的分析，评估风险的发生概率和损失程度。

2.定性评估方法

除了定量评估方法外，水运工程施工安全风险评估还可以采用定性评估方法。定性评估方法主要依赖于专家经验和判断，包括以下几种：

（1）专家访谈法。

专家访谈法是指通过与相关领域的专家进行访谈，获取他们对风险的看法和意见。专家访谈法能够充分发挥专家的经验和智慧，适用于风险因素复杂多样的项目。

（2）德尔菲法。

德尔菲法是一种通过多轮问卷调查收集专家意见的风险评估方法。该方法能够减少主观偏见，提高评估的准确性。

（3）事件树分析法。

事件树分析法是一种图形化表示风险评估的方法，通过构建事件树，分析各种可能的风险发展过程和结果。这种方法适用于分析系统复杂、风险因素众多的工程项目。

在水运工程施工安全风险评估中，风险估测方法包括定量评估方法和定性评估方法。定量评估方法主要包括概率风险评估法、经验风险评估法和数值模拟法；定性评估方法主要包括专家访谈法、德尔菲法和事件树分析法。通过对风险进行充分的估测，可以为后续的风险管控和防范提供有力支持，确保水运工程施工过程的安全与顺利进行。

（二）风险等级确定

1. 风险等级划分

在水运工程施工安全风险评估中，风险等级的划分是关键环节。根据《公路水运工程施工安全风险评估指南》，风险等级主要分为五个级别，分别为：极高、高、中、低、极低。风险等级的划分依据主要包括施工过程中可能发生的安全事故类型、事故发生的概率、事故后果的严重程度等多个因素。

2. 风险等级评估

风险等级评估是在风险等级划分的基础上，对各个风险因素进行定量分析，以确定其对应的风险等级。评估过程主要包括以下几个步骤：

（1）收集资料。

针对水运工程施工项目，收集相关的安全法规、标准、规范、历史数据等，为风险评估提供依据。

（2）辨识风险。

通过对施工过程中可能发生的安全事故进行识别，确定风险源和风险类型。

（3）分析风险。

对辨识出的风险进行深入分析，包括风险发生的概率、风险影响的范围、风险后果的严重程度等。

（4）量化风险。

将风险因素进行量化，以便于比较和评估。

（5）确定风险等级。

根据风险的量化结果，参照风险等级划分标准，确定各个风险因素的风险等级。

（6）制定风险应对措施。

针对评估出的高风险项目，制定相应的风险应对措施，以降低风险发生的概率和减小风险后果的影响。

通过以上步骤，施工单位可以对水运工程施工安全风险进行有效评估，为施工过程中的安全管理提供依据。同时，风险等级评估也有助于施工单位合理分配安全资源，提高安全管理效率。

第二节　施工安全风险因素识别

一、水运工程施工安全风险因素识别方法

（一）文献调研法

文献调研法作为识别水运工程施工安全风险因素的重要方法，主要通过搜集、整理和分析相关文献资料，借鉴已有的研究成果和实践经验，为水运工程施工安全风险识别提供理论依据和实践参考。以下是对文献调研法在识别水运工程施工安全风险因素中的应用进行分析。

1.搜集文献资料

为了充分利用文献调研法识别水运工程施工安全风险因素，施工单位首先需要搜集大量相关文献资料。这些文献资料可以包括国内外法规、标准、规范，以及相关学术研究、案例分析和实践经验等。搜集文献资料可以为风险识别提供丰富的理论依据和实践经验。

2.分析施工安全风险因素

在搜集到足够的文献资料后，施工单位要对文献内容进行系统分析，识别出水运工程施工的安全风险因素。这些风险因素可能包括施工环境、施工设备、施工工艺、人员素质、材料供应等方面。通过对文献内容的分析，施工单位可以初步掌握水运工程施工安全风险的类型和特点。

3. 构建风险因素清单

根据文献调研分析结果，施工单位要构建水运工程施工安全风险因素清单。清单应包括各类风险因素的名称、描述、等级等信息，以便于后续的风险评估和管控工作。

4. 验证风险因素

通过对实际工程项目的研究，施工单位要验证所识别的风险因素是否符合实际情况。如有需要，可以进一步完善和调整风险因素清单，以确保其准确性和实用性。

5. 制定风险管控措施

根据识别出的水运工程施工安全风险因素，施工单位要制定相应的风险管控措施。这些措施应针对不同风险等级和类型的风险因素，以确保施工过程的安全性。

6. 动态调整风险识别

在施工过程中，施工单位应根据实际情况动态调整风险识别结果。如工程设计方案、施工方案、工程地质、水文地质、施工队伍等发生重大变化时，应及时重新进行风险评估，以确保施工安全。

文献调研法在水运工程施工安全风险因素识别中具有重要作用。通过搜集、整理和分析相关文献资料，施工单位可以初步识别出施工安全风险因素，并为风险评估和管控工作提供参考。在实际应用中，施工单位还需结合实际情况进行验证和动态调整，以确保施工过程的安全性。

（二）现场观察法

现场观察法是水运工程施工安全风险因素识别的重要手段之一。该方法通过对施工现场的直接观察和实地调查，以获取工程施工过程中的安全风险信息。现场观察法主要包括以下几个方面。

1. 施工现场环境观察

施工现场环境观察主要包括场地条件、地质条件、气象条件、水文条件等。施工单位要观察施工现场周围是否存在滑坡、泥石流、塌方等自然灾害风险，以及施工现场内部是否存在高边坡、深基坑、暗挖等高风险区域。此外，还需关注施工现场的安全设施、临时设施、施工设备等，以确保其安全可靠。

2. 施工活动观察

施工活动观察主要包括施工流程、施工方法、施工工艺等。施工单位要观察施工现场是否存在高风险作业环节，如起重吊装、高空作业、焊接作业等。同时，关注施工现场的安全管理措施，如安全培训、安全交底、个人防护用品等，以确保施工活动安全顺利进行。

3. 施工设备观察

施工设备观察主要包括设备的完好状况、设备的安全性能、设备的操作规程等。施工单位要观察施工现场的设备是否存在安全隐患，如设备老化、设备故障、设备操作不当等。此外，还需关注设备的维护保养情况，以确保设备处于良好的工作状态。

4. 危险物品观察

危险物品观察主要包括危险物品的储存、使用、管理等情况。施工单位要观察施工现场是否存在危险物品泄漏、火灾、爆炸等安全风险。同时，关注危险物品的安全防护措施，以确保危险物品的安全使用。

5. 施工人员行为观察

施工人员行为观察主要包括施工人员的安全意识、安全操作、安全行为等。施工单位要观察施工现场是否存在违章作业、违反安全规定等行为。此外，还需关注施工人员的安全培训和教育，以确保施工人员具备安全意识和安全操作技能。

现场观察法在水运工程施工安全风险因素识别中具有重要作用。施工单位通过全面、细致地观察施工现场的各个方面，可以有效地识别潜在的安全风险，为制定针对性的安全风险防范措施提供依据。同时，现场观察法应与其他风险识别方法相结合，如问卷调查法、专家评审法等，以提高风险识别的准确性和全面性。

（三）专家访谈法

在水运工程施工安全风险因素识别中，专家访谈法作为一种有效的数据收集和分析手段，发挥着至关重要的作用。

1. 访谈准备

在进行专家访谈前，施工单位需要进行充分的准备工作。首先，明确访谈的目的和主题，确保在访谈过程中能够针对性地收集有关水运工程施工安全风险因素的信息。其次，整理相关资料，包括水运工程施工的安全规范、事故案例、工程特点等，以便在访谈过程中为专家提供参考。最后，还需确定访谈的时间、地点和参与人员，确保访谈的顺利进行。

2. 访谈实施

访谈实施阶段是专家访谈法的核心环节。在访谈过程中，主持人应遵循以下原则：

（1）尊重专家意见，充分听取专家对水运工程施工安全风险因素的见解。

（2）采用开放式问题，引导专家从不同角度思考和探讨风险因素。

（3）保持访谈过程中的沟通顺畅，确保信息的真实性和有效性。

（4）对访谈内容进行记录和整理，以便后续的风险因素分析和评估。

3. 访谈内容分析

访谈结束后，主持人应对收集到的访谈内容进行整理和分析。主要分析内容包括：

（1）识别出专家共识的水运工程施工安全风险因素。

（2）分析不同专家对同一风险因素的看法和评价，以形成更为全面的风险因素清单。

（3）根据访谈结果，对水运工程施工安全风险因素进行排序，确定优先级。

专家访谈法在水运工程施工安全风险因素识别中具有重要作用。通过访谈，施工单位可以收集到来自专家的宝贵意见和经验，为施工安全风险管理提供有力支持。同时，通过访谈过程中的沟通和交流，也有助于提高项目管理团队的风险意识，提升安全风险防控能力。

（四）事故分析法

事故分析法是一种在水运工程施工安全风险评估中常用的方法。事故分析法的主要步骤如下：

1. 收集事故资料

施工单位需要收集与水运工程施工相关的过往事故资料，包括事故报告、调查报告、现场勘查记录等。这些资料有助于了解事故的发生过程、原因及后果。

2. 事故分类

施工单位对收集到的事故资料进行分类，可根据事故类型、事故发生的阶段、事故原因等维度进行划分。分类有助于识别不同类型事故的共性风险因素。

3. 事故原因分析

针对每一类事故，施工单位分析其发生的原因。其包括技术原因、管理原因、人为原因、环境原因等。通过对原因的分析，可以找出导致事故的潜在风险因素。

4. 风险因素提炼

施工单位在事故原因分析的基础上，提炼出可能导致事故的风险因素。这些风险因素可能包括设计不合理、施工工艺不完善、施工设备缺陷、安全管理不到位等。

5. 风险评估

施工单位根据提炼出的风险因素，对其进行评估。评估内容包括风险的发生概率、风险后果的严重程度、风险的应对措施等。这一步骤有助于确定风险等级，为后续的风险防控提供依据。

6. 制定风险防控措施

针对评估出的风险，施工单位制定相应的防控措施。这些措施包括改进设计、完善施工工艺、加强设备管理、提高人员素质、改善施工环境等。通过实施防控措施，降低事故发生的可能性。

7. 监督与改进

在施工过程中，施工单位应不断监督风险防控措施的执行情况，并对存在的问题进行改进。这有助于确保风险防控措施的有效性，提高施工安全水平。

事故分析法在水运工程施工安全风险评估中具有重要作用。通过深入分析过往事故，识别风险因素，制定防控措施，有助于提高施工安全管理水平，预防事故的发生。同时，在施工过程中，还需不断监督和改进风险防控措施，以确保工程施工安全。

二、水运工程施工安全风险因素识别实践

（一）深潜施工风险因素识别

深潜施工是水运工程中一项具有高风险的作业环节。为确保施工安全，有必要对深潜施工风险因素进行深入识别和分析。

在深潜施工过程中，潜水环境的变化可能引发安全事故。如水下能见度低、水流紊乱、水温异常等，这些因素可能导致潜水员操作失误或迷失方向，从而引发事故。潜水设备是深潜施工的重要安全保障，设备故障或性能不佳可能导致潜水员面临极大的风险。如潜水服、潜水镜、呼吸器等设备出现问题，将直接影响潜水员的生命安全。深潜施工涉及的工艺操作复杂，如焊接、吊装等。在施工过程中，操作不当可能导致设备损坏、结构损伤等风险。深潜施工对潜水员的技术要求较高，潜水员素质参差不齐可能导致施工安全风险增加。如潜水员缺乏经验、操作技能不熟练、安全意识不足等，都可能导致事故发生。

在深潜施工过程中，应急预案的制定和实施至关重要。如应急预案不完善、救援设备不足、救援措施不到位等，可能导致事故发生时无法迅速有效地进行救援。深潜施工安全管理制度不健全或执行不力，可能导致施工安全风险的累积。如施工单位未严格按照规定进行风险评估、监理单位对施工现场把关不严等，都可能导致风险失控。天气和气候条件对深潜施工安全具有

重要影响。如强风、暴雨、潮汐等异常气候条件，可能导致施工中断或安全事故发生。

为了确保深潜施工安全，施工单位应充分识别和分析以上风险因素，制定针对性的预防措施，加强施工现场管理，提高潜水员的安全意识和操作技能，不断完善应急预案，确保施工过程中风险可控。同时，有关部门应加强对水运工程施工安全的监管，严格执行风险评估制度，切实保障人民群众的生命财产安全。

（二）港口工程风险因素识别

港口工程作为水运工程的重要组成部分，其施工安全风险因素识别尤为重要。

港口工程通常位于水域环境中，施工环境恶劣，风险因素较多。水位波动会对施工过程产生影响，如水位突然升高可能导致施工设备被淹没，影响施工进度和施工安全。强风可能导致施工设备受损，影响施工安全，甚至造成安全事故。恶劣天气如暴雨、雷电、冰雹等，给施工现场的安全带来很大隐患。

设计方案中存在不合理的地方，会导致施工过程中出现问题，增加安全风险。在施工过程中，若设计方案频繁变更，会导致施工进度受到影响，增加安全风险。

采用不合理的施工工艺，可能导致施工过程中出现问题，影响工程质量和施工安全；而设备故障可能导致施工意外，对工程进度和安全构成威胁。

施工人员的安全意识和技能水平对施工安全具有重要影响。若施工人员素质不高，可能导致安全事故发生。施工单位的安全管理能力对施工安全至关重要；管理不善可能导致安全措施不落实，增加安全风险。

施工材料的质量对工程安全和耐久性会产生较大影响。若材料质量不合格，可能导致工程安全隐患。施工设备的质量直接关系到施工安全，设备质量不合格可能导致施工过程中出现意外。

施工现场周边的环境对施工安全有一定影响。如附近存在易燃易爆物品、高压线等，可能导致安全事故。

施工现场的交通状况对施工安全也有影响。如交通不畅，可能导致施工材料和设备无法及时到位，增加安全风险。

港口工程风险因素识别涉及多个方面，需要从施工环境、工程设计、施工技术、人员与管理、材料与设备以及外部环境等多个角度进行分析和识别。通过全面的风险因素识别，有助于施工单位制定针对性的安全措施，降低施工风险，以确保工程顺利进行。

（三）航道工程风险因素识别

在水运工程施工过程中，航道工程风险因素的识别对于保障工程安全具有重要意义。航道工程通常涉及水上作业，施工环境恶劣，安全隐患较多。航道工程主要包括航道疏浚、航道整治、航道拓宽等，其目的是提高航道通行能力，满足船舶航行需求。在航道工程施工过程中，风险因素识别和管控对于确保工程安全至关重要。

在实际操作中，收集航道工程相关资料，包括工程设计文件、施工方案、施工现场环境等，以全面了解工程的基本情况。同时，需组织专业人员对施工现场进行实地勘察，了解工程进度、施工工艺、设备状况等，从而准确识别潜在的安全隐患。接下来，要结合工程特点和现场实际情况，分析可能出现的风险因素，如施工工艺不当、设备故障、人员操作失误等。对识别出的风险因素进行评估，确定风险等级，为制定风险管控措施提供依据。

在航道工程施工过程中，施工工艺不当可能导致工程质量、进度受到影响，甚至引发安全事故。如疏浚作业中挖泥船操作不熟练，可能导致航道中心线偏差、挖深不足等问题。施工设备故障或性能不佳，可能导致施工过程中发生意外。例如，船舶发动机故障、疏浚设备磨损等，可能影响施工进度和安全性。施工人员操作失误、安全意识不强等，容易导致安全事故的发生。如船舶驾驶员操作不当，可能引发碰撞、倾覆等事故。航道工程施工受气象、水文等环境因素影响较大。如在恶劣天气条件下施工，可能引发水上交通事故；洪水、潮汐等自然因素也可能对施工安全造成威胁。

航道工程施工安全风险因素识别是保障工程安全的重要环节。通过系统地分析航道工程中的风险因素，并采取有效的管控措施，有助于降低安全事故发生的概率，确保工程顺利进行。从业人员应不断提高风险识别和防控能力，为水运工程施工安全保驾护航。

（四）船闸工程风险因素识别

船闸工程作为水运工程的重要组成部分，其施工安全风险因素的识别对于预防和控制安全事故具有重要意义。

船闸工程施工环境复杂，涉及水域、地形、地质等多种因素。水流速度、水深、水流方向等水文条件对施工安全产生直接影响。此外，水域中是否存在暗礁、沉船等水下障碍物，以及水位变化幅度也是施工安全风险因素。船闸工程所在地的地形地貌对施工安全风险有一定影响。例如，山区施工，由于地形陡峭、地势险峻，不仅施工难度大，而且安全风险较高。地质条件对船闸工程的安全性、稳定性及耐久性至关重要。地质风险主要包括地基承载力不足、地质构造活动、地下水位变化等多个方面。

船闸工程施工技术复杂，涉及土方开挖、基础处理、结构施工等多个环节。开挖过程中可能遇到地质条件变化、地下水位上升等风险，导致施工安全问题。基础处理是船闸工程的关键环节，如基础处理不当，可能导致基础不均匀沉降、结构裂缝等安全隐患。船闸结构施工涉及高空作业、水上作业等，在施工过程中存在高空坠物、船舶碰撞等安全风险。

施工管理风险主要涉及施工组织、人员素质、施工材料、施工设备等方面。合理的施工组织和周密计划是确保施工安全的前提。施工进度过快、人员设备不足等可能导致安全隐患。施工人员的安全意识强弱和操作技能高低，直接关系到施工安全。人员素质风险主要包括安全培训不足、违章作业等。施工材料质量不合格、存储和使用不当等可能导致安全事故。施工设备的安全性能、维护保养状况以及操作人员的操作水平都对施工安全产生较大影响。

气象气候风险因素主要包括自然灾害（如洪涝、台风、地震等）和极端天气（如暴雨、大风、低温等）。这些因素可能对船闸工程施工安全造成威胁，导致安全事故。

船闸工程风险因素识别涉及多个方面，需对施工环境、技术、管理和气象气候等因素进行全面分析。通过对船闸工程风险因素的识别，有助于施工单位提前制定针对性的安全防护措施，降低安全事故发生的风险。

第三节　施工安全风险评估

一、水运工程施工安全风险评估总体要求

（一）基本原则

在水运工程施工过程中，安全风险评估至关重要。为了确保施工安全，降低事故发生的风险，我们需遵循以下基本原则。

1.安全第一，预防为主

在施工过程中，要始终把安全放在首位，将预防措施落到实处。通过科学的风险评估，识别潜在的安全隐患，提前制定相应的预防和控制措施，确保施工过程的安全顺利进行。

2.全面评估，突出重点

进行全面、系统的安全风险评估，对施工过程中的各个环节进行深入分析。在评估过程中，要突出重点，对高风险环节进行重点关注，确保高风险环节的安全可控。

3.动态管理，持续改进

安全风险评估并非一次性的工作，而是一个动态的过程。在施工过程中，要不断收集反馈信息，对评估结果进行修正和完善，确保评估的实时性和准确性。同时，根据评估结果，持续改进施工方案和安全措施，提高施工安全水平。

4.科学合理，实事求是

在进行安全风险评估时，要充分发挥科学技术的优势，采用科学的方法和工具进行评估。在评估过程中，要实事求是，客观公正地分析安全风险，

避免主观臆断和偏颇。

5. 全员参与，共同治理

安全风险评估不仅是安全管理人员的职责，更是全体施工人员共同参与的过程。要建立健全安全风险评估制度，提高全员的安全意识，让每个人都了解和掌握安全风险评估的重要性，共同参与施工安全风险治理。

6. 依法合规，注重实效

在进行安全风险评估时，要严格遵守国家法律法规和相关标准，确保评估过程的合规性。同时，要注重评估的实际效果，以提高施工安全水平为目标，确保安全风险评估工作的实际成效。

遵循基本原则，做好水运工程施工安全风险评估工作，有助于提前发现和防范潜在风险，确保施工过程的安全顺利进行，降低事故发生的风险。

（二）评估范围与对象

1. 评估范围

评估范围主要包括水运工程项目的各个阶段，从项目前期策划、设计、招投标、施工到竣工验收等环节。在这些阶段中，施工阶段的安全风险评估尤为重要，因为施工现场环境复杂，涉及的安全风险因素较多。此外，评估范围还应涵盖项目所涉及的地域、工程类型、规模、施工技术等方面，以确保评估的全面性和准确性。

2. 评估对象

评估对象主要包括以下几个方面：

（1）施工人员。

施工人员是评估对象的核心，关注他们在施工过程中的人身安全。评估施工人员的安全风险，需考虑其年龄、性别、工种、工作经验、技能水平等因素。

（2）施工设备。

评估施工设备的安全风险，主要包括设备的种类、数量、性能、使用状况、维护保养情况等方面。

（3）施工材料。

评估施工材料的安全风险，需关注材料的质量、性能、储存和使用条件等方面。

（4）施工现场环境。

评估施工现场环境的安全风险，主要包括施工现场的地形、地质、气候、周边环境等因素。

（5）施工工艺和技术。

评估施工工艺和技术的安全风险，需关注施工方法、技术水平、技术创新等方面。

（6）施工管理。

评估施工管理的安全风险，主要包括施工组织设计、安全生产责任制、安全管理制度、应急预案等方面。

（三）评估内容与方法

1. 评估内容

水运工程施工安全风险评估的内容主要包括以下几个方面：

（1）工程概况。

对工程的基本情况进行全面了解，包括工程规模、结构、施工条件、施工环境等。

（2）风险识别。

识别施工过程中可能存在的各类风险，包括施工工艺风险、环境风险、设备风险、材料风险等。

（3）风险分析。

对识别出的风险进行深入分析，包括风险发生的可能性、风险的危害程度、风险的影响范围等。

（4）风险评价。

根据风险分析结果，对各类风险进行评价，确定风险等级。

（5）风险控制。

制定针对性的风险控制措施，对高风险项目进行重点监控和管理。

2. 评估方法

水运工程施工安全风险评估方法主要包括以下几种：

（1）定性评估法。

通过专家评审、经验总结等方法，对风险进行定性评估。

（2）定量评估法。

采用数学模型、统计分析等方法，对风险进行定量评估。

（3）风险矩阵法。

将风险的可能性和危害程度分别赋值，然后通过矩阵计算得出风险等级。

（4）故障树分析法。

通过构建故障树，分析事故发生的可能性及其根源，从而进行风险评估。

（5）敏感性分析法。

分析工程参数变化对风险的影响，以确定敏感性因素，从而进行风险评估。

二、水运工程施工安全风险评估具体实施

（一）总体风险评估

总体风险评估是对水运工程施工过程中可能出现的各种风险进行系统性、全面的分析与评估。其主要目的是识别潜在的安全风险，为后续的风险控制和防范工作提供依据。需收集工程项目的可行性研究报告、设计文件、施工方案、工程地质与水文资料等相关资料，以便全面了解工程项目的整体情况。根据收集的资料，分析施工过程中可能出现的各种风险，如自然灾害、施工技术风险、人为事故风险、环境风险等。对识别出的风险进行深入分析，包括评估风险发生的可能性、风险影响的范围和程度、风险持续时间等。根据风险分析结果，对各项风险进行评价，确定风险等级，为制定风险应对措施提供依据。针对评估出的各项风险，制定相应的风险应对措施，以降低风险的发生概率和影响程度。

（二）专项风险评估

专项风险评估是对水运工程施工过程中某一特定方面或环节进行深入分析与评估，以识别和控制潜在的风险。对施工过程中的关键技术环节进行评估，确保施工技术的安全可靠。分析工程施工对周边环境可能造成的影响，如噪声、粉尘、水污染等，制定相应的环境保护措施。分析施工现场可能发生的人为事故，如高处坠落、物体打击、触电等，制定相应的安全管理措施。针对工程所在地的自然灾害特点，如洪水、地震、台风等，评估工程施工期间可能遭受的自然灾害风险，并制定相应的应急预案。

（三）风险控制措施

根据风险评估结果，制定相应的风险控制措施，以降低风险的发生概率和影响程度。建立健全安全生产责任制度，明确各级管理人员和施工人员的安全生产职责。对施工人员进行安全知识和技能培训，提高施工人员的安全意识和自我保护能力。针对评估出的重大风险，制定应急预案，确保在突发事件发生时能够迅速有效地进行应对。针对评估出的各类风险，制定具体的防范措施，确保施工过程中的安全。对施工现场进行定期检查，发现问题及时整改，确保施工安全。

（四）风险评估报告

风险评估报告是对整个风险评估过程的总结和归纳，主要包括以下内容。

1. 工程概况

介绍工程项目的基本情况，如项目规模、工程地点、施工周期等。

2. 风险识别

列出施工过程中可能出现的各类风险。

3. 风险分析

对识别出的风险进行深入分析，包括风险发生的可能性、风险影响的范围和程度等。

4. 风险评价

根据风险分析结果，评价各项风险的等级。

5. 风险应对措施

汇总各项风险的应对措施，并提出具体的实施方案。

6. 应急预案

列出施工过程中可能发生的重大风险，并制定相应的应急预案。

7. 结论与建议

总结风险评估过程中的经验教训，为后续施工提供参考。

通过以上四个方面的具体实施，施工单位能够有效地识别和控制施工过程中的潜在风险，确保工程安全顺利进行。

三、水运工程施工安全风险评估的持续改进与优化

（一）评估结果的反馈与改进

在水运工程施工安全风险评估过程中，评估结果的反馈与改进是至关重要的环节。施工单位通过对评估结果的深入分析，及时发现和总结施工过程中存在的安全隐患和不足，制定针对性的改进措施，有助于降低施工安全风险，提高工程质量与安全水平。

评估结果反馈主要包括对施工现场的安全管理、人员履职、工程质量、施工环境等方面进行全面剖析。施工单位通过事故案例分析、现场巡查、专项检查等手段，及时发现安全隐患，并对存在的问题进行梳理和归纳。此外，还需关注气候、地质等外部因素对施工安全的影响，以便为改进措施提供依据。

施工单位应根据评估结果的反馈，针对存在的问题，完善施工现场的安全管理制度，确保安全措施得到有效执行；强化对施工现场的日常巡查，加大安全隐患排查力度，以确保施工安全；加强安全培训，提高施工人员的安全意识和技能水平；强化岗位责任，确保各岗位人员履职到位。根据施工现场实际情况，对施工方案进行调整优化，以降低施工风险；针对高风险作业环节，制订专项安全施工方案；针对气候、地质等外部因素，加强监测预警，确保施工安全；对施工现场周边环境进行治理，减少施工对周边环境的影响。

（二）安全风险评估制度的完善

为了确保水运工程施工安全风险评估的持续改进与优化，施工单位需要对安全风险评估制度进行不断完善。建立定期评估制度，对施工过程中的安全风险进行常态化管理。通过制定明确的时间表和任务分工，确保评估工作的有序开展。根据水运工程的特点和施工安全风险的实际情况，不断完善评估指标体系，使评估更加科学、合理、全面。加强对评估结果的运用，将其作为施工安全管理的重要依据。对评估中发现的问题，要严肃处理，确保整改到位。

（三）施工安全风险防控能力的提升

为了提高水运工程施工安全风险防控能力，施工单位应积极研究和推广新技术、新工艺、新设备，提高施工安全风险防控水平。针对施工现场可能发生的安全事故，建立健全应急预案，确保在突发情况下能够迅速启动应急响应，降低安全事故的损失。强化安全队伍建设，提高安全人员的安全管理能力和业务水平，确保施工现场安全监管得到有效落实。

第四节　施工安全风险评估结果分级与风险控制措施

一、水运工程施工安全风险评估结果分级

（一）风险等级划分的依据

在水运工程施工安全风险评估中，风险等级的划分具有重要意义。合理划分风险等级有助于施工单位、建设单位及监管部门对工程安全风险有更清晰的认识，从而采取针对性的措施降低风险。风险等级的划分主要依据以下几个方面。

1.风险可能性

风险可能性是指施工过程中发生安全事故的潜在程度。根据工程特点、施工环境、施工方法等因素，对风险可能性进行评估。风险可能性越高，对应的等级越高。

2.风险后果

风险后果是指安全事故发生后对人员伤亡、财产损失、工程进度和环境影响的程度。根据风险后果的严重性，将其划分为不同等级。风险后果越严重，对应的等级越高。

3.风险频率

风险频率是指在施工过程中，某一风险事件发生的次数。根据风险频率的高低，将其划分为不同等级。风险频率越高，对应的等级越高。

4.风险可控性

风险可控性是指通过采取相应的风险控制措施，降低风险的可能性、后果和频率的程度。根据风险可控性，将其划分为不同等级。风险可控性越高，对应的等级越低。

5.法律法规和标准

根据国家和行业法律法规、标准要求，对施工安全风险进行等级划分。这些法律法规和标准通常包括施工安全技术规范、安全防护措施要求等。

6.历史数据和经验

借鉴类似工程项目的施工安全风险评估经验，结合本工程的特点，对风险进行等级划分。历史数据和经验可以为评估风险提供有力的支持，提高评估的准确性。

（二）风险等级划分标准

在水运工程施工安全风险评估中，根据风险的严重程度和可能性，我们可以将风险划分为低风险、中等风险、高风险和重大风险四个等级。以下是对这四个等级的详细阐述。

1.低风险

低风险是指在施工过程中发生安全事故的可能性很低，对人员和设备的安全基本无威胁。这类风险的出现往往得益于施工条件良好、工程设计合理以及施工技术成熟等因素。低风险项目在施工过程中，可采取较为简单的安全措施，以确保施工顺利进行。

2. 中等风险

中等风险是指在施工过程中发生安全事故的可能性较高，对人员和设备的安全有一定威胁。这类风险通常是施工条件一般、工程设计存在一定问题以及施工技术不够成熟等因素导致的。中等风险项目在施工过程中，应采取较为严格的安全措施，加强安全管理，确保施工安全。

3. 高风险

高风险是指在施工过程中发生安全事故的可能性很大，对人员和设备的安全构成严重威胁。这类风险通常是施工条件较差、工程设计存在严重问题以及施工技术不成熟等因素导致的。高风险项目在施工过程中，需采取非常严格的安全措施，提高安全管理水平，以确保施工安全。

4. 重大风险

重大风险是指在施工过程中发生安全事故的可能性极高，可能导致严重的人员伤亡和财产损失。这类风险通常是施工条件恶劣、工程设计严重不合理以及施工技术极度不成熟等因素导致的。重大风险项目在施工过程中，应采取极其严格的安全措施，全面提升安全管理水平，以确保施工安全。

在实际应用中，根据项目具体情况和评估结果，施工方需针对不同风险等级制定相应的安全管理措施，以及确保工程施工安全。对于低风险项目，可以采取较为简单的安全管理措施；而对于高风险和重大风险项目，则需要加强安全管理，提高施工技术水平，以及确保工程安全顺利进行。对风险评估结果进行分级，有助于施工单位更好地识别和管理风险，预防安全事故的发生。

（三）风险等级的判定流程

水运工程施工安全风险评估结果分级主要包括三个步骤：初步判定、综合分析和审核确认。

首先，初步判定是根据施工项目的特点、工程环境、施工工艺等因素，对施工安全风险进行初步评估。这一阶段主要通过查阅相关资料、现场勘察、咨询专家等方式，对施工项目的安全风险进行识别和分析。初步判定结果可以为后续风险评估提供基础数据和参考依据。

其次，综合分析是在初步判定基础上，对施工安全风险进行深入研究和综合分析。这一阶段主要通过对风险的概率、影响程度、风险传播途径等方面进行详细分析，并对各种风险因素进行叠加和整合，从而得出综合风险评估结果。综合分析结果可以为风险等级的判定提供重要依据。

最后，审核确认是对综合分析结果进行审核和确认。这一阶段主要通过专家评审、内部审核等程序，对综合分析结果进行严格审查，确保评估结果的准确性和可靠性。审核确认后的风险等级可以为施工项目制定针对性的风险防范措施提供科学依据。

在水运工程施工安全风险评估结果分级中，初步判定、综合分析和审核确认三个环节相互衔接、相互促进，共同确保风险评估结果的准确性和实用性。通过这三个步骤，施工单位制定合理的风险防范措施，提高施工安全水平，降低安全事故发生的概率，以保障水运工程施工的顺利进行。

二、基于风险评估结果的风险控制措施

（一）低风险应对措施

1.常规监控与检查

在低风险应对措施中，常规监控与检查是至关重要的环节。通过建立健全的监控体系，施工企业可以及时发现潜在的风险因素，确保风险处于可控范围内。根据企业特点和风险类型，明确监控对象、监控指标、监控方法和周期。确保监控计划全面、具体且可操作。分配具备相关专业知识和技能的人员负责监控工作，以确保监控质量和效果。利用现代信息技术手段，如大数据、物联网、人工智能等，以提高监控效率和准确性。对监控数据进行分析，发现异常情况时，及时发出预警，确保问题得到及时处理。对监控体系进行定期评估，查找不足，不断完善监控策略，提高风险识别能力。

2.定期汇报与反馈机制

为了确保低风险应对措施的有效实施，施工企业应建立定期汇报与反馈机制，制定详细的规定，明确汇报主体、汇报内容、汇报时间和反馈机制，

并确保领导层对风险管理工作的重视和支持，积极参与汇报与反馈过程。企业应加强各部门之间的沟通与协作，确保风险信息畅通，提高应对措施的实施效果。同时，对风险信息进行实时更新，确保汇报与反馈内容准确、及时。对反馈中发现的问题，企业要制定具体的整改措施，确保问题得到有效解决，并定期对风险应对过程中的成功经验和教训进行总结，不断优化风险管理策略。

（二）中等风险应对措施

1.加强监控与预警系统

加强监控与预警系统是应对中等风险的重要手段。通过建立完善的监控机制，施工企业可以实时收集和分析风险相关信息，确保风险在发生前得到及时识别。施工企业应根据风险特点，配置相应的监控设备，如摄像头、传感器等，确保风险源得到有效监控，并针对不同风险类型，制定合理的监控策略，包括监控频率、监控范围等，确保风险不会被遗漏。各部门之间要加强信息沟通与共享，确保风险相关信息能够及时传递给相关人员。此外，施工企业应组织专门人员对监控数据进行定期分析，评估风险变化趋势，以便及时调整应对措施。

2.制定应急预案并进行演练

制定应急预案是应对中等风险的另一个关键措施。通过预先制定应急预案，施工企业可以在风险发生时迅速采取措施，降低风险的影响。另外，还需组织专门人员成立应急小组，明确各成员职责，确保在风险发生时能够快速响应。根据风险特点和可能造成的危害，制定详细的应急预案，明确风险应对流程和措施；并定期对风险进行评估，更新应急预案，确保应急预案的实用性和有效性。此外，还需定期组织应急演练，检验应急预案的执行效果，提高组织应对风险的能力。同时，加强对员工的应急知识培训和宣传教育，提高员工的风险意识和应对能力。

（三）高风险应对措施

1. 采取工程措施或非工程措施降低风险

工程措施和非工程措施是降低风险的两种主要途径。工程措施主要包括改造现有设施、设备，或采用新技术、新方法来减少风险。例如，在化工企业中，其可以采用自动化生产线、加强设备维护和保养，以降低事故发生的可能性。非工程措施主要包括制定并执行严格的安全生产规章制度、加强人员培训、提高员工安全意识等。企业应制定完善的安全操作规程，确保员工在生产过程中遵循规范，降低因操作不当导致的事故风险。此外，企业应加强安全培训，提高员工安全意识，使员工具备识别和应对风险的能力。

2. 加大现场安全管理力度，增加安全投入

现场安全管理是风险控制的重要环节。企业应加强现场安全巡查，确保设施、设备完好无损，及时发现并消除安全隐患。此外，企业还应增加安全投入，提高安全设施和防护设备的配置水平。在高风险区域，如矿山、施工现场等，应配备专业的安全管理人员，确保安全措施得到有效执行。同时，还应加强安全监测和预警系统建设，及时掌握风险变化，提高应对突发事件的能力。

（四）重大风险应对措施

1. 制订并执行专项管控方案

在基于风险评估结果的风险控制措施中，制订并执行专项管控方案是至关重要的一环。针对评估出的重大风险，企业应制订详细的管控方案，明确各级管理人员、职能部门和员工的职责与分工。管控方案应涵盖风险防范、应急响应、事故调查和恢复重建等环节，确保各环节有机衔接，提高风险应对的效率。根据风险评估结果，企业应对重大风险源进行严密监控，确保危险源处于可控状态；同时，加强安全管理，提高员工安全意识，开展安全培训和教育，提高员工应对风险的能力。此外，企业应加强设施设备的安全检查和维护，确保设备设施的正常运行；并制定应急预案，明确应急响应流程和预案，确保在突发情况下能够迅速启动应急预案，有效减轻损失。应急响

应措施应包括人员疏散、救援、灭火、抢险、环境保护等方面的内容。在发生重大风险事件后，施工企业应迅速组织事故调查，分析事故原因，总结经验教训，提出改进措施，防止类似事件再次发生；并制订恢复重建计划，明确恢复目标和时间节点，确保在风险事件发生后能够迅速恢复正常生产和生活秩序。

2. 建立多部门联合应对机制，确保及时响应与处置

为确保施工企业在面临重大风险时能够迅速应对，施工企业应建立多部门联合应对机制，成立风险应对领导小组，负责指导、协调和监督风险应对工作。领导小组成员应包括各相关部门负责人，确保各部门在应对风险时能够紧密协作。施工企业要建立信息沟通机制，确保各部门在风险发生后能够迅速获取相关信息，及时了解风险发展态势；同时，通过内部通信工具、会议等形式，定期通报风险防范和应对工作的进展情况。在风险应对过程中，各部门应根据职责分工，协同开展应对工作。如遇跨部门协作问题，应及时协商解决，确保风险应对工作的顺利进行。此外，施工企业应定期组织应急预案演练，检验各部门在风险应对过程中的协作能力，发现问题及时进行整改，提高应急预案的实战化程度。在重大风险应对结束后，组织对应对过程进行评估，总结经验教训，分析不足之处，并根据评估结果不断改进风险应对措施，提高企业风险应对能力。

第五节　施工安全风险辨识与评估案例探讨

一、工程概况

某工程的建设规模为：新建 2 个 7 万吨级通用泊位，配套建设部分机械化平房仓、浅圆仓、立筒仓等设施，设计年吞吐量 1 000 万吨，主要货种包括玉米、大豆、木薯干、小麦等。

工程南侧紧邻在建的 3 号泊位，其码头水工部分已施工完毕，后方陆域正在施工中，北侧为规划泊位，项目西侧为已建危险品泊位，两者之间的距

离约600m。码头前沿距离航道边线约250m，端部约150m处为海底输油管线。

（一）工程所在地气象水文条件

1.气象

本工程所在港区属南亚热带海洋性气候，季风盛行，高温多雨，冬无严寒，夏无酷暑，干湿分明。

（1）气温。

多年平均气温：21.9℃；

月平均最高气温：28.3℃；

高气极端最高气温：37.5℃；

月平均最低气温：13.4℃；

低气极端最低气温：1.1℃；

日最高气温≥35℃：年均12天。

（2）降水。

多年平均降水量：2 227.3mm；

年最大降水量：2 961.5mm；

年最小降水量：1 426.0mm；

日最大降水量：359.9mm；

1小时最大降水量：85.1mm；

日降水量≥25mm：年均19天。

（3）风况。

该港季风分布特征比较明显，每年5～8月多偏南风，尤以6～7月最多，10月至次年3月多偏北风，4月和9月为偏北风气旋和偏南风气旋交替时期。

全年常风向为N、频率为26%，次常风向为NNE、频率为9.2%；强风向为N，其最大风速为31m/s；多年平均风速为3.8m/s。风速≥6级的大风日数，多年平均为34天；风速≥8级的大风日数，多年平均为7天。

每年5～11月份受台风影响，其中7～9月较为集中。影响该地区的台风每年为2～4次，最多为5次。台风袭击时，常伴有暴雨或大暴雨。

（4）雾。

该地区雾多发生于冬季 11 月至次年 4 月的冬春季节。能见度小于 1 000m 的雾日数，多年平均为 13 天，多年平均雾日为 20.2 天，历年最多日数为 32 天。

（5）相对湿度。

多年平均相对湿度：82%；

历年最大相对湿度：100%；

历年最小相对湿度：22%。

（6）雷暴。

工程所在地是强雷电活动的高发区，全年雷暴日数为 95 天，尤其在 4～9 月雷暴活动最频繁。

（7）热带气旋。

影响该地区的热带气旋共 328 个，其中进入工程所在地及其近海的热带气旋共 145 个，平均每年为 2.19 个，最多年份为 6 个。

2. 水文

（1）基面及换算关系。

该基准面与其他基准面之间的换算关系如图 5-1 所示。

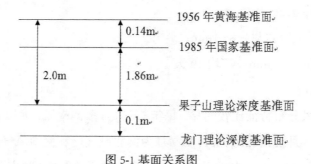

图 5-1 基面关系图

（2）潮汐性质。

该地区潮型为不正规全日潮。其主要特征表现为：大潮汛时，潮汐一天一次涨落；小潮汛时，一天两次涨落。

（3）潮位特征。

历年最高潮位：5.83m；

历年最低潮位：-0.69m；

多年平均潮位：2.40m；

多年平均高潮位：3.66m；

多年平均低潮位：1.15m；

最大潮差：5.52m；

平均潮差：2.51m。

（4）设计水位。

设计水位（高潮累积频率10%的潮位）：4.68m；

设计低水位（低潮累积频率90%的潮位）：0.40m；

极端高水位（重现期为50年一遇）：5.77m；

极端低水位（重现期为50年一遇）：-0.89m。

（5）波浪。

码头各重现期设计波浪见表5-1。

表 5-1 码头各重现期设计波浪

水位	重现期/年	H1%/m	H4%/m	H5%/m	H13%/m	H/m	T/s	L/m
极端高	50	4.64	3.94	3.81	3.2	2.03	8.7	105.1
	25	4.22	3.57	3.46	2.9	1.84	8	92.3
	10	3.79	3.21	3.1	2.6	1.64	7.4	81.2
	2	2.79	2.35	2.27	1.9	1.19	6	55.6
设计高	50	4.07	3.45	3.34	2.8	1.78	8.3	96.8
	25	3.79	3.21	3.1	2.6	1.64	7.6	84.2
	10	3.36	2.84	2.75	2.3	1.45	7.1	75.2
	2	2.64	2.23	2.15	1.8	1.13	5.8	52.0
设计低	50	2.92	2.47	2.39	2	1.26	7.5	78.9
	25	2.49	2.1	2.03	1.7	1.07	6.8	67.6

（6）潮流。

所在海域潮流呈往复流，涨潮近似于前进波，落潮则接近驻波。涨潮平均流速为0.08～0.28m/s，最大为0.54m/s。落潮平均流速为0.09～0.55m/s，最大流速 0.95m/s。

3. 地震

工程抗震设防烈度为 6 度。

（二）工程泥沙

工程所在水域最大悬沙回淤强度为 0.224m/a，最小悬沙回淤强度为 0.055m/a，平均悬沙回淤强度为 0.161m/a。工程所在水域泥沙冲淤基本平衡，工程建设对湾内地形地貌影响很小。

（三）工程建设外部条件

1. 集疏运条件

工程附近已形成高速公路网络。所需的各种工程材料及各种设备主要通过现有的后方公路集疏运，预制场到现场主要通过航道运输，大型预制件用驳船或半浅驳运输，施工的水陆交通十分便捷。

2. 供水

港区用水水源由码头后方市政供水管网供给。

3. 供电、通信

本工程 10kV 电源近期拟从 10kV 开关站引接。

4. 地方材料

工程需要的块石、碎石、砂可在工程所在地附近地区开采，由水运或陆路运至现场，混凝土类用砂可利用商品混凝土或者当地采购。各种工程材料和施工机械可从陆路或从海上运输到工程施工现场，当地的建筑材料货源充足，可以满足工程建设的需要。

5. 施工力量

目前，工程所在地等多家具有一级港口施工资质的企业施工，熟悉该地区的地形地貌及施工特点，具有丰富的施工经验，施工设备齐全，施工技术有保障。本工程所在区域劳动力供应充足，满足施工需要。

6. 工程用地使用条件

项目使用的海域属于交通运输用海，码头和引桥用海方式为透空式用海，前沿停泊地和回旋水域的用海方式为港池。

7. 环境条件

本工程所在港区场地开阔，区域水质、大气环境、声环境质量状况均为良好，环境容量较大。在严格执行有关环保管理制度和各项污染防治措施的前提下，同时加强项目建设的管理和监督，确保工程各项措施同步建设和实施，并严格按规程操作，是完全能够将环境污染及生态环境影响降低到最低限度，环境保护可以达到较好的效果。

（四）水工结构及施工方案

1. 水工结构方案

码头结构为重力墩式与高桩承台式相结合的结构。

（1）重力墩式平台。

码头前沿采用重力墩式结构，墩下构为预制钢筋混凝土方形沉箱。沉箱内回填块石，沉箱顶各铺设 300mm 碎石垫层和 200mmC20 现浇混凝土垫层。沉箱坐落在抛石基床上，基础持力层为中风化泥岩，采用 1m 厚抛石基床。基床抛石采用 10 ～ 100kg 的块石，抛石基床要求夯实。沉箱上为 C40 预制砼盖板。

盖板上部现浇 C40 砼胸墙、轨道梁和支座，胸墙及盖板上设 SUC1250H 橡胶护舷（两鼓一板）和 1 000kN 系船柱。墩与墩之间采用预制 C50 砼箱梁及 T 梁相连，预制梁坐落于现浇胸墙或预制盖板上，墩顶面层采用 C40 现浇混凝土。

（2）高桩梁板平台。

码头后沿采用桩基承台结构，每个承台基础采用 2 根直径 1.8m 冲孔灌注桩，桩底入中风化岩深度不小于 3 倍桩径。上部现浇 C40 砼承台。承台与承台之间采用预制 C50 砼 T 梁相连。

（3）引桥。

码头后方通过 4 座垂直于码头前沿线的引桥与水工平台相连，引桥长 60m，桥面宽 9m，与水工平台相接处设有 15m×15m 的转弯平台。

引桥基础采用直径 1.8m 冲孔灌注桩，桩底入中风化岩深度不小于 3 倍桩径。桩顶采用现浇 C40 混凝土盖梁，承台上部以预制 C50 砼 T 梁搭接形成引桥面。引桥接岸承台后方设耳墙及搭板。

中部两座引桥间设有皮带机栈桥基础，采用桩基墩台结构，墩台采用 2m 厚板，下构为 8 根直径 1.8m 冲孔灌注桩。

（4）护岸加固。

现状陆域边界为已建围堰，为保证基槽开挖后围堰稳定安全，围堰顶后方采用水泥搅拌桩＋坡脚采用预制方桩结合的地基加固方案。

2. 水工建筑物施工方案

（1）码头水工施工。

①港池及基槽开挖。

本次疏浚工程包括码头前沿停泊水域、回旋水域、基槽。疏浚土石方处理方案如下：

港池和基槽疏浚的覆盖层土方和强风化岩可采用绞吸挖泥船开挖后吹填至吹填区，基槽开挖可利用抓斗挖泥船配合施工；中风化岩采用控制爆破后用抓斗挖泥船清运，通过泥驳运输至疏浚物临时性海洋倾倒区。

本工程以北 150m 左右为海底输油管线。根据《中华人民共和国石油天然气管道保护法》第三十五条，本工程水下疏浚施工方案应取得政府主管部门批准和相关企业的认可，并采取必要的安全防护措施，方可实施。

②码头水工工程。

码头水工为墩式＋栈桥结构，桩基施工前先进行港池及停泊水域的开挖，重力墩及桩基施工完毕后进行轨道梁、盖梁、T 梁、面层、皮带机栈桥等上部结构的浇筑或安装。码头水工按以下工序进行施工：

a. 开挖港池、基槽，并同步进行码头水工主体构件沉箱的预制。挖泥安排应为：开挖部分港池，使船能进入基槽进行作业；基槽、码头前沿停泊水域疏浚至设计标高；港池开挖。

b. 抛石基床抛石回填、夯实整平。

c. 沉箱浮运后安装，沉箱内回填块石。

d. 冲孔灌注桩施工及盖梁浇筑。

e. 沉箱顶部盖板安装及胸墙浇筑。

f. 采用起重船进行预制箱梁、T 梁等预制构件的安装。

g. 码头面层施工。

h. 附属设施的安装。

i. 皮带机栈桥基础现浇、预制构件安装；沉箱通过半潜驳下水后浮运至施工区域，盖板、箱梁、T 梁等预制构件采用驳船运送至施工区域，采用 1 000t 起重船起吊、安装。现浇构件采用搅拌船进行搅拌浇筑。

（2）引桥工程。

引桥采用灌注桩＋预应力 T 梁的结构形式，桩基施工的同时在预制场进行预应力 T 梁的预制，桩基施工完成后浇筑盖梁，待盖梁混凝土强度达到要求后进行预制 T 梁的吊装，吊装完成后进行桥面铺装。

（3）陆域形成及地基处理。

本工程陆域已形成，需对场地进行清表后整平，局部表层淤泥塘需清淤后回填土方。陆域大范围地基处理用强夯方案，强夯后地面标高控制为 5.6m。围堰前沿线 20m 范围内改用振冲处理。强夯及振冲施工完成后，场地表层用激振力大于 150kN 的振动压路机碾压密实。

（4）道路堆场工程。

道路、堆场由面层、基层、垫层组成，道路、辅建区面层采用 C45 混凝土大板结构，预留集装箱堆场面层采用 Cc60 高强联锁块铺面，停车场面层采用水泥稳定碎石。垫层采用级配碎石，基层采用水泥稳定碎石层。先铺筑级配碎石及水泥稳定碎石并洒水养护，在达到规定强度后即可铺设面层。

（5）设备安装。

本工程大型设备包括：卸船机、带斗门机、皮带机。卸船机和门机在生产厂家制造并组装后由船舶整机运至本工程码头前沿，并迁移到码头上的轨道，皮带机运至现场后分段吊装，再完成整机的试验及验收工作。

3. 施工安全措施

（1）施工通航安全措施。

在施工期间将会有许多工程船，如挖泥船、起吊船等进出码头水域，这既增加了船舶流量，也增加了交通事故的发生概率。进出的工程船和运料船舶，在施工期间将会不断穿越主航道或往返于施工现场，势必对正常航行船舶造成较大的影响，因此施工前应由施工单位制定严格的施工安全保障措施、应急预案、安全责任制度等，包括但不限于以下事项：

①施工单位应当具备《中华人民共和国海事行政许可条件规定》规定的相应条件，向活动地的海事管理机构提出申请并报送相应的材料。在取得海事管理机构颁发的《中华人民共和国水上水下活动许可证》（以下简称"许可证"）后，方可进行相应的水上水下活动。

②施工单位和作业人员在水上水下活动过程中应当遵守以下规定：

a. 按照海事管理机构批准的作业内容、核定的水域范围和使用核准的船舶进行作业，不得妨碍其他船舶的正常航行。

b. 及时向海事管理机构通报施工进度及计划，并保持工程水域良好的通航环境。

c. 使船舶、浮动设施保持在适于安全航行、停泊或者从事有关活动的状态。

d. 实施施工作业或者活动的船舶、设施应当按照有关规定在明显处昼夜显示规定的号灯号型。在现场作业船舶或者警戒船上配备有效的通信设备，施工作业或者活动期间指派专人警戒，并在指定的频道上守听。

③建设单位或者施工单位应当及时清除水上水下活动过程中产生的碍航物，不得遗留任何有碍航行和作业安全的隐患。在碍航物未清除前，必须设置规定的标志、显示信号，并将碍航物的名称、形状、尺寸、位置和深度准确地报告海事管理机构。

④建设单位应当在工程涉及通航安全的部分完工后或者工程竣工后，将工程有关通航安全的技术参数报海事管理机构备案。

（2）施工进度安排。

本工程一期工程整体实施的施工工期拟定为 24 个月，其中码头水工工期为 20 个月。为保证按计划工期完成施工，应进行合理的分段流水施工作业。

二、评估过程和评估方法介绍

（一）评估过程介绍

本评估采用指标体系法开展评估，主要分按以下步骤进行：

（1）成立评估小组；

（2）收集勘察设计文件并现场调查；

（3）明确评估对象；

（4）建立评估指标体系；

（5）确定权重系数、计算评估指标分值；

（6）计算总体风险，划分等级，提出专项风险评估对象和风险控制措施建议；

（7）编写总体风险评估报告；

（8）报告评审。

（二）评估方法介绍

1. 指标体系法

指标体系法是根据影响工程施工安全风险的主要致险因素，建立体现风险特征的评估指标体系，对各评估指标进行数值区间量化分级，并综合考虑各评估指标的权重系数，对工程施工安全风险作出评估的一种方法。

依据《公路水运工程施工安全风险评估指南第 1 部分：总体要求》（JT/T 1375.1-2022），评估小组应根据影响施工安全风险的主要因素，将其分为工程特点、施工环境、地质条件、气象水文、资料完整性等项别，对每个项别细分提出若干评估指标，并确定指标的分级区间及对应的基本分值范围，从而建立评估指标体系。

评估指标取值应首先由评估小组根据工程实际情况和指标分级情况，确定指标所在的分级区间，在分级区间的分值范围内，采用插值法等方法，集体讨论确定指标的分值。在确定指标所在的分级区间时，应遵循最不利原则，越不利的情况取值越大。

根据《公路水运工程施工安全风险评估指南第 5 部分：港口工程》（JT/T 1375.5-2022）的要求，建立本评估指标体系，见表 5-2。

采用指标体系法进行评估时，施工安全总体风险按下式计算确定：

$$F_r = \Sigma X_{ij} = \Sigma R_{ij} \gamma_{ij} \qquad (5.1)$$

式中，F_r——总体风险评估分值；

X_{ij}——评估指标的分值，i=1，2，3，4，5，j=1，2，…，n，n 为第 i 个项别包括的评估指标的数量。

R_{ij}——评估指标的基本分值；

γ_{ij}——评估指标的权重值。

计算得出 F_r 后，对照表 5-3 确定施工安全总体风险等级。

表 5-2 沿海码头工程总体风险评估指标体系

项别	评估指标	分级	基本分值（R_{ij}）		权重系数（γ_{ij}）	评估分值（X_{ij}）
			分值范围	取值		
工程复杂程度 X_1	泊位吨级 X_{11}	$X_{11} \geq 30$ 万吨	76 ~ 100	R_{11}	γ_{11}	$X_{11} = R_{11} \times \gamma_{11}$
		20 万吨 $\leq X_{11} < 30$ 万吨	51 ~ 75			
		10 万吨 $\leq X_{11} < 20$ 万吨	26 ~ 50			
		$X_{11} < 10$ 万吨	0 ~ 25			
	基槽与岸坡开挖 X_{12}	水下基槽与岸坡开挖	51 ~ 100	R_{12}	γ_{12}	$X_{12} = R_{12} \times \gamma_{12}$
		陆上基槽与岸坡开挖	0 ~ 50			
	基础工程 X_{13}	爆破夯实	76 ~ 100	R_{13}	γ_{13}	$X_{13} = R_{13} \times \gamma_{13}$
		灌注桩、嵌岩桩、地下连续墙	51 ~ 75			
		预制桩沉桩	26 ~ 50			
		水下基槽抛石、锤夯、整平	0 ~ 25			
	码头结构形式 X_{14}	混合形式码头、新形式码头	76 ~ 100	R_{14}	γ_{14}	$X_{14} = R_{14} \times \gamma_{14}$
		大圆筒、沉箱码头、板桩码头	51 ~ 75			
		高桩码头	26 ~ 50			
		方块码头、浮码头	0 ~ 25			
	码头上部结构工程 X_{15}	临水作业现浇混凝土构件	76 ~ 100	R_{15}	γ_{15}	$X_{15} = R_{15} \times \gamma_{15}$
		临水作业预制构件安装	51 ~ 75			
		非临水作业预制构件安装	26 ~ 50			
		非临水作业现浇混凝土构件	0 ~ 25			

表 5-2（续）

项别	评估指标	分级	基本分值（R_{ij}）		权重系数（γ_{ij}）	评估分值（X_{ij}）
			分值范围	取值		
施工环境 X_2	工程离岸距离 X_{21}	$X_{21} > 3km$、孤岛作业	76～100	R_{21}	γ_{21}	$X_{21}=R_{21}\times\gamma_{21}$
		$1km < X_{21} \leqslant 3km$	51～75			
		$0.5km < X_{21} \leqslant 1km$	26～50			
		$0km < X_{21} \leqslant 0.5km$	0～25			
	工程水域掩护条件 X_{22}	开敞式	76～100	R_{22}	γ_{22}	$X_{22}=R_{22}\times\gamma_{22}$
		半开敞式	51～75			
		掩护条件较好	26～50			
		掩护条件好	0～25			
	工程水域水深 X_{23}	$X_{23} \geqslant 22m$	76～100	R_{23}	γ_{23}	$X_{23}=R_{23}\times\gamma_{23}$
		$19m \leqslant X_{23} < 22m$	51～75			
		$15m \leqslant X_{23} < 19m$	26～50			
		$X_{23} < 15m$	0～25			
	工程施工场地周边妨碍物 X_{24}	周边有易燃易爆、有毒有害的管线、储罐、设施等	76～100	R_{24}	γ_{24}	$X_{24}=R_{24}\times\gamma_{24}$
		周边有生产泊位、通航、靠离泊船舶	51～75			
		周边有养殖区、易受影响建筑物	26～50			
		周边无其他影响施工安全妨碍物	0～25			
	防台、避风锚地 X_{25}	防台、避风锚地差，距离施工区较远	76～100	R_{25}	γ_{25}	$X_{25}=R_{25}\times\gamma_{25}$
		防台、避风锚地好，距离施工区较远	51～75			
		防台、避风锚地差，距离施工区较近	26～50			
		防台、避风锚地好，距离施工区较近	0～25			
	工程选址 X_{26}	新港区	51～100	R_{26}	γ_{26}	$X_{26}=R_{26}\times\gamma_{26}$
		老港区	0～50			
地质条件 X_3	岸坡地质 X_{31}	岸坡与边坡稳定情况不明	76～100	R_{31}	γ_{31}	$X_{31}=R_{31}\times\gamma_{31}$
		岸坡与边坡稳定不稳定，需要进行处理	26～75			
		岸坡与边坡稳定，无需进行处理	0～25			
	码头施工区域地质 X_{32}	重力式码头地基有突变；桩基码头持力层上覆盖层薄或持力层倾斜较大或存在较多孤石；易发生滑坡的区域	76～100	R_{32}	γ_{32}	$X_{32}=R_{32}\times\gamma_{32}$
		地基不均匀，重力式码头地基无突变；桩基码头持力层上覆盖层不够厚或需穿过硬土层或软硬土层交错	26～75			
		地基均匀	0～25			

表 5-2（续）

项别	评估指标	分级	基本分值（R_{ij}）		权重系数（γ_{ij}）	评估分值（X_{ij}）
			分值范围	取值		
气象水文 X_4	台风或突风 X_{41}	$X_{41} \geq 3$ 次	76～100	R_{41}	γ_{41}	$X_{41}=R_{41}\times\gamma_{41}$
		2 次 $\leq X_{41} < 3$ 次	51～75			
		1 次 $\leq X_{41} < 2$ 次	26～50			
		$X_{41} < 1$ 次	0～25			
	风力条件 X_{42}	$X_{42} \geq 60\text{d}$	76～100	R_{42}	γ_{42}	$X_{42}=R_{42}\times\gamma_{42}$
		40d $\leq X_{42} < 60\text{d}$	51～75			
		20d $\leq X_{42} < 40\text{d}$	26～50			
		$X_{42} < 20\text{d}$	0～25			
	浪高 X_{43}	$X_{43} \geq 5\text{m}$	76～100	R_{43}	γ_{43}	$X_{43}=R_{43}\times\gamma_{43}$
		3.5m $\leq X_{43} < 5\text{m}$	51～75			
		2m $\leq X_{43} < 3.5\text{m}$	26～50			
		$X_{43} < 2\text{m}$	0～25			
	潮差 X_{44}	$X_{44} \geq 5\text{m}$	76～100	R_{44}	γ_{44}	$X_{44}=R_{44}\times\gamma_{44}$
		4m $\leq X_{44} < 5\text{m}$	51～75			
		3m $\leq X_{44} < 4\text{m}$	26～50			
		$X_{44} < 3\text{m}$	0～25			
	潮流 X_{45}	$X_{45} \geq 2.0\text{m/s}$	76～100	R_{45}	γ_{45}	$X_{45}=R_{45}\times\gamma_{45}$
		1.0m/s $\leq X_{45} < 2.0\text{m/s}$	51～75			
		0.6m/s $\leq X_{45} \leq 1.0\text{m/s}$	26～50			
		$X_{45} < 0.6\text{m/s}$	0～25			
	雾日 X_{46}	$X_{46} \geq 50\text{d}$	76～100	R_{46}	γ_{46}	$X_{46}=R_{46}\times\gamma_{46}$
		30d $\leq X_{46} < 50\text{d}$	51～75			
		15d $\leq X_{46} < 30\text{d}$	26～50			
		$X_{46} < 15\text{d}$	0～25			
	回淤程度 X_{47}	严重回淤	76～100	R_{47}	γ_{47}	$X_{47}=R_{47}\times\gamma_{47}$
		中度回淤	51～75			
		轻微回淤	26～50			
		无回淤	0～25			
资料完整性 X_5	地质水文气象资料 X_{51}	地质、水文、气象资料不完整	76～100	R_{51}	γ_{51}	$X_{51}=R_{51}\times\gamma_{51}$
		地质、水文、气象资料基本完整	26～75			
		地质、水文、气象资料完整	0～25			
	设计文件 X_{52}	施工图及说明文件不完整	76～100	R_{52}	γ_{52}	$X_{52}=R_{52}\times\gamma_{52}$
		施工图及说明文件基本完整	26～75			
		施工图及说明文件完整	0～25			

表 5-3 施工安全总体风险分级标准

风险等级	F_r
重大风险（Ⅳ）	$F_r \geq 60$
较大风险（Ⅲ）	$50 \leq F_r < 60$
一般风险（Ⅱ）	$40 \leq F_r < 50$
较小风险（Ⅰ）	$F_r < 40$
注：若出现 1 个或多个重要性指标（评估小组集体讨论确定）取最大值，应调高一个风险等级	

2. 重要性排序法

根据《公路水运工程施工安全风险评估指南第 5 部分：港口工程》（JT/T1375.5-2022）第 5.3.2 条的要求，权重系数宜采用重要性排序法确定。

根据评估指标与风险事件发生可能性以及后果严重程度（优先考虑人员伤亡）的相关性，进行综合评判后，将各评估指标按重要性从高到低依次进行排序，权重系数按下式计算。

$$\gamma = \frac{2n - 2m + 1}{n^2} \qquad （5.2）$$

式中：

γ——权重系数；

n——评估指标项数；

m——重要性排序号，$m \leq n$。

在采用重要性排序法确定权重系数时，评估小组通过集体讨论等方式，结合工程实际情况，合理选取或补充评估指标并对其重要性进行排序。评估指标个数宜在 13 个以内。

评估小组通过集体讨论确定并标识出重要性指标，重要性指标应包括权重大、对施工安全风险影响不能忽略的指标，指标取值变化会对评估结果影响大的敏感指标，若干指标组合后对风险影响大的指标等。

（三）风险控制要求

根据总体风险评估结果与接受准则，提出风险控制措施。总体风险接受准则与控制措施见表 5-4。

表 5-4　总体风险接受准则与控制措施

风险等级	接受准则	控制措施
等级Ⅰ（低风险）	可忽略	维持日常安全生产管理工作，无须采取附加的风险防控措施
等级Ⅱ（一般风险）	可接受	需采取风险防控措施：加大安全管理力度，严格日常安全生产管理工作
等级Ⅲ（较大风险）	不期望	应采取措施降低风险：采取加大安全管理力量投入，强化安全资源配置，选择有经验及自控能力强的施工单位，增加工程保险投保等措施

表 5-4（续）

风险等级	接受准则	控制措施
等级Ⅳ（重大风险）	不可接受	应采取一整套的措施降低风险：采取优化工程设计方案或设计阶段的施工指导方案，高度重视项目的后续组织实施，加大安全管理力量和资金投入，强化安全资源配置，选择有经验及自控能力强的施工单位，增加工程保险投保等措施

三、施工安全总体风险评估

（一）评估指标取值

参考《公路水运工程施工安全风险评估指南》建立指标体系，主要考虑本工程的工程复杂程度、施工环境、地质条件、气象水文、资料完整性 5 个一级指标及 22 个二级指标。根据建立的指标体系，结合工程实际情况，对各二级指标的基本分值进行取值。指标体系及取值见表 5-5。

表 5-5 指标体系及取值

项别	评估指标	分级	基本分值（R_{ij}）分值范围	取值	取值说明
工程复杂程度 X_1	泊位吨级 X_{11}	$X_{11} \geqslant 30$ 万吨	$76 \sim 100$	20	水工结构为 7 万吨级，R 取 20
		20 万吨 $\leqslant X_{11} < 30$ 万吨	$51 \sim 75$		
		10 万吨 $\leqslant X_{11} < 20$ 万吨	$26 \sim 50$		
		$X_{11} < 10$ 万吨	$0 \sim 25$		
	基槽与岸坡开挖 X_{12}	水下基槽与岸坡开挖	$51 \sim 100$	60	工程范围内为近岸浅海区，开挖后边坡稳定性较好，水下基槽开挖至 -16.3m，需进行水下基槽抛石、重锤，夯实整平，有潜水作业，R 取 60
		陆上基槽与岸坡开挖	$0 \sim 50$		
	基础工程 X_{13}	爆破夯实	$76 \sim 100$	60	采用重力式方沉箱结构；引桥采用灌注桩，R 取 60
		灌注桩、嵌岩桩、地下连续墙	$51 \sim 75$		
		预制桩沉桩	$26 \sim 50$		
		水下基槽抛石、锤夯、整平	$0 \sim 25$		

表 5-5（续）

项别	评估指标	分级	基本分值（R_{ij}）		取值说明
			分值范围	取值	
工程复杂程度 X_1	码头结构形式 X_{14}	混合形式码头、新形式码头	76～100	60	本工程采用重力式方沉箱结构，引桥采用灌注桩，R 取 60
		大圆筒、沉箱码头、板桩码头	51～75		
		高桩码头	26～50		
		方块码头、浮码头	0～25		
	码头上部结构工程 X_{15}	临水作业现浇混凝土构件	76～100	75	临水现浇胸墙，起重船进行预制箱梁、T 梁等预制构件的安装，R 取 75
		临水作业预制构件安装	51～75		
		非临水作业预制构件安装	26～50		
		非临水作业现浇混凝土构件	0～25		
	工程离岸距离 X_{21}	$X_{21} \geq 3km$、孤岛作业	76～100	20	陆域已形成，需对场地进行清表后整平，局部表层淤泥塘需清淤后回填土方，码头前沿距陆域现状边坡较近，R 取 20
		$1km \leq X_{21} < 3km$	51～75		
		$0.5km \leq X_{21} < 1km$	26～50		
		$0km < X_{21} < 0.5km$	0～25		
	工程水域掩护条件 X_{22}	开敞式	76～100	50	掩护条件较好，R 取 50
		半开敞式	51～75		
		掩护条件较好	26～50		
		掩护条件好	0～25		
地质条件 X_3	工程水域水深 X_{23}	$X_{23} \geq 22m$	76～100	30	开挖线最低为 -16.3m，R 取 30
		$19m \leq X_{23} < 22m$	51～75		
		$15m \leq X_{23} < 19m$	26～50		
		$X_{23} < 15m$	0～25		
	工程施工场地周边妨碍物 X_{24}	周边有易燃易爆、有毒有害的管线、储罐、设施等	76～100	75	以北 120m 左右为中石油海底输油管线，周边在建泊位较多，R 取 75
		周边有生产泊位、通航、靠离泊船舶	51～75		
		周边有养殖区、易受影响建筑物	26～50		
		周边无其他影响施工安全妨碍物	0～25		

表 5-5（续）

项别	评估指标	分级	基本分值（R_{ij}）		取值说明
			分值范围	取值	
地质条件 X_3	防台、避风锚地 X_{25}	防台、避风锚地差，距离施工区较远	76～100	20	最近锚地，距离施工区较近，R 取 20
		防台、避风锚地好，距离施工区较远	51～75		
		防台、避风锚地差，距离施工区较近	26～50		
		防台、避风锚地好，距离施工区较近	0～25		
	工程选址 X_{26}	新港区	51～100	15	老港区，有同类型的码头建设，R 取 15
		老港区	0～50		
	岸坡地质 X_{31}	岸坡与边坡稳定情况不明	76～100	20	岸坡稳定，R 取 20
		岸坡与边坡不稳定，需要进行处理	26～75		
		岸坡与边坡稳定，无须进行处理	0～25		
	码头施工区域地质 X_{32}	重力式码头地基有突变；桩基码头持力层上覆盖层薄或持力层倾斜较大或存在较多孤石；易发生滑坡的区域	76～100	50	场地需考虑地震液化土层不利影响，建场地天然地基属不均匀地基，各岩土层物理力学性质受大气降水及地下水埋藏条件变化差异较大，R 取 50
		地基不均匀，重力式码头地基无突变；桩基码头持力层上覆盖层不够厚或需穿过硬土层或软硬土层交错	26～75		
		地基均匀	0～25		
气象水文 X_4	台风或突风 X_{41}	$X_{41} \geqslant 3$ 次	76～100	75	平均每年 2～4 次，R 取 75
		2 次 $\leqslant X_{41} < 3$ 次	51～75		
		1 次 $\leqslant X_{41} < 2$ 次	26～50		
		$X_{41} < 1$ 次	0～25		

表 5-5（续）

项别	评估指标	分级	基本分值（Rij）		取值说明
			分值范围	取值	
气象水文 X_4	风力条件 X_{42}	$X_{42} \geqslant 60d$	76 ～ 100	37	大于或等于 6 级风的日数平均每年 34 天，R 取 37
		$40d \leqslant X_{42} < 60d$	51 ～ 75		
		$20d \leqslant X_{42} < 50d$	26 ～ 50		
		$X_{42} < 20d$	0 ～ 25		
	浪高 X_{43}	$X_{43} \geqslant 5m$	76 ～ 100	50	最高水位五十年一遇波要素 $H_{4\%}$ 为 3.45m，R 取 50
		$3.5m \leqslant X_{43} < 5m$	51 ～ 75		
		$2m \leqslant X_{43} < 3.5m$	26 ～ 50		
		$X_{43} < 2m$	0 ～ 25		
	潮差 X_{44}	$X_{44} \geqslant 5m$	76 ～ 100	20	多年平均潮差：2.51m，R 取 20
		$4m \leqslant X_{44} < 5m$	51 ～ 75		
		$3m \leqslant X_{44} < 4m$	26 ～ 50		
		$X_{44} < 3m$	0 ～ 25		
	潮流 X_{45}	$X_{45} \geqslant 2.0m/s$	76 ～ 100	24	涨潮平均流速为 0.08 ～ 0.28m/s，最大为 0.54m/s，R 取 24
		$1.0m/s \leqslant X_{45} < 2.0m/s$	51 ～ 75		
		$0.6m/s \leqslant X_{45} < 1.0m/s$	26 ～ 50		
		$X_{45} < 0.6m/s$	0 ～ 25		
	雾日 X_{46}	$X_{46} \geqslant 50d$	76 ～ 100	24	年平均能见度小于 1000m 雾日为 13d，R 取 24
		$30d \leqslant X_{46} < 50d$	51 ～ 75		
		$15d \leqslant X_{46} < 30d$	26 ～ 50		
		$X_{46} < 15d$	0 ～ 25		
	回淤程度 X_{47}	严重回淤	76 ～ 100	25	强度介于 0.05 ～ 0.40m/a 之间，轻微回淤，R 取 25
		中度回淤	51 ～ 75		
		轻微回淤	26 ～ 50		
		无回淤	0 ～ 25		

表 5-5（续）

项别	评估指标	分级	基本分值（R_{ij}）		取值说明
			分值范围	取值	
资料完整性 X_5	地质水文气象资料 X_{51}	地质、水文、气象资料不完整	76～100	10	完整，R 取 10
		地质、水文、气象资料基本完整	26～75		
		地质、水文、气象资料完整	0～25		
	设计文件 X_{52}	施工图及说明文件不完整	76～100	10	完整，R 取 10
		施工图及说明文件基本完整	26～75		
		施工图及说明文件完整	0～25		

（二）指标体系权重系数的确定

项目组结合本工程施工特点及类似工程的施工经验，根据评估指标与事故发生可能性以及事故后果严重程度（优先考虑人员伤亡），选取 11 个指标，对指标进行了重要性排序，并根据重要性排序法计算公式计算各指标权重，详见表 5-6。

表 5-6 指标体系重要性排序

项别	评估指标	重要性排序	权重系数
工程复杂程度 X_1	基槽与岸坡开挖 X_{12}	2	0.16
	基础工程 X_{13}	4	0.12
	码头结构形式 X_{14}	3	0.14
	码头上部结构工程 X_{15}	1	0.17
施工环境 X_2	工程水域掩护条件 X_{22}	9	0.04
	工程水域水深 X_{23}	8	0.06
	工程施工场地周边妨碍物 X_{24}	7	0.07
地质条件 X_3	码头施工区域地质 X_{32}	10	0.03
气象水文 X_4	台风或突风 X_{41}	11	0.01
	风力条件 X_{42}	5	0.11
	浪高 X_{43}	6	0.09

（三）评估指标分值计算和风险等级划分

各指标的风险计算值及排序见表 5-7。则总体风险：

$$F_r = \Sigma X_{ij} \approx 57.82 \qquad (5.3)$$

对照表 5-7 施工安全总体风险分级标准表，$50 \leqslant Fr < 60$ 时，施工安全总体风险为较大风险（Ⅲ），为"不期望"风险，应采取措施降低风险：采取加大安全管理力量投入、强化安全资源配置、选择有经验及自控能力强的施工单位、增加工程保险投保等措施。

表 5-7 各评估指标分值计算

项别	评估指标	重要性排序	权重系数（γ_{ij}）	基本分值（R_{ij}）	评估分值（X_{ij}）
工程复杂程度 X_1	基槽与岸坡开挖 X_{12}	2	0.16	60	9.6
	基础工程 X_{13}	4	0.12	60	7.2
	码头结构形式 X_{14}	3	0.14	60	8.4
	码头上部结构工程 X_{15}	1	0.17	75	12.75
施工环境 X_2	工程水域掩护条件 X_{22}	9	0.04	50	3.5
	工程水域水深 X_{23}	8	0.06	30	1.8
	工程施工场地周边妨碍物 X_{24}	7	0.07	75	3
地质条件 X_3	码头施工区域地质 X_{32}	10	0.03	50	1.5
气象水文 X_4	台风或突风 X_{41}	11	0.01	75	0.75
	风力条件 X_{42}	5	0.11	37	4.07
	浪高 X_{43}	6	0.09	50	4.5
Fr					57.07

（四）小结

（1）本工程施工总体风险等级为较大风险（Ⅲ）。

（2）重要性指标按 X_{ij} 值大小及 R 值大小确定。选取 X_{ij} 重要性排序较前及 R 值较大的指标作为重要性指标，以此确定的重要性指标为：

①码头上部结构工程 X_{15}，主要致险因素包括临水现场浇筑等。

②基槽与岸坡开挖 X_{12}，主要致险因素包括潜水作业、爆破施工等。

③码头结构形式 X_{14}，主要致险因素包括大型支架、模板、平台等架设与拆除等。

④基础工程 X_{13}，主要致险因素包括沉箱出运下水；沉箱运输及安装，水上灌注桩施工等。

四、施工安全风险分析

（一）施工条件及施工特点分析

1. 建设条件分析

（1）自然条件。

工程所在地属南亚热带海洋气候，高温多雨，季风盛行，夏季风浪较大。除受台风影响期间外，大型施工船舶基本可以全年施工。

工程所在地波浪动力条件相对较弱，全年没有霜冻。

工程所在地属季节性地区，冬季多偏北风，夏季多偏南风，全年常风向N，次常风向为NNE，强风向为N。本区为台风频繁活动地区，平均每年受2～4次，最多5次台风或热带低压影响。

工程所在地所在港区掩护条件好，波浪较小。港区全年无冰冻期，但受风、雨、高温影响，特别是受台风影响，施工期应充分做好防台措施。

（2）交通条件。

工程所在地周边泊位已建成，本工程供水、供电问题基本解决，港外公路、水电、通信均已初具规模，水路四通八达，港区附近砂、石料丰富，施工条件优越。

本工程位置靠近航道，有利于施工船舶通航的组织调度。

（3）依托条件。

工程所在港区基础设施完备，施工用水用电可依托已建工程，可为本工程的供水、供电、通信等提供良好的外协条件。

工程所在港区通过多年来的不断建设，已形成了长期的建筑材料固定渠道供应方式。本工程所需要的大宗建筑材料主要为码头结构的抛石基床、回填中粗砂等结构中所采用的块石和砂，当地建筑材料货源充足，地方材料的供应完全可满足本工程的需要。

距工程位置约10km处有已建预制场可作为沉箱的预制场地，可满足本工程沉箱预制需求。预制场配有专用出运码头，沉箱在码头出运后，可采用拖运或半潜驳浮运方式利用港区现有航道出运至施工现场。

（4）海洋倾倒区条件。

疏浚土可运疏浚物临时性海洋倾倒区抛卸，可满足建港需要。

（5）施工能力。

目前，港区有多家具有施工资质的企业在当地施工，熟悉该地区的地形地貌及施工特点，具有丰富的施工经验，施工设备、船舶齐全，施工技术有保障。

综上所述，本工程施工干扰小，各方面施工条件均已具备，且施工条件良好，可以满足施工的需要。

2.施工安全特点分析

（1）本工程地理位置优越，建港条件良好；水、电等依托条件充分；外部交通、疏运渠道通畅。

（2）本工程港池挖泥、沉箱施工、灌注桩施工作业量大，水上、陆上需要各种专业船舶和施工机具，属于设备和人力密集型工程，专业性强。船舶、车辆调度和管理有一定难度，需做好施工过程中的交通组织工作，包括施工便道的开挖处理、水上交通的调度等。

（3）施工将跨台风季节，需处理好施工安全和进度的关系，切实做好防台、避台工作。

（4）本工程与周边在建码头设施较多，各施工项目施工船舶可能存在相互干扰。相关工程建设单位、经营单位需统一协调、合理调度。

（5）本工程与相邻泊位过渡段结构的施工对保证本工程及相邻工程结构安全十分重要。施工时需要注意对已建过渡段的影响，防止因超挖等导致原有沉箱移位或沉箱放置偏差过大等导致结构不稳定、偏移的情况。

（6）本工程吊运、起重作业较多，受作业环境影响较大，起重设备重量及种类繁多，作业场地狭小，交叉作业多，易发生施工安全事故。

（7）本工程流水式施工作业明显，涉及作业内容多，且各施工作业相互有交叉影响。本工程工期紧，交叉作业、流水作业更为突出，施工现场可能存在多台器械同时作业的情况，因此需充分分析与评估相互间的安全影响，科学划分作业范围与区域，合理安排作业人员与安全管理人员。

（8）本工程基槽挖泥需进行水下爆破作业，应充分评估与周边设施、管道的互相影响，统筹协调施工顺序。

（二）施工安全影响因素分析

结合本工程码头施工的特点，从管理因素、工艺与机械设备因素、施工工程因素、施工环境因素、施工人员因素五大类分析本工程的施工安全影响因素，具体分析如下。

1.周边环境及设施因素

该工程周边环境较为复杂，施工过程中对周边的影响主要包括施工船舶对通航的影响以及施工作业对周边设施、周边交通结构的影响。

（1）对周边设施的影响。

①本工程水上施工船舶较多，通航较为频繁，若船舶因天气原因、人为因素和机械故障等原因发生偏航，存在与周边泊位船舶通航与靠离泊、施工船舶发生碰撞的风险。

②本工程基槽挖泥作业（爆破作业等）、重锤夯实作业等施工可能对离本工程距离较近的设施的结构和基础带来不利影响。

③本工程所需施工材料部分通过陆运、水运进入施工区域，频繁的水路、车辆运输可能对航道、公路的交通造成不利影响。

（2）对周边水域的影响。

本工程水上船舶施工作业较多，呈现出施工水域范围广、施工船舶多、施工时间长等特点，施工船舶的船型、船况、操纵性能等更加复杂。与此同时，施工作业往往处于船舶通航密集水域，因此，施工船舶将会对施工水域的通航安全产生一定影响，过往船舶及施工船舶发生碰撞、触碰、翻沉、搁浅等事故的危险性较高。为保证工程顺利完成，有必要对施工船舶系统、规范的管理方法加以完善以降低通航安全风险。施工船舶可能会对通航安全的产生影响表现为以下几个方面：

①增加交通流量。

施工船舶频繁进出施工水域，必然增加水域的船舶交通流量，使得船舶航行密度增大，船舶避让频率增大。

②占用通航水域。

本工程临近航道，施工过程中可能占用部分航道。施工船舶则需占用一定的航道宽度，使得船舶可航行水域减小。施工船舶的应急避风等亦会占用一定的锚地资源。

③影响视觉瞭望。

在夜间或大雾等能见度不良条件下，施工船舶若不按规定显示号灯、号型，易诱发过往船舶驶离航道或误入施工水域。夜间施工作业的强灯光也会对驾驶员的瞭望产生一定干扰。

④减小局部水域通航水深。

在进行抛泥、爆破等作业时，若施工船未能到指定水域抛泥或未能及时清除碍航爆破物、废弃物，则会造成局部通航水深变浅。

⑤易对海底管线造成损伤。

本工程施工水域附近有输油管线，若施工船舶随意抛锚，或在管线附近进行挖泥、爆破等作业，易导致管线破损、泄漏等事故。

⑥施工船舶自身安全事故。

施工船舶船况、操纵性能、船员船艺、管理水平等参差不齐，外租船舶普遍对施工水域的通航环境不熟悉，部分施工船常不按照规定航路行驶，随意穿越航道、锚地、停泊区等，安全隐患较大。若施工船舶超载、装载不平衡，遇有风浪急流，则易造成船舶自沉或侧翻。

2.管理因素

施工安全管理贯穿码头施工的整个过程中，在码头施工发生的各类安全事故中，由于管理因素造成的事故相对较多，管理因素在整个码头施工作业安全因素中占有首要地位。管理因素中管理缺陷主要分为以下几类：

（1）管理不善。

管理不善可能直接或间接导致人员伤亡或设备损坏事故。例如：对安全生产管理制度和操作规程的修订不足或执行不规范、对现场施工作业人员的安全管理存在不足、对设备设施的日常检查维护不足、现场管理人员失职或失误等均有可能导致事故的发生。

在码头施工过程中，沉箱的预制及出运涉及的施工工艺较复杂，施工环节较多，涉及的施工人员较多，因此易发生事故。施工作业应加强沉箱的预制及出运安全管理，不得使用禁止和淘汰的施工工艺，严格执行相关安全生产管理制度和操作规程，加强现场、作业人员和管理人员的培训力度。沉箱、灌注桩施工中涉及的设备设施较多，其中不乏大型机械和起重设备，应加强设施设备的日常维护保养。

（2）事故应急救援不当。

事故应急救援不当表现为事故应急救援预案不完善及现场应急救援措施不当。事故应急救援不当可能导致事故的扩大化。为做到事故应急救援得当，施工单位应注意以下几个要求：

①做好施工前期准备工作，开展施工工程风险源辨识，制订专项预案以及有针对性的施工方案，并编制相应的应急预案。

②提高认识，重视生产安全事故应急处置工作。制定科学合理的事故应急救援预案，严格按照应急预案、操作规程和技术规范的要求进行快速、有效、科学、安全的救援。

③加强应急演练，提高应急处置能力。在有针对性地制定应急预案的基础上，开展经常性应急演练，通过演练检验预案、锻炼队伍，根据演练结果及时修改应急预案。

④加强培训，提高从业人员安全素质。开展有针对性的安全教育和培训，加强上岗前的应急管理和加大专业知识培训力度，未经安全培训或考核不合格的人员一律不得上岗。

码头施工过程中，易发生落水淹溺、机械伤害、起重伤害、高处坠落等事故，施工单位应按照上述要求制定相关事故现场处置方案，加强应急演练，加大现场施工管理人员和作业人员的安全培训力度。

（3）安全隐患清除不及时。

安全隐患清除不及时包括未及时发现安全隐患，或发现安全隐患因资金、人员、设备等原因未能及时对安全隐患进行整改或整改力度不足。安全隐患清除不及时是事故发生的一个重要原因。施工过程中应经常性开展安全隐患排查，并切实做到隐患整改"五落实"，即落实整改目标、落实整改措施、落实整改时限、落实整改责任、落实整改资金。

（4）安全教育培训力度不足。

安全教育培训是施工企业安全生产重要的基础性工作，是施工企业提高职工安全素养和安全技能、强化安全防范意识的必要手段，也是做好安全生产工作的治本之举。若对安全教育培训认识不到位、投入不足，安全教育培训质量不高，将直接导致施工企业生产经营过程中违章指挥、违章操作、违反安全生产纪律等不安全行为屡禁不止，安全生产事故频发。做好安全教育培训，施工企业负责人应加强对安全生产培训的重视程度；安全培训应突出重点，有针对性；安全培训方式应实现多样化、动态化；培训部门应对安全培训效果进行经常性评估，保证安全培训的经济支持。特种设备作业人员及特种作业人员、潜水作业人员、爆破作业人员等应持证上岗。

3. 工艺与机械设备因素

设备发生故障是生产中突发事故的主要原因之一，生产设备的质量对生产的安全性起着至关重要的作用。工艺与机械设备因素主要包括以下几方面因素：

（1）工艺适用性。

所采用的施工工艺应考虑是否符合目前国家法律法规的要求，是否为成熟工艺、能否适应当地的自然条件、能否满足当地施工条件等均为工艺的适用性。工艺不适用将直接导致工程的不合法或工程质量不合格等结果，故应予以重视。

（2）工艺与设备匹配性。

所选用的工艺和设备应匹配，工艺和设备不匹配可能导致工程质量不合格、设备损坏、耽误工期等后果。

本工程施工环节较多，涉及挖泥船、半潜驳、抛石／砂船、预制件运输船舶等施工船舶及各类起重机械，施工船舶、机械的施工能力及性能安全对本工程施工安全十分重要。

（3）机械设备本身安全程度。

机械设备本身的安全程度直接关系到工程质量、工程进度和施工安全状况。机械设备本身存在缺陷或使用过程中未进行及时的检测、保养和维护，以及超限使用机械设备是机械设备未达到本质安全的原因。在机械设备及附属设施选用时应选用正规厂家的质量合格产品，机械设备使用过程中应加强设备的日常检查、定期检测、维护和保养工作，对于检测不合格或已达到使用期限的机械设备应及时进行报废和更新。特种设备、强检设备均应按期检测，并在有效期内使用。

4. 施工工程因素

工程因素是码头施工过程中对安全影响最大的因素，主要与以下施工过程相关：

（1）地基处理。

港口工程地基处理大部分情况是在水下进行，处理过程中不确定性和危险性因素很多。水下地质勘测资料的不完整可能会造成基槽边坡的设计值过大或过小，影响工程的稳定性和耐久性；地基的整平需要有专门的潜水员进行处理；码头基槽开挖过程中可能会造成大量淤泥回淤，需要再次进行清理，影响工程施工进度和增加清淤费用；水下炸礁作业需要在水下投放炸药，水下爆破本身是一项危险性作业，由于药包爆炸导致翻船的事故时有发生。

（2）沉箱预制。

①钢筋作业。

钢筋加工过程中用电设备较多，如钢筋切割机、冷拉机、电焊机等，这些用电设备本身的危险性就很大，若操作人员疏忽大意或注意力不集中，使得安全事故频频发生。例如，防触电装置失效或没有采取防触电措施易导致触电事故；加工设备发生故障或失灵，操作人员操作时容易引起事故；钢筋切割或冷拉时，操作人员若疏忽大意很可能会受伤。

在钢筋吊运过程中，钢筋越长或越松散，吊运难度越大。吊运过程中吊点或钢丝绳断裂，可能导致物体打击事故；若出现吊运工具缺陷、防护设施缺陷、违章作业、作业环境恶劣、作业人员疏忽大意等情况，均可能造成人员伤亡事故。

作业人员在绑扎钢筋时，若没有采取防护措施或违章作业，均可能发生高处坠落事故。此外，钢筋绑扎过程中，若钢筋支架不牢固，容易导致钢筋倾覆倒塌，进而发生坍塌事故。

②模板作业。

模板体积大，吊运难度较大，若模板拼装质量差，吊运过程可能出现模板断裂而造成起重伤害事故。拼装好的模板较高，受风面大，遇有大风可引起模板倾倒，发生砸伤作业人员的事故。在加固模板过程中，架子工、焊工作业属于高处作业，作业空间狭小，若出现脚手架坍塌或安全防护措施不到位，可能发生高处坠落事故。

③混凝土作业。

在沉箱壁浇筑过程中，混凝土振捣棒为移动式用电设备，作业移动过程中电线外皮容易受损，而且周围操作平台均为铁质，一旦发生漏电事故，可造成人员伤亡，后果极为严重。清理混凝土拌和设备时，作业人员容易被设备绞伤。混凝土浇筑作业空间狭窄、作业面高低不平，还容易发生高处坠落事故，尤其在夜间作业时由于照明度不够、光线不足，或有失足坠落的危险。

大体积混凝土浇筑中产生的温度裂缝，若裂缝较宽、深度较深，特别是在有水渗入的情况下，容易引起钢筋锈蚀、保护层剥落和混凝土碳化，从而影响结构的耐久性，降低结构的承载力，给工程带来安全隐患。

（3）沉箱出运。

沉箱的出运工艺和方法有多种，主要受到自然条件、船机设备条件、沉箱重量、经济条件的影响和制约。

在沉箱浮运过程中，由于操作不当或遇大风浪袭击可能引发沉箱倾翻事故，造成船舶碰撞或倾翻、人员溺水等，带来严重损失。

例如，当选用气囊顶升、半潜驳出运工艺时，水上起重作业存在很多安全风险因素，如起重设备不符合标准规范、起重工人操作不当、作业人员疏忽大意等，均可能引发安全事故。

当拖运沉箱时，浮游稳定条件不满足也是造成沉箱倾翻的主要原因。

沉箱预制场的选择与出运的距离直接相关，若距离较远，在海上运输过程中的安全风险则会相应增大。另外，沉箱预制场的远近也会影响运输成本。

沉箱出运不得采用《公路水运工程淘汰危及生产安全施工工艺、设备和材料目录》中禁止的相关施工工艺。

（4）沉箱安装。

在沉箱安装过程中，箱内应有合适的压载水，以保证沉箱稳定平衡。内墙两侧水头差较大会造成内墙破坏，要适时进行监测；在大风浪作用下沉箱坐底后会有移位风险，移位距离大不满足设计要求时，需要重新安装，施工过程中必须进行监控，以免造成损失。

（5）沉箱内回填、墙后回填。

在沉箱内回填及墙后回填作业过程中，起重作业及带电作业危险性很大，起重作业时容易引起物体打击事故，如起吊作业时，起吊物件碰撞到施工人员，造成施工人员受伤甚至死亡；起重设备发生故障甚至失灵，造成人员伤亡事故等。机械设备带电、漏电容易引起施工人员触电伤亡。电路设施发生故障会严重影响施工作业的顺利进行，易导致火灾事故、触电事故、进度延误等巨大损失。

（6）上部结构施工、附属设施安装。

在现浇胸墙过程中，如果模板安装过程中起重作业不按操作规程，浇注混凝土前未按规定要求对模板工程进行验收，混凝土强度未达规定要求便提前拆模，或者支撑模板的立柱材料不符合要求，都容易引发坍塌事故。当模板装拆时，拉杆不足、焊点开裂、螺栓或支撑松动、螺栓断裂等问题均可能导致爆模或坍塌；此外，模板、设备堆放不平稳，堆放过高也容易造成物体打击事故。当起吊作业时，若起吊物件碰撞到施工人员，会造成施工人员受伤甚至死亡；同时，起重设备发生故障甚至失灵，也会造成人员伤亡事故等。

（7）灌注桩施工。

该工程引桥采用灌注桩。灌注桩施工平台和现浇构件施工中存在人员密集施工的情况，施工人员在施工平台及人行便桥上活动较多，且投入施工设备自重大。若施工中使用了质量差、技术参数不符合规范和方案要求的材料，或存在盲目施工等不符合施工技术方案的行为，使得实际受力与方案安全验算不符，如钢筋及混凝土不能达到标准要求、灌注桩质量存在缺陷、桩基偏位导致整体承载力下降等，极有可能造成坍塌、淹溺等群死群伤的安全事故。因此，必须严把技术关和质量关。

（8）临时用电。

码头施工各个作业环节都离不开用电，正确用电直接影响到整个工程的安全、质量和进度。临时用电导致电气危害的风险较大，常见的事故原因有：设计装机容量不足，电缆线路敷设不周，电气线路未安装漏电、过载、短路等保护装置，防雷措施不全或失效，线路维修保养不良，作业人员（包括在作业场所的电气工作人员和非电气工作人员）未能认真按照电气工作安全规程进行操作，以及超负荷用电和违章用电等。

（9）机械上船。

在抛沙抛石、重锤夯实、沉箱填充等作业环节中，通常采用驳船上安装起重设备的方式。起重设备通常采用吊装上船或出运码头登船的方式。在机械上船过程中，可能因使用的附属设施失效、气象原因、作业失误等原因，造成设备落水或人员伤亡等事故。

5. 自然条件

施工环境可以直接引发安全事故，也可以影响整个生产系统的可靠性，进而引发事故。主要施工环境因素主要包括以下几类：

（1）潮汐、潮流。

工程所在港区水域以全日潮为主，涨、落潮相对缓慢，一般涨潮历时长于落潮历时，落潮流速大于涨潮流速，潮流特征有利于向外海输沙；本码头所在作业区前沿水流归顺，涨、落潮沿岸往复，水流集中，流速相对较大，落潮时流速最大在 1m/s 左右，而横向流速分量小，利于船舶航行安全。本工程水上作业和临水作业工程量大，潮汐对本工程作业影响较大。

（2）波浪和涌浪。

波浪和涌浪对码头施工和船舶带来安全影响。船舶相对于波浪和涌浪方向的方位、系泊方式、船舶的动力特性、波浪或涌浪的周期等是影响船舶施工的主要因素，主要影响船舶系泊稳定性、作业设备之间的影响以及对作业效率的影响等。

工程所在港区向南，东、西、北三面丘陵环抱，又受到雷州半岛、中南半岛和海南岛的天然掩护作用，波浪动力条件相对较弱，对码头施工影响相对较小，但应注意台风带来的大浪对本工程施工的影响。

（3）恶劣天气。

台风、突发性强阵风以及大雾等恶劣天气影响施工安全。工程所在港区属南亚热带海洋气候，高温多雨，季风盛行，夏季风浪较大。每年 5～11 月受台风影响，其中 7～9 月较为集中。影响该地区的台风每年 2～4 次，最多 5 次。当台风袭击时，常伴有暴雨或大暴雨。除受台风影响期间外，大型施工船舶基本可以全年施工。

台风、突发性强风不利于船舶锚定、大型机械施工，大雾天视距不良，雷暴天气易发生作业人员雷击事故。因此，在恶劣天气下，应停止施工作业，并采取相应的防范措施。

（4）水下作业。

在本工程施工过程中，基床人工整平、水下爆破作业等需要水下作业，水下施工环境复杂，水温、潮流等均会影响潜水员的安全，水下作业受潮流影响较大，应予以重视。

（5）周边环境因素。

本工程在水上运输构件、港池挖泥、沉箱运输等作业过程中施工船舶较多，若船舶因天气原因、人为因素和机械故障等原因发生偏航，或施工区域划分不合理等，存在与周边泊位靠泊船舶、施工船舶、航行船舶发生碰撞的风险。

若爆破作业影响范围控制不合理，未发布爆破通告，未设置警戒船、警示信号或盲炮、残炮未及时处理等，都可能对航道通航船舶造成影响。

另外，爆破作业有可能对临近航标等通航设施造成影响，可能导致航标移位、损坏，对通航造成不良影响。

6. 人员因素

人员因素始终是施工安全的核心因素，一切施工活动都离不开人，因此作业人员的责任心、安全意识、工作状态将直接影响整个工程的施工安全和施工质量。人员因素主要包括施工作业人员违章操作、管理和施工作业人员对安全不够重视、作业人员技能知识缺乏以及作业人员身体状况不适等。

人的不安全因素包括：心理性和生理性危险因素、行为性危险因素。

（1）心理性和生理性不安全因素。

心理性不安全因素主要是指由于人的心理习惯所造成的不安全因素，表现在施工作业中急功近利、图省事、图方便、抢速度等不安全行为。

生理性不安全因素是指由于劳动强度大，负荷超限，作业时间长，劳动条件差（噪声、高温、体力劳动强度危害严重）所造成的情绪异常，过度紧张等生理性不安全因素等。

（2）行为性危险因素。

事故的直接成因主要是人的行为中三个基本阶段所出现的失误，即观察失误、判断失误和操作失误。据资料统计，70%以上的事故是由于人的不安全行为引起。人的不安全行为因素主要可归纳为：违章指挥或指挥失误、违章操作、违反劳动纪律、思想麻痹，因而控制和减少人的不安全行为是防止事故发生的有效途径。

①违章指挥或指挥失误。

违章指挥或指挥失误会直接造成伤亡事故。在作业中，指挥人员通常是通过哨声、手势和通信设备来指挥各施工作业岗位上人员和操作设备，但若指挥手势不清、情况不明、指挥违章、通信模糊等都可能发生吊具碰撞人员，造成机械伤害等事故。

②违章操作。

在作业中，因违章操作、误操作，或因操作技术知识缺乏而导致人员伤亡事故，在所有伤亡事故中也占有相当大的比例。

③违反劳动纪律。

在施工作业、机械设备运行和维修过程中，若作业人员违反劳动纪律，配合不当或监管出现失误，都很可能发生伤亡事故。

④思想麻痹。

作业人员在长期从事某一重复性劳动之后容易产生麻痹思想，会导致意外伤亡事故的发生。

（三）施工工艺安全风险分析

本工程码头水工结构主体工程施工工艺包含以下几个方面。

1. 码头水工

停泊水域及回旋水域开挖；构件预制；沉箱及盖板安装、桩基施工；浇筑胸墙、盖梁；预制构件安放；现浇面板及磨耗层施工；系船柱、橡胶护舷等码头附属设施的安装；码头面设备及配套工程施工；供电照明设备及消防设备的施工。

2. 引桥水工

构件预制；桩基施工；盖梁施工；预制T梁安装；桥面铺装及桥面附属

设施施工；引桥上方皮带机廊道钢结构安装施工；皮带机廊道设备及配套设施安装施工。

沉箱预制场配有专用出运码头，沉箱在码头出运后，可采用拖运或半潜驳浮运方式利用现有航道出运至施工现场。

3. 主要施工工艺风险

（1）基槽开挖。

在对基槽进行挖泥的过程中，可以采用抓斗式挖泥船，并遵循分区域、分层施工的原则进行作业。

本工程施工过程有可能出现超挖或施工方案有误等问题，导致已施工结构发生滑移或坍塌事故；挖泥船上的工作人员在作业期间可能发生落水淹溺、机械伤害、物体打击事故；台风或突发性强阵风、浓雾等恶劣天气施工作业可能导致船舶失稳、船舶碰撞事故，也可能导致挖泥船上工作人员发生落水淹溺事故。

基槽开挖风险分析见表 5-8。

表 5-8 基槽开挖风险分析

施工工艺	风险点	风险分析	潜在事故
挖泥工程	船舶调遣、航行	（1）船舶配员不符合规定，船员值班不符合规定。 （2）值班船员操作失误，值班船员通章冒险航行。 （3）船舶证书不齐全，非自航船拖带未经过检验。 （4）船体老旧、设备状况差。 （5）船舶封舱不严、活动部件未固定。 （6）通信导航设备故障或不完善。 （7）非自航船拖带装置有缺陷或故障。 （8）航海图书资料不全。 （9）未制订有效的航次计划，航线设计不合理，值班船员不遵守航次计划。 （10）未开展风险评估，未召开航次作业会。 （11）未开展开航前安全检查。 （12）拖轮选择不当。 （13）能见度不良，突遇大风、大浪（波高超过船舶适应能力）。 （14）航线上船舶流量密集，或者突遇大量的渔船、渔网。	船舶碰撞、倾覆、自沉、搁浅、触礁等

表 5-8（续）

施工工艺	风险点	风险分析	潜在事故
挖泥工程	挖泥施工	（1）在靠近相邻泊位进行基槽开挖时，由于超挖或施工方案有误等原因导致相邻泊位发生滑移或坍塌事故。 （2）挖泥船上工作人员失足发生落水淹溺事故。 （3）挖泥船上工作人员在靠近船上机、泵等未加防护设施的设备时发生机械伤害事故。 （4）挖泥船上机械设备上的钢丝绳发生断裂，导致邻近船上作业人员发生物体打击事故。 （5）挖泥船因走锚发生碰撞、搁浅事故。 （6）船舶掉头时，船速控制不当、风流掌握失误、船位偏出槽外导致船体、施工设备损坏。 （7）装舱超载或超过最大吃水量。 （8）驾驶台与作业人员通信不畅导致误操作。 （9）绞车、吊架限位失灵等。 （10）绞车刹车故障。 （11）作业前未组织进行船体和甲板设备、通导设备、耙头等设备的安全检查。 （12）未考虑气象水文条件、底质、通航环境等因素，合理编制航行挖泥施工方案，合理规划航行挖泥线路。 （13）抛泥区及抛泥临时航道水深不足（维护不及时）。 （14）挖槽内水深急剧变化。 （15）浅水区施工、水下障碍物等。 （16）导助航设施不完善，航标移位。	船舶碰撞、搁浅、触礁、触损、自沉等水上交通事故，起重伤害、机械伤害、物体打击等伤害事故
	泥驳船运输	（1）超载航行。 （2）未保持瞭望。 （3）未及时联系过往船舶。 （4）未开启 AIS 系统。 （5）擅自在非弃渣区弃渣。 （6）系缆磨损超标。 （7）水深不足或水深情况不明。 （8）船舶通道湿滑。 （9）装载不平衡。 （10）开动船前安全检查不仔细。 （11）交接班不清楚。 （12）应急处理措施不当。 （13）大风大浪等恶劣天气。 （14）外部通航船舶影响。 （15）湍流等水流影响。	船舶碰撞、落水淹溺等
	恶劣天气	（1）台风或突发性强阵风导致挖泥船等船舶失稳。 （2）浓雾、大雨导致挖泥船航行时视线不良。	船舶伤害、落水淹溺等

（2）炸礁工程。

本工程强风化岩采用水下松动后开挖或控制爆破等，中风化岩采用控制爆破等，具体施工风险见表 5-9 所示。

水下爆破作业中容易出现的重大安全隐患主要有：违章捆扎裸露药包，无人看守临时存放的药包，配重物与药包不匹配，安放药包时拖拽或漂浮；恶劣天气运送器材；投药船不符规定；恶劣气候、水文情况下进行爆破作业；未发布爆破通告；未设置警戒船、警示信号；冲击波影响范围内有建筑物、船舶或潜水作业人员；炸药超量；药包布设地点不准确或未固定；盲炮、残炮未及时处理；施工单位不具备资质，人员无证上岗，未编制专项施工方案，药量未计算；等等。

表 5-9 炸礁工程施工风险

施工工艺	风险点	风险分析	潜在事故
炸礁工程	施工船定位	（1）指挥失误，业务不熟。 （2）值班瞭望不力。 （3）未及时联系过往船舶。 （4）配合不到位。 （5）拖轮钢缆锈损。 （6）临边作业未做防护。 （7）动力不足。 （8）锚缆及连接件磨损超标。 （9）施工定位作业交底未落实。 （10）工况不熟悉。 （11）配合协调不到位。 （12）水流急乱。 （13）风浪流等恶劣天气。 （14）外部通航船舶影响。	机械伤害、落水淹溺等

表 5-9（续）

施工工艺	风险点	风险分析	潜在事故
炸礁工程	钻孔作业	（1）操作失误。 （2）更换钻具时人员站位错误。 （3）操作人员与协作人员沟通不到位。 （4）钻机设备卷扬故障。 （5）起重钢缆磨损。 （6）船舶未稳定。 （7）钻机回转器链条、钢缆磨损。 （8）高风压气管磨损。 （9）钻机行走装置控制装置故障。 （10）施工前安全检查不细。 （11）施工中人员对船舶定位监视不严。 （12）外部环境因素。 （13）大风大浪等恶劣天气。 （14）水位变幅较大。 （15）流速过大。 （16）水流流向紊乱。 （17）地质复杂。 （18）夜间照明不足。	机械伤害、物体打击、淹溺等
	药包使用	（1）操作人员违章捆扎裸露药包。 （2）无人看守临时存放的裸露药包。 （3）水下炸礁裸露药包的配重物与药包不匹配，不具有足够确保药包顺利自沉和稳定的重量。 （4）水底安放药包时拖拽、漂浮，或与外物摩擦碰撞。 （5）操作人员安全意识不强，违章操作，安全措施不足。 （6）现场安全监督检查不到位。	爆炸等
	爆破器材运输	（1）在雷、雨、雪、雾、大风等恶劣天气运送爆破器材。 （2）在水上船舶运输遇有浓雾或大风浪时未停航原因分析。 （3）水上船舶运输前未及时收听天气预报。 （4）运输船舶操作人员安全意识差，违反规章制度。	爆炸、落水淹溺、车船伤害等

表 5-9（续）

施工工艺	风险点	风险分析	潜在事故
炸礁工程	投药船投药	（1）水下爆破作业使用的投药船不是专用船舶。 （2）投药船稳定性不足。 （3）投药船离开投药点时挂带药包、导线。	爆炸、落水淹溺、车船伤害等
	布放炸药作业	（1）潜水员进行水下探摸及布设炸药前期的其他准备工作时，潜水设备或通信设备故障导致淹溺事故。 （2）潜水员无相关资格证书或未经相关安全培训即下水作业，导致机械伤害、触电和淹溺事故发生。 （3）潜水员身体状况不适，或在水下作业时间过长、疲劳作业导致机械伤害和淹溺。 （4）水下环境复杂，如水流较急或存在紊流而导致淹溺。	爆炸、机械伤害、触电、淹溺等
	水下爆破作业	（1）安全意识不足，未按要求发布爆破通告。 （2）未严格执行爆破作业方案，违反爆破作业安全操作规程。 （3）现场安全监管不到位。 （4）安全允许距离计算不足。 （5）未达到安全允许距离。 （6）现场安全监管不到位。 （7）未严格控制炸药发放。 （8）未严格按照水下爆破作业施工组织设计进行装药。 （9）水下爆破作业人员未持证上岗。 （10）管理人员未对炸药放量进行有效监督检查。	爆炸、落水淹溺等
	药包布设、安放与固定	（1）水下爆破施工组织设计中药包布设地点不合规，或未按照水下爆破施工组织设计的要求在准确地点布设药包。 （2）水下爆破作业人员违章操作，安放的药包未采取可靠固定措施。	爆炸、物体打击等

表 5-9（续）

施工工艺	风险点	风险分析	潜在事故
炸礁工程	盲炮处理	（1）爆破后未发现盲炮。 （2）发现盲炮未继续封闭现场至冒泡清除，导致船舶人员进入。	爆炸、物体打击等
	恶劣气候、水文	（1）在有热带风暴或台风即将来临、雷电、暴雨雪来临、雾天能见度过低、风力超过 6 级、浪高过大、水位暴涨暴落等恶劣气候、水文情况。 （2）安全意识不强，违章爆破作业。 （3）未及时收听天气预报，对恶劣气候、水文情况了解不足。	爆炸、物体打击、落水淹溺、车船伤害等

（3）基床抛石。

基床抛石施工过程中可能发生落水淹溺、物体打击、机械伤害、坍塌和车船伤害等事故。

基床抛石风险分析见表 5-10。

表 5-10 基床抛石风险分析

施工工艺	风险点	风险分析	潜在风险事故
基床抛石	基床抛石	（1）基槽尺寸测量人员及抛石人员失足发生落水淹溺事故。 （2）抛石人员抛石过程中可能发生物体打击事故。 （3）人员在靠近船上机、泵等未加防护设施的设备时发生机械伤害事故。 （4）抛石船上石块堆发生坍塌事故。	落水淹溺、物体打击、机械伤害、车船伤害等
	恶劣天气	台风或突发性强阵风可能导致抛石船失稳，进而导致发生车船伤害、落水淹溺事故	车船伤害、落水淹溺等

（4）基床夯实、整平。

工程采用基床重锤夯实和人工基床整平。基床重锤夯实过程中，夯石船上作业人员可能发生的事故类型有落水淹溺、机械伤害、起重伤害、车船伤害和物体打击。人工基床整平过程中因潜水员自身原因、设备原因或环境因素均可能导致潜水员发生机械伤害、触电、淹溺和物体打击事故。

基床夯实、整平风险分析见表 5-11。

表 5-11 基床夯实、整平风险分析

施工工艺	风险点	风险分析	潜在风险事故
基床夯实、整平	基床重锤夯实	（1）夯实船上作业人员失足落水发生淹溺事故。 （2）夯实船上作业人员在靠近船上机、泵等未加防护设施的设备时发生机械伤害事故。 （3）夯实船起吊夯锤时可能发生起重伤害。 （4）夯实船上机械设备上的钢丝绳发生断裂，导致邻近船上作业人员发生物体打击事故。	淹溺、机械伤害、起重伤害物体打击等
	基床整平	（1）潜水员水下作业时潜水设备或通信设备故障导致触电和淹溺事故。 （2）潜水员无相关资格证书或未经相关安全培训即下水作业而导致机械伤害、触电和淹溺事故发生。 （3）潜水员身体状况不适，或在水下作业时间过长，疲劳作业导致机械伤害和淹溺。 （4）水下环境复杂，如水流较急或存在紊流而导致淹溺。 （5）岸上或船上物品掉落导致物体打击事故。	淹溺、机械伤害、物体打击、触电等
	恶劣天气	台风过境可能导致夯石船失稳，或船舶碰撞进而导致车船伤害和落水淹溺事故	车船伤害、落水淹溺等

（5）沉箱预制。

本工程沉箱预制作业属于高空作业，有大型模板安装与拆除等作业，且作业机械化、自动化程度不高，人机不能完全分离，存在立体交叉作业。因此，作业人员发生伤亡事故的危险性较高，其中以高处坠落、起重伤害风险较大。

沉箱预制风险分析见表 5-12。

表 5-12 沉箱预制风险点分析

施工工艺	风险点	风险分析	潜在风险事故
沉箱预制	钢筋断筋、弯曲	（1）当钢筋切断时，人员操作与切断机太近。 （2）当钢筋弯曲时，弯曲部位未放置到弯曲槽底部或放置不平稳，以及人员站在弯曲向的逆向操作。	机械伤害、物体打击等
	网片制作、安装，插筋、绑扎，操作平台安装、拆除	（1）网片与骨架之间连接不牢。 （2）所载钢筋过多、放置无序，人员站位不合理，人员较多。 （3）操作平台边缘部位无防护措施或防护不严。	坍塌、高处坠落等
	模板、盖板、爬梯制作及维护	（1）电焊机防雨罩、电焊把损坏，电缆线破皮。 （2）氧气、乙炔未隔离存放，且间距不足。 （3）氧气、乙炔压力表、防火帽、防垫圈、回火阀等配备不全或损坏。 （4）氧气、乙炔使用时间距不足，与动火点的距离不足。	触电、火灾爆炸等
	外模安装与拆除	（1）模板安放或拆除时，下方及上部防护栏杆损坏或留有死角，外侧临时爬梯防护不严、锈蚀、钢丝绳数量不足 2 根。 （2）沉箱模板与沉箱之间连接不牢固。 （3）模板平台踏板不牢固。	起重伤害、高处坠落、坍塌等
	砼作业	振捣棒接线不规范，非电工人员操作接线，或电线破损、使用前未检查	触电、机械伤害等
	吊装作业	（1）吊装作业时吊装指挥不到位，现场警戒不严，吊装作业时吊物下方有人。 （2）塔吊运行轨道内有人或障碍物。 （3）吊装模板、吊运物料所用吊索具或吊点存在缺陷。	起重伤害、物体打击等
	临时爬梯	（1）爬梯下部加固不牢。 （2）防护栏杆缺失或高度不够。 （3）临时爬梯与沉箱之间踏板缺失、不牢固、或长度不够。 （4）临时爬梯与沉箱之间踏板两侧防护栏杆缺失。	高处坠落等

（6）沉箱出运安装。

根据对本工程沉箱出运与安装施工作业条件及作业环境等方面的分析，结合沉箱出运与安装施工工艺特点及设备，沉箱出运与安装过程中可能发生的事故有船舶伤害事故、淹溺事故、物体打击事故、机械伤害事故、起重伤害事故、坍塌事故、触电事故、搁浅、触损、碰撞等。

沉箱出运安装风险点分析见表 5-13。

表 5-13 沉箱出运安装风险点分析

施工工艺	风险点	风险分析	潜在风险事故
沉箱出运安装	沉箱顶升	（1）沉箱顶升槽内杂物清理不干净。 （2）顶升气囊额定工作压力低于实际承受载荷。	物体打击、坍塌等
	沉箱平移	（1）气囊使用前未做试压，沉箱出运作业时气囊压力过大或遇尖锐物。 （2）沉箱出运所用的牵引系统及地锚、钢丝绳、滑轮组、卸扣、导向轮等部件存在安全缺陷，或钢丝绳未固定，人员站位不合理。 （3）充气时人员正对气囊气嘴。 （4）气囊充气速度过快。 （5）沉箱出运无专人指挥，沉箱出运牵引速度过快，溜尾系统失效。	坍塌、物体打击等
	沉箱上驳	（1）在上驳过程中，半潜驳面与码头面搭接不平齐或船头抽、压水不及时。 （2）沉箱底部漏水严重，半潜驳不能平稳起浮。	触损、搁浅等
	沉箱拖运	（1）毗邻的 1～8# 泊位已建成投产，航道来往船多，有可能发生船舶交通事故。 （2）当船舶在航行时，船员没有严格执行船舶航行交接班和值班制度，驾驶员疏忽瞭望或疲劳驾驶。 （3）拖船与被拖船联系不畅通，未对拖缆等进行检查，船舶拖航时拖缆绷断、三角板断裂。 （4）船舶救生、通信、消防、信号、导航、锚系、堵漏、航海图书资料等设备设施不适应出海拖航安全要求。 （5）船舶出海未按规定进行加固封舱。	船舶伤害、碰撞、触损等

表 5-13（续）

施工工艺	风险点	风险分析	潜在风险事故
沉箱出运安装	沉箱出驳	（1）沉箱出驳时浮游稳定性不够，风大时引起构件倾斜并碰撞半潜驳。 （2）沉箱出驳过程中牵引的尼龙绳拉断。	碰撞等
	沉箱安装	（1）倒链受力过大、操作步调不一致受力不均断裂，打击人员或打入海中淹溺。 （2）在吊装盖板时，人员站在起吊范围内，砸伤人员或将人员碰入海中。 （3）使用的盖板锈蚀或固定不牢固，人员滑落海中淹溺。 （4）在中高潮时，船舶误入安放的沉箱（水下）上方航行，造成船舶碰撞或搁浅。 （5）工程船舶长时间超负荷作业，机械设备不能及时进行检查维修和保养。 （6）在大风影响期间，工程船舶锚泊出现断缆或走锚、绞锚，以致船舶碰撞。	物体打击、起重伤害、淹溺、船舶伤害、碰撞、搁浅等
	辅助作业	（1）人员站位离受力缆绳过近，被绷紧的缆绳弹伤。 （2）带缆或解缆时人员站位与岸边太近，手脚缠绕在缆上，带入海中淹溺。 （3）电缆磨损漏电，触电伤人。	物体打击、淹溺、触电等

（7）上部结构施工。

本工程上部结构施工包括现浇胸墙等，主要涉及起重作业、电焊作业等。本工程码头附属设施工主要包括系船柱、橡胶护舷、防冲板、钢轨与配件、防风锚碇、给排水和电气等相关埋件的安装、浇注施工。主要涉及的作业形式包括起重作业、混凝土浇筑作业等。

当运输预制件时，如果船舶用钢丝绳、卡环等老化，超负荷起吊，吊物从施工人员、船舶上方经过，作业时未悬挂施工信号旗，都容易造成起重伤害、物体打击事故。

在现浇施工过程中，如果模板安装过程中起重作业不按操作规程，浇筑混凝土前未按规定要求对模板工程进行验收，混凝土强度未达规定要求提前拆模，或支撑模板的立柱材料不符合要求，容易引发坍塌事故。现浇胸墙属于临水临边作业，且作业机械化、自动化程度不高，人机不能完全分离，存在立体交叉作业；现场作业环境复杂，且易受恶劣天气影响。因此，作业人员发生伤亡事故的危险性较高，其中以落水淹溺、物体打击风险较大。

当模板装拆时，拉杆不足、焊点开裂、螺栓或支撑松动、螺栓断裂等容易造成导致爆模或坍塌，模板、设备堆放不平稳，堆放过高容易造成物体打击事故。

上部结构施工风险见表 5-14。

表 5-14　上部结构施工风险

施工工艺	风险点	风险分析	潜在风险事故
上部结构施工	构件水上运输	（1）构件绑扎不牢、可能导致物体打击。 （2）在运输过程中，若人员操作失误、船舶故障或气象原因，可能导致船舶碰撞。 （3）人员违章作业、作业条件不良、站位不对，可能导致落水淹溺事故。	物体打击、船舶碰撞、落水淹溺等
	现浇混凝土	（1）模板对拉螺栓存在质量缺陷或紧固不到位、计算错误、底模支撑坍塌、船舶撞击等，可能造成坍塌。 （2）模板切割机械故障或安全防护设施缺失，可能造成机械伤害。 （3）临边未设置安全防护设施、作业面工具防止不规范、可能造成物体打击。 （4）在危险区域行走、停留可能造成落水淹溺。 （5）违规上下抛接工具可能造成物体打击。 （6）作业平台临边未设置安全防护栏或设置不合理，可能造成落水淹溺、高处坠落。	坍塌、机械伤害、物体打击、落水淹溺等

表 5-14（续）

施工工艺	风险点	风险分析	潜在风险事故
上部结构施工	模板架设	（1）模板等构件起重吊重违章可能发生起重伤害。 （2）索具不符合要求、荷载超限等可能发生起重伤害。 （3）未设置临时围护可能导致高处坠落、淹溺。 （4）扣点不牢可能导致物体打击伤害。 （5）模板散料未及时清理可能导致物体打击。 （6）模板计算错误、失稳、质量缺陷，可能导致坍塌。	起重伤害、高处坠落、淹溺、物体打击等
	钢筋绑扎、预埋件安装	（1）钢筋绑扎不牢可能发生物体打击事故。 （2）钢筋机械故障、防护罩不全，可能导致机械伤害。 （3）不用夹具固定，用手拿工件进行加工导致机械伤。	物体打击、机械伤害等
	混凝土捣固	（1）振捣器故障可能导致机械伤害、触电。 （2）振捣器电缆被拉断、接地不良可能导致触电。 （3）振捣器敲击料头或其他物体可能导致机械伤害。 （4）振捣器碰到硬物反弹，导致物体打击。	机械伤害、触电、物体打击等
	拆模	（1）操作人员未撤离模板进行起吊作业，可能导致高处坠落。 （2）吊机挂钩不符合要求、受力不均可能导致物体打击。 （3）作业平台刚度、稳定性不够；作业平台临边未设置安全防护栏或设置不合理；登高梯具设置不合理，可能导致高处坠落、落水淹溺。	高处坠落、物体打击、落水淹溺等
	养护	当浇水养护时，可能因电气设备、电缆漏电而发生触电	触电等

表 5-14（续）

施工工艺	风险点	风险分析	潜在风险事故
附属设施安装	附属设施吊装	（1）船舶用钢丝绳、卡环老化、超负荷起吊，造成物体打击、高处坠落。 （2）吊具、捆绑方式不符合要求，绳索、吊具缺陷或选择错误，可能发生起重伤害。 （3）在吊装作业过程中，若吊臂旋转区域或下方站人，可能导致起重伤害。	物体打击、高处坠落、起重伤害等

（8）灌注桩施工。

本工程灌注桩为水上施工，具体施工风险见表 5-15。

当水上施工搭设平台时，如果作业平台未铺满板，无护栏或护栏不符合要求，容易引起高处坠落、物体打击、淹溺、坍塌。操作平台发生不均匀沉降，容易造成坍塌。当灌注施工时，如果桩机立杆不稳固、钢护筒未加盖，容易发生机械伤害、坍塌。转运、下放钢筋笼不符合安全要求，容易造成高处坠落、物体打击。

表 5-15 桩基工程施工风险

施工工艺	风险点	风险分析	潜在风险事故
灌注桩桩基工程	施工平台搭设	（1）施工平台结构设计不合理、平台失稳，可能导致坍塌。 （2）作业不系安全带，不正确使用安全防护用品，可能导致高处坠落、落水淹溺。 （3）吊钩、钢丝绳规格不符合强度要求，可能导致机械伤害、物体打击。 （4）钢丝绳、卡环老化，不符合要求起重强度要求，可能导致起重伤害、物体打击。 （5）作业平台未铺满板，作业平台四周无安全防护设施，可能导致物体打击、高处坠落、落水淹溺。 （6）夜间作业照明不够，可能导致高处坠落、落水淹溺。 （7）打桩机放置不稳，可能导致机械伤害。 （8）吊装作业过程中，若吊臂旋转区域或下方站人，可能导致起重伤害。 （9）桩孔四周未设置防护栏可能造成高处坠落。	高处坠落、落水淹溺、坍塌、物体打击、起重伤害等

表 5-15（续）

施工工艺	风险点	风险分析	潜在风险事故
灌注桩桩基工程	护筒施工	（1）护筒支承牛腿焊接不符合要求、导向架焊接质量不符合设计要求，可能导致坍塌。 （2）作业人员站位不合理、防护设施缺陷可能导致落水淹溺、高处坠落。 （3）在吊装作业过程中，若吊臂旋转区域或下方站人，可能导致起重伤害。	淹溺、高处坠落、起重伤害等
	钻孔、清渣	设备转动部件防护罩缺失或损坏，可能导致机械伤害	机械伤害等
	钢筋笼制安	（1）钢筋切断机、弯曲机故障或防护缺陷，可能导致机械伤害。 （2）起吊钢筋笼时作业半径内有人站立或行走，可能导致物体打击。 （3）钢筋笼对接起吊角度不符合规定或构件、护筒起吊过程中违章操作，可能导致物体打击、机械伤害。	机械伤害、物体打击等
	混凝土灌注	（1）导料管爆裂，可能造成物体打击。 （2）导料管未连接牢固，可能造成物体打击。 （3）混凝土运输车辆超速、超载可能导致车辆伤害。 （4）在车辆盲区行走或站立，可能导致车辆伤害。 （5）机械故障、机械设备防护缺失可能导致机械伤害。	物体打击、车辆伤害、机械伤害等

（四）其他施工作业风险

临水作业未按照相关规定制定和完善管理措施。作业人员不穿救生衣或正确使用安全防护用品。安排单人临水作业、夜间单人临水作业或夜间作业灯光照明不足，容易造成淹溺、碰撞。

在船舶在施工过程中，如果移船、调度无专人负责，移船时对周边船舶及海域不了解，或者超能力作业、超速、超载航行，容易造成船舶碰撞、船舶触礁，台风期间未及时进入防台锚地，容易造成船舶损坏。

在特种作业中，电锯机作业时锯盘没有防护罩，锯片松动不检修就作业、锯片卡住不停机就进行处理容易造成机械伤害；砂轮机作业如果没有防护罩、砂轮片有裂缝或安装不牢固，容易造成机械伤害；发电机作业如果传输线路漏电，运转时进行维修容易造成触电。电弧焊未安装接地或接零线，未设置设有防雨、防潮、防晒的机棚，作业人员未穿戴个体防护装备，容易造成灼烫、火灾、中毒和窒息等伤害。

其他作业施工风险见表 5-16。

表 5-16　其他作业施工风险

作业活动	风险分析	潜在风险事故
船舶施工作业	（1）移船、调度无专人负责，移船时对周边船舶及海域不了解。 （2）在台风期间，未及时进入防台锚地。 （3）施工船舶超能力作业、泥驳超速、超载航行。	船舶碰撞、翻沉等
临水作业	（1）作业人员不穿救生衣。 （2）单人临水作业或夜间灯光作业照明不足。 （3）作业人员酒后上岗。 （4）临水作业人员穿长筒水鞋易滑。	落水淹溺、高处坠落等
高处作业	（1）作业人员无证上岗或操作不当。 （2）坠落或工具、材料、零件坠落伤人。 （3）在大风、大雨等恶劣天气下作业。 （4）未采取安全防护措施，挂安全绳。 （5）带电高处作业未采取绝缘工具。	物体打击、高处坠落、触电等
热切割与焊接	（1）电锯机作业时锯盘没有防护罩，锯片松动不检修就作业、锯片卡住不停机就进行处理。 （2）砂轮机作业如果没有防护罩、砂轮片有裂缝或安装不牢固。 （3）用电设备、电缆漏电。 （4）未佩戴个体防护装备。 （5）雨天时在露天电焊，在潮湿地带作业时，未采取绝缘措施，未穿绝缘鞋。 （6）保护气体泄漏。	机械伤害、触电、物体打击、中毒与窒息等

（五）施工安全管理风险

施工安全管理贯穿水工建筑物施工的整个过程，在发生的各类安全事故中，由于管理因素造成的事故相对较多，管理因素在整个水工建筑物施工作业安全因素中占有首要地位。

本工程施工作业受天气、自然灾害影响非常显著，对于暴风雨、台风等极端天气，应根据应急预案，做好充分的准备工作。当其到来时及时采取相应措施。如果预防工作准备不足或采取措施不到位，容易造成船舶碰撞、翻沉、人员伤亡。船舶在恶劣天气下应该停止作业，如果强行施工容易造成人员伤亡。

在各项工序进行施工前，应根据实际工程情况制定切实可行的施工组织设计。如果施工组织设计未审批或无安全保证措施，将会造成坍塌、淹溺、物体打击、高处坠落、起重伤害等事故。

施工机械在施工前必须进行严格的检查，确定合格后方可使用。如果未经检验或经过检验但未合格就使用，可能会造成坍塌、物体打击、机械伤害、其他伤害等。

对于临时用电，各项线路铺设和管理工作必须按照相关规定严格执行，如果不按规定管理，很容易发生触电、火灾。

施工管理风险见表 5-17。

表 5-17 施工管理风险

作业活动	风险分析
施工组织设计和专项施工方案	（1）施工组织设计未经审批。 （2）关于安全保证措施的设计、措施不到位、操作性不强不到位。
自然灾害预防	（1）防台、暴雨工作准备不足或措施不到位。 （2）非作业条件下强行施工。
施工机械管理	（1）使用未送检或送检未合格施工机械。 （2）未定期对机械进行检查及维护保养。
临时用电管理	（1）临时用电方案不完善，设备清单、负荷计算不符合要求。 （2）未标注用电平面图。 （3）无电工巡视维修保养记录或记录不连续。 （4）临时用电安全措施不到位，如未实行"三相五线"制，未实行"三级配电、两级保护"和"一机、一箱、一闸、一漏"。

表 5-17（续）

作业活动	风险分析
施工单位资质证照	施工单位资质证件、招投标管理、分包管理、安全生产许可等不符合法律规定
安全管理和安全操作规程	（1）安全生产管理机构及人员隐患。 （2）安全生产管理制度缺陷。 （3）安全操作规程不完善。
教育培训	主要负责人、项目负责人、专职安全管理人员、从业人员及特种作业人员等，未接受安全教育培训或培训时间、培训内容不达标
技术交底	（1）未建立技术交底制度或制度不完善，未建立技术交底台账。 （2）安全技术交底资料不全、内容无针对性、交底记录不真实、未逐级交底、未经双方签字确认等。
安全投入	（1）未建立安全生产费用保障制度。 （2）安全投入不符合规定。
应急管理	（1）未制定应急预案、未配备应急队伍和应急物资。 （2）未定期进行应急演练等。
特种设备管理	（1）特种设备档案记录不完善。 （2）特种设备未定期检验，维护保养记录不完善。 （3）特种设备作业人员未持证。
相关方管理	（1）相关方、相关方作业人员无资质。 （2）未签订安全生产管理协议，未明确双方安全管理责任。

五、风险控制措施及建议

（一）总体建议

（1）建设单位应选择具备资质，且有丰富经验、成熟技术力量的施工、监理单位，施工、监理单位应建立质量保证体系，以确保施工安装质量。

（2）施工单位做好工程项目的安全管理，科学采用施工工艺及合理地安排作业工序。加强对作业区域的协调管理，减少交叉作业，实施标准化作业，控制人员的不规则流动。建立施工现场风险预测预警体系，加强过程中的检测和监控，提高抗风险能力，从而保证安全生产。

（3）施工单位合理配置安全管理力量及安全管理资源，应抓住的几个关键时期，如项目开工前期、节假日前后、季节性施工、分包队入场、收尾阶段等具有关键的时间节点，依据各阶段的施工特点和规律，采取有针对性的管理措施。

（4）施工单位做好交通组织方案，协调与周边港区生产运营、工程施工及通航、靠泊船舶之间的关系。

（5）在工程施工阶段，建设单位、施工单位等相关单位要重视安全工作，坚持"安全第一、预防为主、综合治理"的方针。

（6）施工单位按照要求开展专项风险评估工作。

（7）建设方在施工前应向当地有关主管机关呈报施工方案，办理施工作业许可证，制定安全措施并认真落实，在规定的施工区域内施工，水上施工应按规定申请发布航行通告。

（8）建设方与施工单位、劳务单位签订安全生产协议书，明确各自安全职责，督促施工单位落实安全对策措施。

（9）施工单位制定严格的施工安全管理规程。施工前，应对施工人员进行安全教育和应急培训。

（10）施工单位和监理单位应加强施工质量管理，确保工程质量。

（11）施工单位应充分考虑到施工区域的自然条件，如风、波浪、潮流的因素，确保施工期的船舶、设备和人员的安全。加强对气象条件的监测，在恶劣天气下应停止作业。

（12）施工单位应统筹协调各分项工程施工顺序，以保证施工进度及施工安全。

（13）施工单位应在开工前对施工现场的危险源进行辨识、评价和分级。根据确定的危险源等级，制定相应的施工安全技术措施和应急预案，并如实告知从业人员。

（14）施工单位应为从业人员配备合格的劳动防护用品和用具，起重机司机、电工等作业人员应按照国家规定持证上岗。

（15）施工单位必须根据工程项目施工生产的特点、作业环境和条件，制定综合应急预案、专项应急预案和现场处置方案。

（16）施工单位应将施工进度、施工船舶调度情况告知周边相关单位。当施工作业时，应划定施工区域，设置相应的警示标志，并对来往船舶进行监控，发现异常情况及时与相关单位及船舶进行沟通。施工单位在编制施工组织方案时，应注重考虑周边泊位之间的影响。

（17）施工单位选择出运条件便利的沉箱预制场，降低出运过程中的风险。

（18）在工程竣工之前，施工单位禁止堆场进行堆存作业，防止因荷载过大挤压沉箱导致沉箱移位。

（19）当编制施工组织时，施工单位应充分考虑气象条件的因素，确保各工序合理安排、有序连接。

（二）施工工艺安全措施建议

1. 炸礁工程

（1）总体要求。

①从事爆破工程的施工单位及爆破作业人员必须具有相应的爆破资质证书、作业许可证和资格证书，爆破工程施工必须取得有关部门批准。

②爆破作业应符合现行国家标准《爆破安全规程》（GB6722-2014）和现行行业标准《水运工程爆破技术规范》（JTS204-2023）的有关规定。

③一次起爆总装药量大于或等于0.5t的水下钻孔爆破，重要设施附近及其他环境复杂、技术要求高的水运工程爆破应编制爆破设计书。

④施工单位应按批准的爆破设计书或爆破说明书编制施工组织设计，爆破作业应严格执行施工组织设计，明确对航道及船舶习惯航路存在影响并明确通航条件，爆破作业影响航道通航船舶应停航。

⑤爆破作业前必须发布爆破通告，其内容应包括爆破地点、每次爆破起

爆时间、安全警戒范围、警戒标志和起爆信号等。爆破作业必须设置警戒人员或警戒船，起爆前必须按规定发出声、光等警示信号。爆破作业影响航道通航船舶应停航。

⑥安全警戒范围应充分分析对周边码头设施、航标设施等的影响，爆炸源与人员、其他保护对象的安全允许距离应按地震波、冲击波和飞散物三种爆破效应分别计算，取其最大值。

（2）药包使用。

①作业人员捆扎裸露药包和配重物应在平整的地面或木质的船甲板上进行，裸露药包和配重物捆扎应牢固结实。

②起爆器使用前，作业人员应将其引线进行短路；裸露药包临时存放时，应置于爆破危险区外远离建筑物、船舶和人群的专用船或陆地上，且应派专人看守。

③在水下炸礁裸露药包的配重物应具有足够的重量，确保药包顺利自沉和稳定，药包表面应包裹良好，不得与礁石、被爆破物等碰撞或摩擦。

④安放水底的裸露药包不得拖拽，药包出现漂浮或其他异常现象时，不得起爆。

⑤做好裸露药包存放和使用的安全检查，确保安全措施到位。

（3）爆破器材运输。

①水上运送爆破器材和起爆药包应采用专用船，当采用普通船舶时，应采取防电、防震及隔热措施，并应避免剧烈的颠簸或碰撞。运输火工材料的车辆、船舶，必须满足分舱储存，雷管与炸药不得混装，在无法分舱的情况下，不得同车（船）运输。

②遇有雷、雨、雪、雾、大风等恶劣天气，禁止运送爆破器材。

③遇有浓雾或大风浪时，运输爆破器材的水上船舶必须停航。

④加强操作人员安全教育，提高人员安全意识。

（4）投药船作业。

①用船舶水上运送爆破器材和起爆药包时应采用专用船。

②当采用普通船舶时，应采取防电、防震及隔热措施，并应避免剧烈的颠簸或碰撞。

③投药船的稳性应满足作业需要，工作舱内或甲板上不得有明显或尖锐的突出物。

④当电力起爆时，工作舱内不得存放任何有电源的物品。

⑤当在波浪、流速较大的水域进行水下裸露爆破时，投药船应由定位船进行固定。

⑥做好投药船的安全检查，确保安全措施到位。

⑦投药船离开投放药包的地点前，潜水员必须严格检查船底、船舵、螺旋桨、缆绳和其他附属物是否挂有药包、导线。

（5）爆破作业准备。

①施工单位在水下爆破作业前必须发布爆破通告，强化安全意识。

②确定爆破地点、每次爆破起爆时间、安全警戒范围、警戒标志和起爆信号等。

③在爆破作业必须设置警戒人员或警戒船。

④起爆前必须发出声、光等警示信号。

⑤做好爆破作业前的安全监控，确保安全措施到位。

（6）药包布设、安放和固定。

①按照爆破施工组织设计的要求在正确地点布设药包。

②水下安放爆炸挤淤的药包宜采取逆风或逆流向布药。

③在水下药包布设后，应采取固定措施，药包不得随水流或波浪摆动。

④起爆导线应采用双芯屏蔽电缆。

（7）盲炮处理。

①必须经专业人员检查确认无盲炮或残炮。

②如发现盲炮应立即警戒，并及时报告、处理。

③电力起爆发生盲炮时，应立即切断电源并将爆破网络短路。

④发现盲炮应立即设置警戒措施，并及时制订处理方案，由有经验的爆

破员进行处理。

（8）控制炸药影响范围。

①严格控制炸药发放，按照施工组织设计规定的每次用药量进行发放。

②严格按照爆破施工组织设计的要求进行装药。

③对爆破作业人员持证情况进行检查、审核，确保持证上岗。

④做好爆破装药的监督检查，确保符合施工组织设计的要求。

（9）水下爆破管理。

①严格审查施工单位爆破资质，从事爆破工程的施工单位必须具有相应的爆破资质证书。

②在爆破作业前，对爆破作业人员进行严格资格审查。

③相应的作业许可证及资格证书原件、证书复审情况、是否与本人一致。

④加强作业过程的检查，查看作业人员是否具备合格操作证件。

⑤实施水下爆破作业前应编制专项施工方案，进行相关审批程序，并严格按照方案要求进行施工。

⑥当编制水下爆破专项施工方案时，应对施工用药量、作业影响范围等进行详细的计算。

（10）恶劣气候、水文情况下作业。

①强化安全意识，在热带风暴或台风即将来临，雷电、暴雨雪来临，雾天能见度不超过 100m，风力超过 6 级，浪高大于 0.8m，水位暴涨暴跌等恶劣气候、水文情况时，应停止爆破作业。

②当水下爆破时风浪较大，应将人员撤离至安全地点。

③及时收听天气预报，掌握天气情况，提前做好预案。

2.基槽开挖、基床抛石和基床夯实、整平

（1）做好开挖前的准备工作，基槽开挖前须进一步摸清工程区域地形、地质情况，若发现与设计或地质报告不符合时，应及时与相关单位联系。

（2）基槽开挖以标高控制为主，土质复核为辅，当挖至设计标高时，必须核对土质，若发现地质情况与设计要求不符合，应及时通知设计单位研究解决。

（3）泊位衔接处开挖前应调查清楚过渡沉箱和后方堆场的竣工情况，进一步摸清工程区域地形、地质情况，控制基槽开挖速度，基槽开挖过程中应密切监测已建过渡段沉箱的稳定情况，发现异常须立即停止施工，并通知设计单位会同有关单位协商解决。

（4）施工船和辅助船作业时应符合下列规定：

①认真执行《中华人民共和国海上交通安全法》，遵守当地港口的港章和其他航行规则。

②船舶上的人员必须遵守有关海上交通安全的规章制度和操作规程，保障船舶航行、停泊和作业的安全。

③当施工船舶作业时，应悬挂灯号和信号，灯光和信号应符合国家规定。挖泥（清淤）船的浮筒管线在通航水域应设置指示灯。

④施工船舶应配备合格的无线电通信设备和救生设备，并保持设备技术状态良好。

（5）在热带气旋（指热带低压、热带风暴、强热带风暴和台风）活动地区施工，施工船舶应做好下列防热带气旋工作：

①在热带气旋季节到来之前，应组织全体船员学习防台知识，并检查船机设备、航行设备、航行仪表、系泊设备、通信、救生、防火、水密装置、堵漏和排水设备等是否处于完好状态。

②认真执行交通运输部《船舶防台技术操作规则》及所在港口关于防台风的规定。

③预先选好防热带气旋的锚地。锚地应有足够富裕水深和水域面积，并能满足船舶锚泊受风旋回转动的要求。锚地的地质应适合于锚泊，海底坡度不宜太大。

④施工船舶应加强值班，当收到热带气旋警报时，船长应组织船员全力以赴，做好防热带气旋安全工作。

（6）在多雾地区和多雾季节施工，应按交通运输部雾天航行规则的规定，做好施工航行安全工作，防止碰撞。

（7）使用钢丝绳的机械，在运转中严禁用手套或其他接触钢丝绳，人员应远离钢丝绳。

（8）施工机械设备应具有本质安全性能及良好的安全防护性能，所有机械的运转部位有可能伤及操作人员或其他人员的位置，应安装防护罩。

（9）基槽抛石应根据设计要求、施工能力、潮位、潮流、波浪及防台风等影响，确定分层和分段的施工顺序，并与基槽开挖相协调。

（10）基床顶面及分层抛石基床的上下层接触面不应有回淤沉积物。

（11）潜水员应确保潜水设备完好有效，潜水员应具备相关潜水资格证。

（12）合理安排工序，确保基槽开挖作业与沉箱安装作业有序连接，防止回淤影响沉箱安装作业。

3.沉箱预制

（1）绑扎钢筋和安装模板等高空作业时，施工人员必须系好安全带。

（2）侧模板外围必须布置好安全栏或安全网。

（3）吊装模板、钢筋应有专人指挥，指挥手要有明显标志。

（4）起重设备必须经过计算，确保安全系数满足规范要求，并经常检查是否存在损伤。

（5）起重吊物时，重物下严禁站人。

（6）施工人员在高处作业时，严禁抛扔各种杂物，所需工具材料应保管好，防止落物伤人。

（7）装拆模板严格按照方案顺序操作，拆模时要确认混凝土是否已达到拆模强度。

（8）安装网片或穿筋前，要由专人对吊笼、吊点、卡环、钢丝绳进行严格检查，发现隐患立即整改。

（9）运输钢筋专人跟车，注意不要让钢筋碰到人和其他事物。

（10）经常检查电器线路的安全，晚上施工必须有足够的照明，雨天和晚上施工时必须有专业电工值班。

（11）施工前要对作业工人进行安全交底，认真学习安全操作规程。

（12）现场施工机械较多，应尽量避免施工机械交叉作业，避免不了时，应有专人指挥。

（13）安全部门要做好监督，严格执行有关的规章制度，施工全过程有专职安全员值班。

（14）安全员要经常与当地气象台、气象站取得联系，随时了解天气情况，遇到雷雨、6级和6级以上的大风时，必须停止施工，并提前做好防范措施。

（15）严禁患有高血压、心脏病、贫血、癫痫病及其他不适应高空作业疾病人员上操作平台。

4.沉箱出运与安装

（1）出运前准备。

①沉箱移运前，卷扬机、钢丝绳、卸扣、滑轮组、空压机等各类设施必须进行全面检查，确保良好状态；移运时备用电源，备用空压机处于良好状态，保证随时投入运行。

②在施工过程中，机械、电气设备严格按公司的安全操作规程进行，统一服从指挥口令。

③沉箱移运通道在移运前清除一切尖利杂物及障碍物。移运时，沉箱两侧设工作警戒线，警戒线内无关人员不准站立，不准进行高空起重作业。

④现场施工人员按规定戴安全帽、穿工作鞋、高空作业时系安全带、临水作业穿救生衣、操作手冲底模填砂时戴防护眼镜。

（2）气囊充气。

①输气管应避免急弯、打折，打开送风阀前，必须事先通知工作地点的有关人员。

②空气压缩机出气口处不准有人工作。

③压力表、安全阀和调节器等应定期进行校验，保持灵敏有效。

④高压气囊充气与出运过程中，其他无关人员要远离气囊，沿途气管要有专人管理。

⑤进行气囊顶升或拆、垫支垫枕木时，沉箱未支垫稳固前，身体任何部位不得伸入沉箱底部范围。

（3）沉箱牵引。

①卷扬机应安装在平整结实，视线良好的地点，机身和地锚必须牢固。卷筒与导向滑轮中心线应垂直对正。

②作业前，应检查钢丝绳、制动器、传动滑轮等，确认安全可靠后方准操作。

③钢丝绳在卷筒上必须排列整齐，作业中最少需保留三圈。

④作业时，不准有人跨越卷扬机的滑轮组钢丝绳和牵引绳。

⑤作业时，严禁卷扬机手、空压机手、充气放气工人擅自离开岗位。

⑥在沉箱牵引过程中，若发现滑轮组钢丝绳有气，应暂时停止牵引，松气后再进行牵引。

⑦工作中要听从主指挥的指挥信号，信号不明应及时向主指挥反馈，其他人员听到反馈信号时，应暂停操作，等待主指挥发出另一次信号后方可操作运行。

⑧运行过程中如遇特殊情况或危险情况，需要马上暂停运行的，必须立即报告主指挥，并停止作业，其他操作人员听到响应信号后，也必须立即停止作业，待弄清情况并排除危险情况后由主指挥再次发出运行信号后方可继续作业。

⑨作业中途突然停电时，应立即把开关恢复停止状态。

（4）沉箱搬运。

①检验供气系统和牵引系统，清扫出运通道及检查清理构件底部的尖锐物。

②在构件底部放入气囊，注意排列整齐，相互平行。连接供气管路，连接牵引系统。

③充气速度不宜过快，保持所有气囊压力均衡。

④牵引出运统一指挥，钢丝绳旁严禁站人。

⑤当构件到预定位置后，停止牵引。在构件底部垫上支承枕木，气囊缓慢排气，构件平稳地落在支承枕木上。

⑥沉箱上半潜驳过程必须连续进行，同时启用出运码头前沿两套（前进方向、溜尾）的牵引系统，一旦前进方向牵引系统出现故障，在必要时，立即采用溜尾牵引系统，牵引上码头，确保出运过程安全。

⑦待排气完毕，拖出气囊后，即可进行下一个构件的出运。

（5）沉箱出运。

①开航前要全面检查船机设备状况，不带故障出航。

②开航前要全面检查系固情况及拖航设备，不牢靠的地方要加固。

③开航前要及时收听天气预报，并与海事部门紧密联系，了解航行区域的海况，只在允许的海况条件下开航。

④开航前要对人员进行安全技术交底，不违章作业。

⑤航行中人员要 24 小时值班，及时了解船舶状况及周围海况，拖轮与半潜驳要及时交换信息。

⑥航行中要准确执行航行避碰规则，按正确的航线航行，不违章驾驶。

⑦若遇到恶劣海况时，要及时进入避风地点，不冒险航行。

⑧沉箱出运遇到危险时，及时与就近海事局联系，以获得帮助。

（6）沉箱安装。

①严格按水上安全操作规程施工，进入施工现场不得穿拖鞋，必须戴安全帽，水上作业和临水作业必须穿救生衣。

②交通艇要挂限载牌，不得超载，必须按规定配足救生圈；上下交通艇时应排队等候，依次上下，不得拥挤。

③做好船机、钢丝绳、施工用电等设备和工具的检查，以确保使用安全有效。

④半潜驳下潜前，必须对下潜坑进行检查，下潜深度不足时，要及时清淤，以保证半潜驳下潜安全。

⑤为保证沉箱平稳坐床，防止倾翻，各舱格注水量必须保持一致，由专

人监控。

⑥沉箱顶面必须搭设带护栏的操作平台，以便作业人员操作，防止人员高处坠落。

⑦上沉箱顶的梯子必须固定牢靠。

⑧在沉箱顶部安装封水板、工作平台时，上工作平台作业的作业人员必须系好安全带、穿好救生衣和工作鞋。

⑨安装在工作平台的卷扬机必须连接牢固，工作平台上的通道必须满铺踏板。

⑩沉箱灌、排水用的移动水泵，每次使用前要检查电缆，确保完好，电源箱要一泵一保护一开关。

⑪在启动潜水泵前，要事先通知操纵水龙带的人员，防止水带突然出水伤人。

⑫在沉箱定位绞锚缆时，必须统一指挥，注意各缆受力情况，锚缆不能绞动时，要立即停止。

⑬遇 6 级及以上大风，停止沉箱出运和安装。

⑭沉箱安装就位后，必须在四个角插上红旗并悬挂警示灯，以防船舶误碰撞。

⑮作业过程必须安排快艇在作业水域周围警戒，以防无关船舶进入施工区域碰撞沉箱或干扰施工。

5. 桩基施工

（1）桩机就位及成孔。

①桩机就位后，应有专人指挥对机底枕木填实，保证施工时机械不倾斜、不倾倒。同时对桩机及配套设施进行全面安全检查。桩机安装牢固后，对机架加设斜撑及缆风绳。桩机安装完成后，必须经安全部门验收合格后方可投入使用。

②冲孔前要检查各传动箱润滑油是否足量，各连接处是否牢固，泥浆循环系统（离心泵）是否正常，确认各部件性能良好后，才开始作业。

③冲孔前要检查钢丝绳有无断丝、腐蚀、生锈等。检查钢丝绳锁扣是否牢固，螺帽是否松动。

④在冲孔施工过程中，非施工人员不得进入施工现场，冲孔施工人员距离钻机不得太近，以防机械伤人。

⑤操作期间，操作人员不得擅自离开工作岗位或做其他的事。在冲孔过程中，如遇机架摇晃、移动、偏斜，应立即停机，查明原因并处理后，方可继续作业。

⑥当桩机进孔时，应紧密监视孔内情况，机架是否倾斜、各连接部位是否松动、是否有塌孔征兆，有异常情况应立即纠正。

⑦桩机移动期间要有专人指挥和专人看管电缆线以防桩机压坏电缆。

⑧成孔后，孔口必须用木板或竹夹板加盖保护或浇筑混凝土，以防闲杂人员掉入桩孔内，孔口附近不准堆放重物和材料。

⑨遇大雨、大雾和6级以上大风时，应停止冲孔作业，当风力超过6级时，应将机架放倒在地面上。暴风雨后，必须进行一次全面检查，发现问题，及时处理。

（2）钢筋笼制作。

①在钢筋笼加工过程中，不得随意抛掷钢筋。制作完成的节段钢筋笼滚动前检查滚动方向是否有人，防止人员被砸伤。

②弯曲机使用前全面检查一次，并空载运转，运转过程不能加油或抹车床。弯曲的钢筋不准用弯曲机调直。弯曲钢筋时按规定的钢筋直径、根数进行操作。

③钢筋头要及时清理，成品堆放要整齐，工作台要稳定，钢筋工作棚照明必须加网罩。

④焊接前应首先检查焊机和工具，如焊钳和焊接电缆的绝缘、焊机外壳保护接地和焊机的各接线点等，确认安全合格方可作业。

⑤焊接时临时接地线头严禁浮搭，必须固定、压紧，用胶布包严。

⑥电焊作业现场周围不得堆放易燃易爆物品。

⑦焊接操作人员应穿电焊工作服、绝缘鞋和戴电焊手套、防护面罩等安全防护用品。

（3）钢筋笼存放。

①成品钢筋笼放置在钢筋笼堆放区域，放置时钢筋笼下垫方木，防止钢筋笼滚动。

②应限制钢筋笼堆放高度。

③钢筋骨架不论其牢固与否，不得在上面行走。

（4）钢筋笼吊装。

①吊装施工前须对吊机的钢丝绳、撑杆、滑轮进行检查，同时检查钢筋笼吊筋是否牢靠，确定没有故障才可进行施工。

②钢筋调直前，事先检查调直设备各部件是否安全可靠。进行钢筋除锈和焊接时，施工人员穿戴好防护用品。钢筋调直现场，禁止非施工人员入内。

③起吊钢筋时，做到稳起稳落，安装牢靠后方可脱钩，严格按吊装作业安全技术规程施工。

④机械连接完毕，必须检查人员的脚是否缩回，防止钢筋笼下放时将脚扭伤，甚至将人带入孔中的事故发生。

⑤吊车作业时，在吊臂转动范围内，不得有人走动或进行其他作业。

⑥钢筋断料、配料、弯料等工作必须在地面进行，不准在高空操作。

⑦搬运钢筋要注意附近有无障碍物，架空电线和其他临时电气设备，防止钢筋在回转时碰撞电线或发生触电事故。

⑧吊装施工前须对吊机的钢丝绳、撑杆、滑轮进行检查，同时检查钢筋笼吊筋是否牢靠，确定没有故障才可进行施工。

⑨施工前应对场地进行平整，以保证吊机平稳。

⑩作业平台必须规整平顺，杂物必须清除干净，防止拆除导管时将工作人员绊倒造成事故。

（5）混凝土灌注。

①导管安装及砼浇注前，井口必须设有导管卡，搭设工作平台（留出导

管位置），并且要求能保证人员的安全。

②对不用的泥浆池应及时填平；对正在使用的泥浆池加强管理，不得任泥浆溢流，捞取的沉渣应及时清走。各个排污通道必须有标志，夜间有照明设备，以防踩入泥浆，跌伤行人。

③泥浆池周围必须设有防护设施。成孔后，暂时不再进行下一道工序的孔，必须设安全防护设施或用土方回填。

④配电箱以及其他供电设备不得置于水中或者泥浆中，电线接头要牢固，并且要绝缘，设备首端必须设漏电保护装置。

⑤在施工全过程中，应严格执行有关机械的安全操作规程，由专人操作，并加强机械维修保养。

⑥作业平台必须规整平顺，杂物必须清除干净，防止拆除导管时将工作人员绊倒造成事故。

6.上部结构施工

本工程上部结构施工内容包括现浇胸墙、现浇前沿轨道梁、后轨道梁和支座等。主要作业工艺为钢筋工程、模板安装与拆除工程、混凝土工程及附属设施的吊运、安装等作业。现浇施工应按设计图纸和规范要求进行，浇注前应认真核对系船柱、护舷、舷梯、爬梯及供水供电、装卸机械防风锚碇、防风拉索和顶升、钢轨等设施的预埋件、预留孔、预留槽及其位置，准确无误并没有遗漏后方可浇注。浇注时应保证混凝土在水位以上进行振捣，底层混凝土初凝前应不受水淹没，否则应采取措施防止淘刷。上部结构施工时，应充分考虑风浪的影响，须注意赶潮水作业。

（1）钢筋工程。

①钢筋加工场地现场的流动电缆线安全可靠，防止碾压触电伤人。钢筋原材料、半成品、废料要有序堆放。

②钢筋切断机、对焊机、弯曲机作业时，作业人员必须严格执行相应机械设备的安全操作规程，注意不被机械伤害。

③现场绑扎、搬运钢筋时，要注意周围情况，防止跌倒或碰伤。

④钢筋绑扎要牢固，必须将扎结钢丝端头弯下，防止刮伤人员。

⑤高处绑扎钢筋要搭设脚手架并设安全防护栏（高空作业时必须采取安全防护措施），操作人员须有防护措施（系安全带等），脚手板上不准随意放置工具，工作时要防止钢筋碰触电线。

⑥吊装钢筋网片前，必须检查钢筋网片吊点焊接是否牢固吊装中作业人员不准进入吊装区，待钢筋网片就位后作业人员应在作业平台或脚手架上进行拼装工作。

⑦钢筋网片安装就位后，尽量不切割水平筋端头。必要时，应将切割掉的钢筋头保护好，同时要检查切割后的部位是否牢固，防止端头坠落伤人。

⑧安装、绑扎穿筋，禁止踩在钢筋箍上操作，禁止作业人员垂直交叉作业。

⑨绑扎顶层钢筋要按标高施工，保持钢筋平整，竖向筋露出顶面要防止摔倒。

⑩材料堆场坚实平整，无积水，进出材料场地道路通畅，建筑材料按品种、规格定量码放整齐，并设立原材料标示牌。

⑪起吊作业前检查清理零散物件，防止起吊作业中高空坠物伤人。

⑫进行起吊作业时要设专人指挥，起吊索具定期检查更换。工作前检查所有一切工具、吊索具及设备，保证安全可靠，否则严禁使用。起重工必须持有特种作业人员上岗证，吊机其中工作严格按操作规程进行，起重臂旋转半径内严禁站人。

⑬注意气象海浪预报，并随时保持与参与施工所有人员的联系通畅，如遇大雾天、台风等不可抗力因素时，应立即停止作业。

⑭做好船机防台风、突风、风暴潮和雷击工作。

⑮严禁一切闲散人员、无关船舶进入施工现场，防止发生意外事故。

⑯施工中注意应赶潮水作业。

（2）模板安装与拆除作业。

①指挥工信号应明确，注意现场的危险源，监护人员做好监护。若遇恶劣天气（6级大风、雷雨、大雾等）时，应停止作业。

②在模板安装与拆除过程中，其中机械必须始终稳定地吊住模板，在安装与拆除完成之前严禁摘除吊钩。

③吊装作业禁止超限作业。吊装模板应缓慢旋转，避免速度过快时因停车惯性导致吊车倾倒。

④当分层浇筑模板靠近安装位置时，操作者应扶稳模板，将其对准就位，然后固定上下口拉条，背紧底部木楔，确保模板固定成型。

⑤模板安装作业：模板就位先用拉条将其与下层混凝土圆台螺母连接固定后，木工人员方可上模板，固定上口拉条，确认稳妥后吊机方可摘钩。

⑥模板拆除作业：堵头模板拆除，预先松动模板，使其与墙体砼分离，然后挂钩，待钢丝绳受力均匀后，操作人员方可割断固定在模板上的钢筋，操作人员撤离模板后方可起吊。侧模拆除严禁提前拆除螺母，应先用钢丝绳将其与接茬钢筋拉住后挂钩，待起重钢丝绳受力均匀后，木工方可拆除下口拉条。待人员撤离后，再割断固定在侧模上的钢筋，由起重人员拆除安全绳，并指挥起吊。

⑦模板顶设栏杆围护，操作人员须有防护措施。高空作业时必须采取安全防护措施。

（3）混凝土工程。

①工作前对使用的工具、运输道路、跳板、脚手架、模板支架等作业设施，必须进行安全检查，符合安全技术要求后方可作业。

②泵送作业必须有指挥和监督人员。遥控操作手要按照指挥人员要求，缓慢移动泵送管。

③操作振捣器人员，振捣工必须穿戴绝缘鞋和绝缘手套。

④振捣器的闸箱必须安装漏电保护器，拖地电缆线严禁碾压，若通过人行道路必须有安全防护措施。

⑤振捣器放在钢筋骨架上操作时，要严防电缆被拉断、拉裂或被压在重物的下部。

⑥要经常检查振捣器电缆线有无破损、老化。外壳接地线或接零保护设

施如有松动和锈蚀，要立即进行检修。

⑦插入式振捣器要垂直使用，不准切斜和碰钢筋，插入深度不准超过棒头长度的四分之三，雨天作业要采取有效的安全措施，振捣电机要设防雨设施，严禁用振捣棒敲击料斗和其他物体。

⑧浇水养护时，要注意脚下障碍物，拉移水管时不准倒行走路。同时，要注意水不要浇到电气设备上或上方的电缆上，以防止触电伤人。

（4）附属设施及设备设施吊运、安装。

①附属设施运输过程中，应安排专人对专业区域进行监护，并对设备设施进行巡检维护。

②起重设备的关键部位、吊索具应经检验合格后方可作业。

③严格按照相关施工方案方法及工艺流程进行施工作业。

④吊装作业时应待高处作业人员安全撤离后方可进行。

⑤吊装作业时应注意观察周围环境与吊装情况，确认安全。

⑥起吊时重物周围危险区域严禁站人，起重指挥人员及专职安全员应站在安全区域进行监护指挥。

（三）辅助施工安全措施建议

1. 个人防护安全措施

（1）建设单位、施工单位应制定个体劳动防护用品配备标准。

（2）进入施工现场人员必须佩戴安全帽，施工操作人员应按要求穿戴好必要的防护用品。

（3）不得酒后上岗，不得穿裙装、趿拉着鞋、穿高跟鞋和拖鞋上岗。

（4）电工作业人员、操作振捣器人员应穿戴绝缘鞋和绝缘手套。

（5）电焊工应按要求穿戴防护用品，包括绝缘手套、电工劳保鞋、焊接防护面罩、防尘毒口罩等。

（6）高处作业人员必须系好安全带、临水人员必须穿好救生衣。

2. 施工现场布置安全措施

（1）施工现场水、电、路和通信应畅通，场地应平整、坚实，并符合安全、消防和环保规定。

（2）施工现场的办公区、生活区和作业区应分开设置，并保持安全距离。

（3）易产生噪声、粉尘、烟雾和对人体有害物质的作业，应远离办公区、生活区和人群密集区，并符合安全生产和环境保护的规定。

（4）易燃、易爆物品仓库或其他危险品仓库的布置以及与相邻建筑物的距离，必须符合国家和相关部门的规定。

（5）施工水域内布置的临时设施，应符合有关部门的规定，并满足安全生产的要求。

（6）施工现场应在明显的位置设置"五牌一图"，即工程概况牌、管理人员名单及监督电话牌、安全生产牌、文明施工和环境保护牌、消防保卫（防火责任）牌，以及施工现场平面图。

（7）施工单位应根据作业条件、环境等因素，在施工现场设置有效的安全防护设施。

（8）施工现场应设临时栏栅或围墙及标志牌，禁止非施工人员进入现场。

（9）施工现场各种机具、设备、构件、材料、设施要按施工平面图堆放、布置，保证现场整体文明。

（10）施工现场危险地段设安全警示、限速标志，各种车辆、机械在施工场地行驶速度不得超过 10km/h，交通频繁的交叉路口应设指挥，载重汽车的弯度半径一般不少于 15m。

（11）路面块体等小型预制块应限制堆放高度。

（12）成捆钢筋及半成品应按品种、规格、型号码放，垛底及垛中应铺设垫木，垛高应限制高度。

（13）距地面 2m 以上作业要设置防护栏杆、挡板或安全网，沟、坑、洞等要有围栏或盖板，必要时设置标志灯、警示牌。

3.消防安全措施

（1）施工单位应保障施工现场的消防通道、疏散通道和安全出口畅通，并设置符合国家规定的消防安全疏散标志。

（2）施工单位应按照有关法律法规的规定，在施工现场配备相应的消防设施、器材，并确保其完好和有效。

（3）制定严格的动火制度，在禁火区需明火作业时，必须执行动火审批和监管制度。

（4）施工场地或危险位置需进行焊接或切割作业时，必须向主管部门申报批准，落实防火措施，持动火证方可动工。乙炔、氧气瓶之间安全距离，以及气瓶与动火区的安全距离要符合规定。

（5）不准在高压架空线下面堆放可燃物品。

（6）现场加强用电管理，施工、生活用电不得乱拉、乱接或使用超负荷电器，防止电气火灾。

（7）现场流动车间、现场工棚、办公室、仓库等设施，应用不可燃材料建造。

（8）易燃、易爆物品仓库或油库，要有专人看守，作业现场一律严禁携带火种进入。

4. 施工用电安全措施

（1）施工现场的临时用电应符合现行行业标准《施工现场临时用电安全技术规范》（JGJ46-2005）的相关规定。

（2）施工岸电通往水上的线路，应用绝缘物架设，导线长度应留有余量，不得挤压或拉曳电缆线。

（3）水上和潮湿地带的电缆线，必须绝缘良好并具有防水功能。电缆线的接头，必须进行防水处理。

（4）水上施工使用岸电时，其配电线路和电气设备应符合三相五线制的规定，并应设置专用配电箱。

（5）船舶进出的航行通道、抛锚区和锚缆摆动区严禁架设或布设临时电缆线。

（6）临时安放在施工船舶上的发电机组应单独设置供电系统，不得随意与施工船舶的供电系统并网连接。

（7）施工电气设备必须绝缘良好。遇有临时停电、停工或移动电气设备时，必须及时关闭电源。

（8）严禁在有爆炸和火灾危险的场所架设临时线路。

（9）施工结束后，应及时把施工现场的一切电气设施拆除，清理干净。

（10）架空线路严禁跨越屋顶为易燃材料的建筑物。

（11）凡有触电危险的位置，应设置有明显安全标志牌。

（12）施工现场夜间照明电线及灯具，易燃、易爆场所应用防爆灯具。

（13）每台用电设备应有专用的开关箱，必须实行"一机、一箱、一闸、一漏"制。严禁用同一个开关直接控制两台及两台以上用电设备（含插座）。

（14）过道路电缆必须穿管埋地处理，临时用线路必须采取其他有效的防碾压措施。

（15）配电箱按规范要求设置，确保箱内闸具等器具符合安全使用要求，现场电箱应配备防雨罩。

5. 船舶施工安全措施

（1）船舶必须取得船检部门的有效适航证书及船舶检验证书，各类安全设施按证书要求配置并保持有效，船机设备经常检查，保持技术状态良好。

（2）船员必须持有与所在船舶相适应的船员证书，按安全技术操作规程谨慎操作。

（3）施工前办理发布"航行通告"，施工船舶必须在核定航区或作业水域内施工。

（4）注意过往船舶情况，落实各项避让措施，确保航道通航安全。运泥、运砂、抛石船舶及半潜驳在航行中加强瞭望，主动避让大型船舶，靠航道边行驶。

（5）施工船舶应按规定配备有效的通信、消防、救生、堵漏设备，制定各项安全技术措施及应急预案。

（6）船舶在施工区域施工或在航道航行时，应悬挂安全警示标志、标识，在作业、航行或停泊时，施工船舶应按规定显示号灯或号型。

（7）施工船舶在作业时应注意观察海面状况，密切注意往来船舶途经时对施工作业的影响。

（8）抛锚应在专人指挥下进行，并应根据风向、潮流、水底土质等确定抛出锚缆长度和位置，并应避开水下电缆、管道、构筑物和禁止抛锚区。

（9）施工船舶使用的陆域地锚、锚缆位置设立明显的安全标志。

（10）施工船舶不得在未成型的码头、墩台或其他构筑物上系挂缆绳。

（11）船舶在风浪区拖航或靠泊，拖缆和系船缆采用钢丝接驳尼龙缆方法，保证缆绳有足够的强度和抗拉度，防止缆绳绷断伤人。

（12）解缆、系缆人员应按照指挥人员的命令进行作业，不得擅自操作。

（13）施工现场设船舶总调度，统一安排船舶装载石料和构件的泊位和离靠顺序，各船配备统一频度的通信工具。

（14）船舶装载构件要有配载和封舱加固方案。船舶装石时，卸石槽出口与船舱或甲板的距离尽量减少，舱内或甲板增加适当防护。

（15）运砂、运石船舶必须具备相关资质，不具备资质的船舶不能使用，对运输船舶严格管理规定，遵守环保规定，不得超载。

（16）6级风以上停止水上船舶一切施工作业。

（17）经常检查起重钢丝绳、系缆钢丝绳、卡环、索具等的磨损情况，发现缺陷及时更换。

（18）船舶移船前，要先发出信号，观察周围环境，特别是陆域地锚周围是否有人、机停留或经过，在确认安全后方能移船或航行。严禁在锚缆上、下方强行抢越。

（19）所有船舶不得超速、超载航行。

6.施工机械采取安全措施

（1）所有进入施工现场的机械必须按相关规定有合格证件，操作人员必须持有有效的操作资质证书。

（2）操作人员要熟悉所使用机械设备的结构、性能、用途，做到会保养、会操作、会排除简单故障；做到不盲目操作、不违章操作，不粗暴作业。

（3）施工机械在靠近电线的地方施工作业时，机械的各部位与带电体之间应保持足够的安全距离。

（4）加强对起重作业的安全监督管理，起重臂和重物下方严禁有人停留、工作或通过。严禁起吊超过额定负荷或重量不清的物件，严禁在指挥信号不明、光线暗淡、棱刃物体没有衬垫、吊物上站人的情况下进行起吊作业；同时要经常性对起重作业人员进行安全教育，并在起重设备的明显部位设置相应的安全警示标志。

（5）起重机械若安装在方驳上施工时，必须加固其与方驳成整体。

（6）各机械责任人做好施工机械使用前后的安全检查工作，发现隐患及时排除，严禁机械带病作业。

（7）6级及以上大风时，所有大型机械停止作业，并落实防风措施。

7. 特殊条件下施工安全措施

（1）雨季施工（特别是水上施工）需注意防滑、防电、防雷击。雨天路滑，工程船舶的甲板更滑，且在潮湿情况下更容易引起电器、电缆漏电短路，因此应采取相应的防护措施并使用防护工具。

（2）在雷雨季节工地必须有足够的避雷装置，雷雨时作业人员应停止施工，避免因"尖端施电""跨步电压"等原因引发的雷击事故。

（3）高温季节施工应按时发放防暑降温物品，加强饮食卫生管理和设置必要的防晒设施。

（4）高温季节施工应合理调整作业时间，应避开高温时段。

（5）在高温条件下必须作业的场所应采取通风和降温措施。

（6）施工船舶的舱室应经常打开进行通风透气，并在打开的舱口处设置安全防护装置。施工船舶的呼吸管道应保持畅通。

（7）施工现场使用和存放的易燃、易爆物品应采取防晒措施。

（8）施工现场应配备防台物资和设备，并应落实监护和调遣拖轮。

（9）施工单位应与海事部门沟通，确定工程船防风防台锚地的使用情况。台风来临前，告知施工船舶防台锚地坐标，提前通知施工船舶进入锚地避风。

（10）台风季节，陆域施工机械和运输机械应选择不被水淹、避风条件较好的存放场地。大型固定机械应制定加固或快速拆卸方案。

（11）台风期间安排人员值班，及时掌握台风动态，做好防台工作。防台期间，所有指挥部及应急救援等相关人员应保持 24 小时开机，保证通信畅通。

（12）须在台风来临之前安装完成运抵现场沉箱，已安装的沉箱，及时在箱内回填。

（13）夜间施工时，作业现场的预留孔洞、上下道口及沟槽等危险部位应设置夜间警示标志。

（14）夜间施工时，水上施工要有充足的照明，保证施工区域的亮度，同时，探照灯或其他照明设备的光束不得直接照射施工船舶、机械的操作和指挥人员。

（15）夜间施工时，施工船舶应按规定显示航行、作业和停泊的号灯。

（16）碍航的水上设施、未完工程应设置警示照明灯。

（17）船舶雾航必须按《国际海上避碰规则》和《中华人民共和国内河避碰规则》的相关规定执行。停航通告发布后，必须停止航行。

（18）在能见度不良天气下，自航施工船舶应预先了解并掌握航标布设、通航密度、船舶活动规律和锚泊船舶的分布情况及航道边缘以外的水深情况。

（19）在能见度不良天气下，船舶航行时，驾驶人员应按规定鸣放雾号，减速慢行，注视雷达信息，并派专人进行瞭望。

（20）施工单位应向气象台站收集中长期天气及海浪预报，并每天按时收听当地的气象和海浪预报。

8.施工期通航安全措施

（1）码头施工期会影响附近船舶的正常航行，根据《中华人民共和国水上水下活动通航安全管理规定》，施工单位应当向当地海事部门提出施工作业安全申请，在取得海事部门颁发的活动许可证后，方可施工。

（2）建设单位、施工单位应当按照《中华人民共和国安全生产法》的要求，建立健全涉水工程水上交通安全制度和管理体系，严格履行涉水工程建设期和使用期水上交通安全有关职责。

（3）建设单位应当在工程招投标前对参与施工作业的船舶明确应具备的安全标准和条件，在工程招投标后督促施工单位落实施工过程中各项安全保障措施，将施工作业船舶及人员和为施工作业服务的所有船舶纳入水上交通安全管理体系，并与其签订安全协议。

（4）建设单位应当加强安全生产管理，落实安全生产主体责任。根据国家有关法律、法规及规章的要求，明确建设单位和施工单位安全责任人，督促施工单位落实水上交通安全和防治船舶污染的各项要求，并实施通航安全评估以及活动方案中提出的各项安全和防污染的措施。

（5）建设单位应当确保水上交通安全设施与主体工程同时设计、同时施工、同时投入生产和使用。

（6）施工单位应当遵守国家安全作业和防火、防爆、防污染等有关法律法规，制订施工安全保障方案，完善安全生产条件，采取有效安全防范措施，并制定水上应急预案，以确保涉水工程的水域通航安全。

（7）施工单位应当按照海事管理机构批准的作业内容、核定的水域范围和使用核准的船舶进行作业，不得妨碍其他船舶的正常航行。

（8）施工船舶应当按照有关规定，在明显处昼夜显示规定的号灯号型，并在现场作业船舶或者警戒船上配备有效的通信设备。施工作业或者活动期间，应指派专人警戒，并在指定的频道上保持守听。

（9）施工作业安全作业区应当经海事部门核准公告，并应当设置相关的安全警示标志和配备必要的安全设施或者警戒船，切实落实通航安全评估中提出的各项安全防范措施和对策，并做好施工与通航及其他有关水上交通安全的协调工作。

（10）相邻泊位已建成运营且周边同期施工项目频繁，通航船舶较多，存在相互影响和干扰。建议在前期工作及施工期间，与相关单位做好协调工作。水上作业时，应将作业情况及时告知周边码头及相关施工单位，并设置安全警示标志。

9. 夜间施工安全措施

（1）合理安排工人的作息时间，实行科学的轮班制度，合理组织工作流程和安排劳动任务，适当降低工作强度，为工人提供足够的睡眠，并加强对个人的监督管理，这些措施都有助于预防疲劳的发生，从而减少因疲劳作业而产生的事故。

（2）加强现场照明，进行夜间施工的现场及工作面应采用大功率、防水型灯具，保证有足够的照明亮度。在临水区域、通道口等应安装照明灯或设置荧光安全标志和安全设施。所有照明设施必须符合相应的安全要求，并安排专人检查维护。在照明光线不足的情况下，不得从事悬空作业。此外，在潮湿场所施工时，必须使用低压安全照明，且临时照明线及灯具的架空高度要达到相关安全标准。

（3）针对夜间施工的安全要点，开展安全意识教育和安全交底工作。组织工人进行培训，并结合实际的案例进行分析，以帮助工人树立正确的安全观。

（4）夜间施工前工长要进行详细的安全技术交底，将施工中的基本安全要求及注意事项向工人交代清楚，尤其是针对性交底，尽可能多地把施工中可能引起的伤害告知工人，提高其安全防范意识。

（5）强化安全责任，加大巡查力度，制定相关的奖惩措施。现场的安全配备要充足，保证巡查人数充足，强化责任意识，针对施工进度情况，加大巡查力度，将隐患消灭在萌芽状态。

（6）编制夜间施工的专项安全技术措施。作为防范事故的一个手段，安全技术措施应当贯穿于全部施工工序之中，力求全面细致具体。

（7）制定突发事件的应急预案。依据施工方法、劳动组织、场地环境、气候等主客观条件和安全法规、标准，制定相应的突发事件应急预案。

10. 施工安全技术措施的编制

（1）在编制施工组织设计时，应根据工程项目的特点、作业环境、技术要求和安全生产的需要，编制相应的安全技术措施。

（2）施工单位必须根据临时用电规模，编制临时用电施工组织设计或专项施工方案。

（3）陆用施工机械上驳船进行组合作业时，必须制订专项施工方案，并附具船舶稳性和结构强度验算结果。

（4）受热带气旋、突风、洪水或风暴潮等灾害性天气影响的区域施工时，必须制订相应的专项施工方案。

（5）船舶调遣和拖航前，必须制订调遣拖航方案。

（6）危险性较大的分部、分项工程，必须编制专项施工方案，并附具安全验算结果。

（7）工程开工前，单位、分部和分项工程均必须编制"安全技术交底通知书"，向参加施工的人员进行安全技术交底，并履行签认手续。

（四）施工船舶及通航安全管理措施建议

1. 建立施工船舶准入制度

施工单位应根据施工方案，编制包括拟用船舶的类型、数量、使用期限在内的船舶使用计划。将拟使用船舶向当地海事部门报备并获得认可后，再经监理工程师核实方可允许其参与施工。

2. 成立水上施工作业调度指挥中心

各施工方会同海事管理部门，共同成立水上施工作业调度指挥中心，该中心负责船舶的统一调度和管理。所有船舶必须服从调度员及海事部门的统一指挥。调度指挥中心在下达任务指令时，应根据船舶类型、船舶技术性能、限定的航区、施工水域环境等，合理调度使用，并同时下达安全生产注意事项。

调度指挥中心的职责包括：

（1）调控船舶交通流。通过一定的信息公告和交通控制方式，要求拟通过施工水域的船舶在某一时间段选择安全水域等待，以控制其不通过施工水域或错开船舶上、下行高峰船流。

（2）根据工程施工进展和周围环境的变化，规划各类船舶进出施工区域的航线，制定和调整施工水域的航行避让、锚泊等规定，避免施工船舶随意航行、停泊而威胁到工程或其他船舶的安全。

（3）根据值班拖船和巡视警戒船反馈的信息，在船舶及人员发生紧急情况时，指挥协调抢救力量赶赴第一现场进行抢险。

（4）收集天气水文预报、航行和航海通告，以便随时掌握影响水上施工作业安全的气象、水文和通航环境的变化情况，及时与施工船舶沟通联系。

（5）做好施工期相关方对进出施工区域大船的动态沟通及防范工作。

（6）建议在施工期水上作业的敏感时段增派警戒船，加强现场水上交通指挥工作。

3. 定期召开安全例会

建设单位及施工、监理单位及各分包单位负责人应定期召开安全例会，及时将发现的问题进行汇报和沟通，寻找解决的办法。每次会议应形成会议纪要，为及时消除各种安全隐患、协调解决各种矛盾提供保证。

4. 建立施工船舶管理档案

施工单位项目部门应为每艘施工船舶建立专属档案，对船舶资料（船舶证书、船员证书、适航证书、适任证书等）进行归档，并详细记录船舶的技术资料、使用调动情况、安全检查状态以及其他各种原始记录。档案应随船舶同时调动、验收，以便跟踪调查；并掌握其使用性能及技术状态，以便适时提出要求并督促整改、维修。对自有船舶和外租船舶，应分别进行登记造册。

5. 加强对船员的培训教育

船舶进入施工区域后，项目部在开工前应组织相关部门对参与施工的船员进行安全技术交底和组织纪律培训，保证准入船舶的船员熟悉、遵守相关安全、治安、消防、环保等规章制度，严格服从当地海事部门和项目部的安全监督管理。严格制定船舶安全操作规程，并组织所有船员进行学习、考核。

6. 落实施工水域警戒及标识工作

为了保障施工作业安全，施工单位作业前应向主管机关申请设置安全作业区，将施工船舶与无关船舶隔离，防止其干扰作业。各施工单位应认真落实工作区平台设施、水上浮管的安全警示标志，不得擅自扩大水上安全作业区，铺设的水底管线应有警戒船加强巡查。做好水底管线铺设图、临时航道示意图以及工程区域施工图，并通过海事部门分发到过往船户手中，做好航路变化的宣传告知工作。此外，安全作业区的施工船舶应按照有关规定配备有效的水域专用图。

7. 执行船舶和设备保养维修制度

施工单位应配齐维修人员，备足易损配件，组织强有力的修理小组，实施现场修理，保证设备的完好率和出勤率。各施工船舶应该严格执行船机设备安全操作规程，及时维修保养设备，确保安全运行。发生机损（如发动机大修等）重大情况须向项目部及海事部门报告。施工单位和海事部门应定期对船舶的技术状况进行检查，认真做好检查记录，并存入船舶档案。

8. 督促施工船舶正确显示信号

当施工船舶在航行、锚泊或作业时，应根据不同的施工状况，按规定在明显易见处显示相应的信号。在各施工作业点夜间应按规定显示警戒灯标识，采用灯光照明，尤其在锚链下水处显示灯光信号并用探照灯提示，避免航行船舶碰撞。但应注意，夜间施工作业的强灯光容易影响过往船舶驾引人员的视觉瞭望，应妥善遮蔽照明灯光，不得影响过往船舶的航行安全。发现有施工船舶没有正确显示相应的号灯、号型及旗帜时，应立即纠正，并作好记录。

9. 实行船舶分类标识管理

为便于调度和管理船舶，业主及总包单位应对各标段分包单位及采、运、吹等船舶分标段分类别进行标识并记录，为调度船舶、预警气象信息等提供便利。

10. 建立风险抵押金制度

对符合施工作业要求的船舶，每进入现场一艘船舶，就收取一定数额的风险抵押金，当船舶有超载、不服从管理等情况时，扣除相应数额的抵押金，必要时清退出场。

11. 为施工船舶配备 AIS 系统

为施工船舶配备 AIS 系统，在项目部值班室和现场指挥船安装船舶 AIS 监控终端，可以极大地加强对船舶的动态管理，真正做到实时监控所有施工船舶。开工前，应由有关海事专业人员对船舶操作人员进行 AIS 系统安全培训。

调度指挥中心实时观察船舶动态，并记录船舶 AIS 系统的开启状态，并对那些不能正常开启 AIS 系统的船舶有针对性地制定整改对策，以确保施工船舶 AIS 系统的开启率。

12. 加强水上施工船舶应急管理

施工方应针对各种可能发生的意外险情或事故编制相应的应急预案，应急处置方案应至少包括下列内容：人员落水应急处置措施；火灾、爆炸应急处置措施；船舶碰撞事故应急处置措施；船舶搁浅、触礁事故应急处置措施；船舶失控应急处置措施；船舶有沉没危险时的应急处置措施；船舶油污应急处置措施；施工船舶防台、抗台应急处置方案等。

事故发生后，为尽量降低损失，需要充足而有效的应急资源。应急资源包括通信保障、医疗卫生保障、物资保障、交通运输、人力资源、财力资源、信息资源、技术资源等。建设单位应针对施工可能发生的各种事故，统筹配备应急物资，为海上突发事故灾难应急救助提供更好的应急保障。

13. 制定极端气候应急预案

大型水上水下工程往往跨年度进行施工，涉及的季风、台风及冷空气引发的大风和大雾是影响工程施工和船舶安全的主要气象因素。施工方应根据当地施工水域环境、天气情况和防台防汛情况，在开工前制定极端气候应急预案，并交海事部门审核。可采取的措施包括：

（1）大风的应对措施。

对于大风，主要防范对策是避风。调度指挥中心每天接收气象信息，当可能出现危及船舶安全的大风天气时，必须要求施工船舶立即停止作业，根据应急预案规定，提前安排施工区域内船舶到避风锚地避风，严禁就地抗风。当风力大于等于 6 级时，所有机动船舶一律停止航行，现场船舶就近锚泊或选择避风港避风。

（2）大雾的应对措施。

对于大雾天气，当调度指挥中心发现能见度不良时，应及时向施工水域船舶发布大雾和航行警告。在海上航行的施工船舶若发现附近区域起雾后，应立即向指挥中心报告，船长应上驾驶台指挥，发放雾航声号，加派船首瞭望人员。船舶应保持 VHF16 号频道值守，加强监听和联系，开启雷达助航，以及时判明周围水域安全状况。当顺水视程小于 1 000m、逆水视程小于 500m 时停止航行，选择避开公共航道及水下电光缆的安全水域抛锚。在水上施工区内停泊的船舶，须组织人员 24 小时值班，显示灯光，保持 VHF16 号频道值守状态。

（五）施工安全管理措施建议

（1）切实落实企业安全管理主体责任，主要做好以下几点：

①建立健全安全生产责任制和安全管理制度；

②加强安全风险评估和动态监控；

③加强基层施工人员安全管理和安全教育培训；

④健全隐患排查治理制度，加强施工作业现场安全管理；

⑤编制安全事故应急救援预案；

⑥健全完善应急保障机制。

（2）建设单位、施工单位等各相关单位应加强全体施工人员安全教育培训，定期组织施工人员进行安全学习，定期进行安全大检查。

（3）特种设备作业人员和特种作业人员（包括起重工、电工、钢筋工等）以及潜水作业人员必须持证上岗。

（4）加强施工设备的维修保养工作，确保性能良好。

（5）适当调整作息时间，尽量避开高温时间作业，并做好防暑降温措施，如供应冷饮，准备防暑用品等。

（6）施工材料按指定的区域范围分类堆放，专人管理和清扫，保持施工场地干净整洁。

（7）加强对施工人员、安全管理人员的教育培训，在施工场地适当位置设置宣传教育栏，进行文明施工、安全保障等方面的教育宣传。

（8）加强对现场工属具、零部件、设备的管理，以保证工属具、零部件、设备的完好率。

（9）设立相应的施工警示标志，水域应向海事部门申请派船到施工现场维持船舶航行秩序，以确保主航道通航安全。

（10）施工单位要制定施工期间的应急预案，包括与当地海事部门建立起有效的联系机制，一旦发生海事事故，双方快速反应，维护现场通航秩序。

（11）施工单位应与周边运营码头、其他施工项目建立统一的协调沟通机制，科学划分施工区域，并统一协调、合理调度船舶进出港。

（12）建设业主应安排监管人员不定期到施工现场进行安全督导。

（13）要切实开好工前会，明确施工各岗位的安全和技术交底，并组织施工全体人员签字确认。

（14）切实检查落实风险管控措施后才施工，克服麻痹大意思想。

（15）营造施工现场良好的安全文化氛围。

六、评估结论

（一）风险等级

本工程施工风险等级为：较大风险（Ⅲ）。

（二）重要性指标清单

（1）码头上部结构工程 X_{15}。主要致险因素包括临水现场浇筑等。

（2）基槽与岸坡开挖 X_{12}。主要致险因素包括潜水作业、爆破施工等。

（3）码头结构形式 X_{14}。主要致险因素包括大型支架、模板、平台等架设与拆除等。

（4）基础工程 X_{13}。主要致险因素包括沉箱出运下水、沉箱运输及安装、水上灌注桩施工等。

（三）推荐的专项风险评估对象

（1）临水现场浇筑。

（2）沉箱出运下水、运输及安装。

（3）潜水作业施工。

（4）水下爆破施工。

（5）水上灌注桩施工。

（6）大型模板安装、拆除。

（四）风险控制措施建议

本工程施工风险等级为较大风险（Ⅲ），建设单位、施工单位应切实落实本报告中提出的各项安全措施建议，确定管理责任人，确保安全措施落实到位，并结合重大风险源辨识的结果及本评估提出的重要指标，开展专项风险评估，进行动态风险管理。

建设单位及施工单位要按照国家、行业和地方的有关安全生产法律、标准规范等制定风险防范措施，对工程实行日常管理的同时，应加强对风险的动态监控预警。对风险较高的施工作业环节开展专项整治，制订并实施专项施工方案，加大安全管理力量的投入，加强作业人员安全培训，并对关键风险控制点安排安全管理人员巡逻检查，以确保现场防护措施的落实。

评估根据《公路水运工程施工安全风险评估指南第1部分：总体要求》（JT/T 1375.1-2022）、《公路水运工程施工安全风险评估指南第5部分：港口工程》（JT/T 1375.5-2022），对本工程施工总体风险进行了评估，客观地反映了本工程施工风险等级。由于风险是客观存在的，建设单位、施工单位应对施工安全予以重视，以确保安全生产。

参考文献

［1］程李凯，彭建华，谢静，等 . 水运工程施工安全风险评估指南解析 [M]. 北京：人民交通出版社，2023.

［2］欧肇松，赖敏锐，章鸿伟 . 龙溪口航电枢纽工程施工安全管理与创新［J］. 水运工程，2023(10)：1-4.

［3］王兴 . 基于层次分析法 (AHP) 的公路水运工程淘汰目录评价模型的构建与应用: 以危及生产安全的施工工艺、设备和材料为例[J]. 福建交通科技，2023(5)：94-98.

［4］李亚军 . 基于 AI 技术的公路水运工程施工安全风险智能监测技术研究［J］. 工程建设与设计，2022(23)：159-162.

［5］孙培声，程绍鹏，夏志毅，等 . 水运工程施工中的水下设施安全管理［J］. 建筑技术开发，2022，49(15)：63-66.

［6］孟续峰，王冀，吴忠广，等 . 公路水运工程施工安全术语标准编制方法研究［J］. 中国标准化，2022(15)：122-125，140.

［7］白雪峰，郭均中 . 浅析新时期公路水运工程施工过程中的应急管理［J］. 内蒙古公路与运输，2022(3)：48-51.

［8］马杰 . 浅析现代水运工程项目施工安全管理［J］. 居舍，2022(1)：124-126.

［9］汤洪 . 水运工程项目施工管理及新路径探析［J］. 江西建材，2021(12)：231-232，237.

［10］张晓磊 . 连云港市交通运输局开展公路水运工程施工驻地安全工作督查［J］. 大陆桥视野，2021(11)：20.

　　［11］孙玉舟.水运工程监理安全责任与风险规避措施［J］.珠江水运，2021(17)：54-55.

　　［12］杨光.BIM协同平台在水运工程施工管理中的应用［J］.建筑技术开发，2021，48(6)：35-36.

　　［13］王冀，张宇，吴忠广，等.公路水运工程应急管理标准体系构建［J］.交通运输研究，2021，7(1)：32-40.

　　［14］史丹.水运工程施工项目管理及控制措施［J］.运输经理世界，2020(8)：153-154.

　　［15］侯志强，兰马静，田俊峰，等.水运工程施工安全事故多维空间致险模型［J］.中国港湾建设，2020，40(8)：68-73.

　　［16］黄周泉，吴锋，邱松.水运工程预制桩施工安全关键指标研究［J］.中国港湾建设，2020，40(7)：10-14.

　　［17］彭越.水运工程监理的要点分析及监理实践探讨［J］.工程建设与设计，2020(13)：218-220.

　　［18］陈世俊，赵艳琪.水运工程专项施工方案编制现状及要点研究［J］.黑龙江交通科技，2020，43(6)：236-237.

　　［19］肖金闯.简析水运工程施工监理安全管理［J］.港工技术，2020，57(1)：90-92.

　　［20］马杰.安全风险分级管控措施在水运工程中的应用［J］.四川建材，2019，45(12)：222-223.

　　［21］黄建廷.施工安全风险评估在大型水运工程的应用［J］.科技创新与应用，2019(33)：173-174.

　　［22］罗绍荣.研究交通工程安全管理存在的问题及解决方案［J］.建材与装饰，2019(22)：259-260.

　　［23］冯宏伟.水运工程项目安全管理工作难点及解决策略［J］.科技风，2019(12)：173.

　　［24］刘建.水运工程施工安全标准化体系研究［J］.建筑安全，

2019，34(4)：35-37.

［25］杨露露.水运工程项目安全管理工作难点及解决策略［J］.四川建材，2019，45(1)：193-195.

［26］施阳.试论水运工程项目安全管理工作难点及解决策略［J］.城市建设理论研究 (电子版)，2018(30)：169-170.

［27］於龙.水运工程建设项目安全管理工作难点及解决策略［J］.中国水运，2018(8)：24-25.

［28］段友利.分析水运工程安全文明施工管理措施［J］.居舍，2018(5)：114.

［29］宋国鹏.一种桥梁隧道工程施工安全管理信息化新手段［J］.北方交通，2017(12)：89-91.

［30］严国全，陈宏伟.层次分析法在水运工程施工监理风险分析评估中的研究应用［J］.技术与市场，2017，24(12)：230-232，235.

［31］公路水运工程安全生产监督管理办法［J］.安全，2017，38(8)：57-58.

［32］一批新规 2017 年 8 月起实施［J］.大社会，2017(8)：10-11.

［33］马玉臣.“十三五”水运工程质量安全监管的重点与措施［J］.港工技术，2017，54(3)：83-85.

［34］黄亚伟，靳月轻.水运工程监理安全责任与风险规避对策［J］.水运工程，2017(S1)：22-24.

［35］吕王磊，崔静.实施监理制度对水运工程质量的重要性［J］.低碳世界，2017(15)：112-113.

［36］姜炳晨，许荣，韩云开.水运工程建设的安全监理［J］.中国港湾建设，2017，37(4)：93-94.

［37］马杰.水运工程施工作业人员本质安全化探讨［J］.建筑安全，2017，32(4)：29-32.

［38］李志强.2016 年公路水运工程建设质量安全概况［J］.中国公路，

2017(6)：38-39.

　　［39］钱江.平安工地创建心得［J］.江西建材，2017(3)：268.

　　［40］黄世圣.水运工程施工安全标准化体系分析［J］.四川水泥，2017(2)：259.

　　［41］陈善宝.关于水运工程施工技术的思考［J］.城市建设理论研究(电子版)，2017(5)：155-156.

　　［42］王晶华.水运工程施工项目全过程管理的有效性探索［J］.人民长江，2017，48(3)：102-105.

　　［43］周林.新形势下如何做好水运工程安全文明施工管理［J］.珠江水运，2016(7)：94-95.

　　［44］李新夫.基于PDCA循环的水运工程施工管理研究［J］.价值工程，2016，35(7)：84-86.

　　［45］严默非.公路水运工程安全生产费用管理现状分析［J］.工程建设与设计，2016(2)：177-179.

　　［46］五洲纵览［J］.西部交通科技，2015(11)：5-8.

　　［47］褚彬潜，李建生，孙其珩.水运工程施工单位安全考核体系研究［J］.价值工程，2015，34(30)：237-239.

　　［48］丁欣荣.对新形势下我省公路水运工程安全生产工作的思考［J］.北方交通，2014(10)：121-124.

　　［49］朱权华.浅谈内河水运船闸工程建设的安全管理［J］.中国水运(下半月)，2014，14(6)：45-46，77.

　　［50］唐波，张建欢.水运工程施工安全监理的初探［J］.科技与企业，2014(7)：92.

　　［51］裘奇，廖野.浅谈项目经理在水运工程施工安全管理中的作用［J］.中国水运(下半月)，2013，13(10)：140-141.

　　［52］于政江.水运工程建设项目中的安全管理措施探讨［J］.科技创新与应用，2013(27)：198.

［53］石吉林．简述监理在水运工程施工中的职责与应用［J］．中国水运（下半月），2013，13(8)：136-137.

［54］林汉．浅谈水运工程建设的安全监理［J］．中国水运（下半月），2012，12(6)：119-120.

［55］张霞，徐晖．水运工程施工危险源信息化预警控制系统［J］．中国港湾建设，2010(4)：75-78.

［56］吴学强．基于PDCA循环的水运工程施工安全管理研究［J］．港工技术，2010，47(4)：33-35.

［57］吴学强．PDCA循环在港口水运工程施工安全管理中的应用［J］．港口经济，2010(7)：57-59.

［58］孟凡春．浅析水运工程施工安全管理［J］．中国城市经济，2010，(6)：233-242.

［59］李伟，李继伟，程五一．公路建设工程施工安全重大危险源定义研究［J］．公路交通科技（应用技术版），2009，5(12)：180-182.

［60］发挥科技优势实现交通安全发展：六个安全类西部项目成果推介［J］．西部交通科技，2009(7)：9-14.